首都高端智库
首都发展与战略研究院
RUC Capital Development and Governance Institute

徐拥军 等◎著

# 北京奥运遗产传承研究

# STUDY ON INHERITANCE OF BEIJING OLYMPIC LEGACY

中国人民大学出版社
·北京·

# 序
Preface

在这个快速发展的时代，人类对于遗产、记忆之类的时间礼物投入与日俱增的关注。遗产之于自然人是先人留下的合法财产，世界遗产的含义则大为扩展，包括物质遗产和非物质遗产，自然遗产、文化遗产和混合遗产，等等，每一类中还有许多子类。一个多世纪以来，世界遗产保护风生水起：自20世纪70年代起，联合国教科文组织及其他国际组织通过了一系列遗产保护的国际法规、条约、宪章、决议、宣言和建议等，从理论、原则和实践等方面建立起保护世界遗产的理念、规范与工作框架；联合国教科文组织相继启动世界遗产旗舰项目，建立多项遗产名录，推进各种传承与保护措施；很多国家、地区、国际组织和民间团体也投入大量人力、物力、财力和智力，致力于保护全人类共同的文化遗产。

奥运遗产是一种具有特殊价值的世界遗产。作为世界规模最大的综合性运动会，奥运会的影响力远远超出了体育范畴，现代奥林匹克运动在120多年的发展历程中，逐步将其影响推至政治、经济、社会、环境、文化、艺术、健康、心理等广泛领域，形成厚重积淀和重大遗产价值。自1956年奥林匹克官方文件中出现“遗产”概念至今半个多世纪，国际奥委会和各举办国，特别是奥运会主办城市对于奥运遗产的认知越来越深刻和广博，行动越来越自觉、有力和富于创造性。国际奥委会2013年、2015年、2017年连续发布的《奥林匹克遗产手册》《奥运遗产指南》《遗产战略计划》，以及各主办城市制定的各具特色的奥运会遗产战略计划，一步一步使奥运遗产深入人心，落地生根，奥运遗产已经成为奥林匹克主义和奥运会的题中应有之义，得到广泛共识和高度重视。

那么，奥运遗产是什么？它经历了怎样的理论演进和实践发展？往届奥运会积累了哪些经验？疫情之下的2022北京冬奥会将如何打造独特的新遗产献给世界？徐拥军教授等人的《北京奥运遗产传承研究》用翔实的资料和多种研究方法围绕这些问题进行了系统的梳理和跨学科研究，把我国第一部有关奥运遗产研究的专著奉献给大家。

在百年多的现代奥林匹克运动史上，人们为何从瞩目奥运会本身的辉煌放眼到奥运遗产的传承呢？本书告诉我们原因，是意义，是奥运遗产所蕴含、所承载的巨大价值和深远意义。联合国教科文组织世界遗产旗舰项目的最高目标是实现“于人之思想中构建和平”，在此目标的指引下对于列入《世界遗产名录》的文化遗产项目制定了6项标准，包括“遗产项目表达了人类观念的一个转变”“与特殊意义的世界或者现行的传统、思想或文学艺术有直接关系”等，这样的目标和标准使世界遗产项目超越物质存在而打上了鲜明的意义符号。奥运遗产同样如此。国际奥委会2017年发布的《遗产战略计划》推出了遗产报告框架，明确了奥运遗产建设的起点是“符合奥运愿景的城市视野”，目标是“通过体育建立一个更美好的世界”，这个宏大愿景赋予每一项奥运遗产崇高的意义，赋予每一届奥运会超越自身的广泛价值。奥运遗产在奥运会的整体运作中表达了人类观念的某种转变和进步，某些优良传统的守护和光大，对现实世界和未来世界的政治、经济、文化、社会、环境产生积极的影响，使多元文化得以传承，使奥林匹克精神得以弘扬，使广大民众、奥运会主办城市和国家乃至全世界受益，从而使世界更美好。伴随着如此多重意义而展开的奥运遗产建设注定是令人神往、前赴后继的追寻之旅、探索之旅、创造之旅。

奥运遗产意义凸显的重要原因之一是遗产概念的放大扩容，本书在奥运遗产概念的层层剖析中，清楚地呈现了广泛、多维、动态、“内涵丰富，外延包容”的奥运遗产体系及其演变过程。从最初仅限于“运动遗产”，到2017年国际奥委会《遗产战略计划》所界定的7大类，再到《北京2022年冬奥会和冬残奥会遗产战略计划》中开列的7项遗产目标35项遗产任务，奥运遗产的范畴逐渐扩展明晰，涉及有形遗产和无形遗产、体育遗产和超体育遗产的诸多方面，在国际奥委会的基调之下，各主办城市还会增加一些特色内容。奥运遗产的多维展开表明人们对于奥林匹克运动价值认知的深化递进，奥林匹克从一开始就具有超体育的梦想，从顾拜旦所呼唤的参与、和平、公正、友谊、教育性扩展到对社会生活方方面面的影响渗透，多维的遗产概念有助于人们用开阔的、前瞻的观念去看待和充分利用奥运各种成果，积极主动地“设计遗产”“创造遗产”，推动成果的遗产化，将遗产价值最大化，回馈奥运，造福社会。

在奥运遗产的意义体系中，促进奥林匹克运动的可持续发展极有分量和光彩，本书在奥运遗产与可持续发展之间建立起紧密关联，把二者拧成一股引信点燃，照亮当代奥林匹克运动改革的重要方向，也优化了奥运的社会定位和社会贡献。成本高企、规模攀升、政治干预、过度商业化、伦理失范等问题的愈演愈烈为奥林匹克运动的前景蒙上阴影，形成严峻挑战。2014年国际奥委会通过的《奥林匹克2020议程》描绘了当代奥运改革的路线图，可持续性是其中三大统摄性主题之一，被作为确定主办城市的首要考虑因素，并引入奥运会的诸多方面。2021年通过的新路线图《奥林匹克2020+5议程》更将可持续发展作为改革措施的五大支柱之一。可持续发展最简单的道理就是收益高于消耗，让主办方和全世界从中获益，而奥运遗产正是为当代奥运解难纾困、增收节支的一剂良方。国际奥委会发布的《奥林匹克遗产手册》将奥运遗产界定为“可为社区的形象与基础设施带来可观改变的持续性效益”，绿色、共享、开放、廉洁的办奥理念将抑制奥运成本上升，而体育、经济、社会、文化、环境、城市发展和区域发展等方面的遗产将提升奥运会的综合收益，由内而外、由近及远地反哺奥运主办城市的形象提升和长期发展，并成为全世界的共同财富。正如北京 2022 冬奥会设定的遗产目标：创造遗产，留下财富，惠及大众，实现奥林匹克运动与城市发展的双赢。

奥运遗产所有意义的实现在于传承，可以说，没有传承便没有遗产。本书在理论研究的基础上，用相当篇幅探讨奥运遗产的传承实践，以 2000 年以来历届奥运会遗产传承实践经验为借鉴，提出了 2022 北京冬奥会“横向扩展，纵向延伸”“联动式＋融合式”的遗产传承机制，这种机制设计与奥运遗产多主体、多领域、多类型、全流程的特征相契合，是对常规行政体制和运行机制的突破，值得北京冬奥组织部门研究采纳。书中还提出一些可以落地的传承方法，针对当前疫情带来的重大挑战，爬梳了 2000 年以来历届奥运会公共卫生应急管控做法，提出了应对理念与策略，为特殊时期、特殊国际环境中的北京冬奥会创造特殊的奥运遗产贡献了富有建设性的思想和意见。

2003 年，中国人民大学人文奥运研究中心承接了国际奥委会委托的奥林匹克运动史上第一个奥运会总体影响评价项目（Olympic Games Impact, OGI），历时 8 年，用事实和数据对 2008 北京奥运会产生的各种影响进行综合评估。经过与国际奥委会项目官员及国际专家的反复商讨，确定以经济、社会文化和环境等 3 个类别的 120 个指标为对象，考察举办奥运会对北京带来的影响，尽可能剔除非奥运会因素的常规发展状况。后来研究中心又承接了 2008 残奥会总体影响评估项目（Paralympic Games Impact, PGI），考察了 7 个方面的 145 个指标。这两个项目让我们真实地看到奥运会广泛而巨大的影响力和渗透力，它轰轰烈烈或悄无声息地融入城市的风貌、设施、管理、市民心理乃至城市性格中，长久地发挥着显在或潜在的作用。这两个项目是国际奥委会推动奥运遗产传承的实证研究，从那以后的每一届奥运会都做了这样的综合评估，证实了奥运遗产的多维存在和实际效果。

奥运遗产是宏大的，也是具体的；有些奥运遗产在人们的关注下早期规划、全程培育而生机勃勃，效果积极显著，也有些在人们的忽视和短视中淡化消退甚至产生负面拖累。因此可以说，奥运遗产是认知、创造和传承的结果，需要理论、经验、策略和行动。奥运遗产形成于昨天和今天，它更属于长久的明天。作为世界上第一个“双奥”城市，北京的奥运遗产值得我们用心关注、积累和代代传承。

冯惠玲

2021 年 5 月 4 日

# Foreword 前言

奥林匹克运动会的发展历史清晰地告诉我们，每一届奥运会都不是一项简单的体育赛事，而是一个超大规模的、综合性的世界盛会。它给举办城市、举办国乃至国际奥林匹克运动都留下了丰富而宝贵的物质财富和精神财富。这些财富构成了奥运会独特的遗产，薪火相传、泽及后世。2018 年 2 月 25 日，第 23 届冬奥会于平昌闭幕，北京市市长陈吉宁接过奥运会会旗，标志着冬奥会进入“北京周期”，这是中国历史上首次举办冬季奥运会，也意味着世界历史上首次由同一座城市举办夏、冬两届奥运会。随着 2022 年北京冬奥会越来越近，如何汲取 2008 年北京奥运会遗产传承的经验，借鉴其他城市奥运会遗产传承的做法，未雨绸缪做好 2022 年北京冬奥会的遗产传承，充分发挥其巨大价值，成为一项重要工作。

奥运遗产从最早的“物质遗产”到“运动遗产”“遗址遗产”，再到涵盖经济、政治、国家形象、教育、社会、城市建设、奥林匹克精神等物质与非物质层面的内涵演变，反映了奥运遗产是一个多维度的概念，内涵非常宽泛，且呈现动态变化的趋势。本书以奥运遗产为研究对象，探讨其形成、收集、保护、管理、传承、传播、开发、利用等的整个过程，并以“传承”二字概括，体现奥林匹克运动可持续发展的深远意义。

本书综合运用体育学、社会学、管理学、历史学、档案学等学科理论和方法，充分吸取国内外奥运遗产传统的先进经验和优秀成果，为 2022 年即将召开的北京冬奥会遗产传承提供理论指导和实践参考，同时也为新冠肺炎疫情背景下成功举办北京冬奥会提供对策建议。

本书的研究内容主要分为理论研究、实践研究以及应用研究三部分。

理论研究中，有关奥运遗产的概念界定和内涵辨析是这一研究领域的逻辑起点和认知基础。通过文献综述可知，目前理论界和实践界对此仍未形成共识性的认识。有关奥运遗产研究存在“泛化”现象。概念外延的扩展对于奥运遗产的研究如同一把“双刃剑”，一则增加了相关研究的活力与潜力，二则易使与奥运有关的类似遗产的特征逐渐在泛化的概念中被消解。因此，构建科学合理、普遍适用的奥运遗产的概念体系尤为重要。本书在界定奥运遗产概念及构建奥运遗产概念体系过程中，通过相关学术性文献资料、国际/区域/国家奥委会官方政策文本的梳理，明确奥运遗产的理论内涵；继而，根据理论内涵界定相关概念间的相互关系，提取出奥运遗产的属性特征；并以此为基础构建奥运遗产的概念外延，从而提出科学合理的奥运遗产概念体系，作为后续“奥运遗产本体论”“奥运遗产认识论”“奥运遗产方法论”“奥运遗产实践论”理论框架的基础；进而，以概念体系和理论体系为指导，以《北京 2022 年冬奥会和冬残奥会遗产战略计划》为依据，设计和构建科学合理的奥运遗产内容体系与评估体系，力图打造一个凝聚新理念、汇聚新模式、融合新方法的奥运遗产评估“北京方案”。

实践研究中，综合调查国内外奥运遗产传承的现状，分析、归纳其优良经验，参考、借鉴到 2022 年北京冬奥会遗产的保护与传承中，并梳理奥运遗产的传承意义与计划，以明确北京冬奥会遗产传承的深刻原因与具体内容。从而，依据奥运遗产特性，本书从宏观层面提出建立“联动式＋融合式”的冬奥会遗产传承机制。“联动式”即冬奥会功能区应加强与收藏奥运遗产有关的图、档、博及其他机构之间的协调与合作，并与 2008 年奥运会遗产整合，努力实现收藏机构间网络系统的互联互通，最大限度地发挥“双奥”遗产的社会价值和经济价值；“融合式”即冬奥会规划时间轴从“冬奥前准备阶段”与“举办阶段”拉伸至“后续遗产利用阶段”，将冬奥会遗产传承“融合”进北京市的城市发展规划建设之中；“联动式＋融合式”保护与传承机制涉及冬奥会遗产开发利用工作的指导思想、基本原则、组织体制、法规制度以及相关保障机制等内容。微观层面上提出 2022 年北京冬奥会遗产数字化保护与开发利用的具体路径、方式与方法。重点围绕北京奥运记忆数据库建设和时间空间上的遗产效应扩展，研究数字化技术应用、创新性服务手段、网络化服务方式、大众传播技巧等内容，以数字化手段促进冬奥会遗产价值的充分发掘，促使 2022 年北京冬奥会成为楷模，留下可持续冬奥遗产。

应用研究中，基于新冠肺炎疫情，从赛事筹办、舆论风险、冰雪经济等多角度分析疫情于 2022 年北京冬奥会的负面影响。一方面，立足重大卫生事件，梳理历届奥运会的应急管控经验，对 2022 年冬奥会举办予以参考与借鉴，并结合国情，提出 2022 年北京冬奥会举办的应对之策；另一方面，系统总结 2022 年北京冬奥会的防疫措施，并将其转化为奥运遗产，以期能为各国体育赛事活动举办提供“中国智慧”。

通过以上研究内容可看出，本书遵循从学术理论到实践决策再到现实应用，从现状问题调查到对策建议提出，从已有实践经验到后续传承推广，提出了“三步走”的研究思路（见图 0–1）。

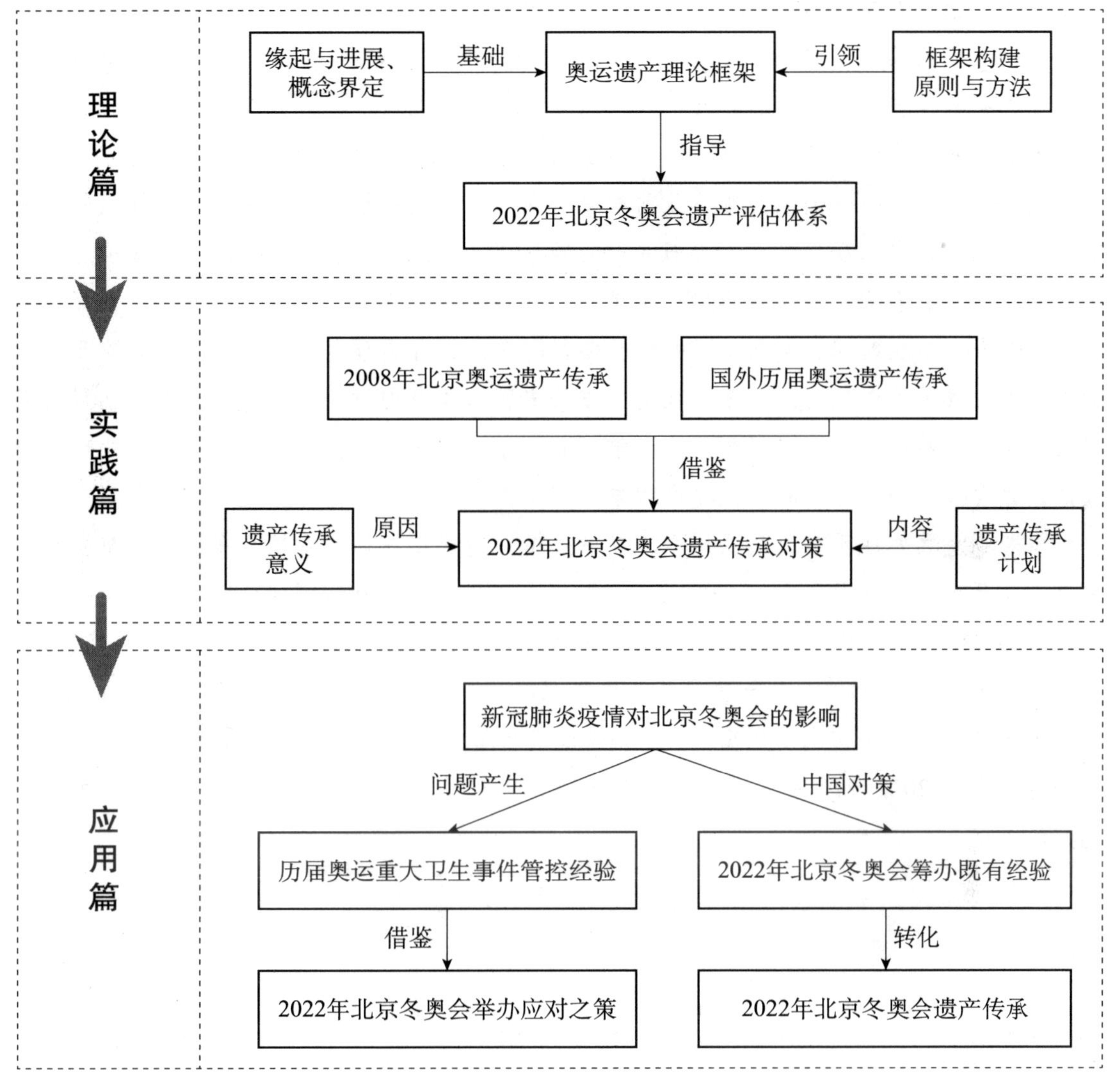


**图 0–1　本书内容思路框架图**

依照思路安排的研究方法有以下 4 种：

**第一，运用文献调查法**，广泛搜集国内外有关本书研究领域的文献资料，吸收前人研究成果，了解实践发展情况，紧跟最新研究前沿。

**第二，运用实践调研法**，通过问卷调查、深度访谈、实地考察等方式，对北京冬奥组委、北京奥运功能区、北京奥运城市发展促进会、北京市档案局、北京市档案馆、北京奥运博物馆，以及一些相关体育产业、创意文化产业公司进行实地调研，对奥运遗产保护专家、收藏家、活动家等进行深度访谈，获取第一手资料。

**第三，运用政策分析与构建方法**，设计 2022 年北京冬奥会遗产保护、开发利用、传承等工作的政策工具。

**第四，运用跨学科研究法**，综合运用体育学、社会学、管理学、历史学、信息科学等，加快人文社会科学资源的大众化获取和知识流动，突破原有自主探索的封闭学术文化，形成跨学科与公众参与的开放学术文化与科研运行机制。

本书创新之处在于三点：其一，在理论基础方面，本书系统吸纳档案记忆观、数字人文、文化遗产的相关理论，突破了此前相关研究理论欠缺的状况，为后续研究提供了学理依据；其二，在学术观点方面，本书注重问题意识、实践导向、现实关注，在宏观层面提出“联动式＋融合式”的冬奥会遗产传承机制，在微观层面提出建立北京奥运记忆数据库和奥运遗产效应在时间、空间扩展的传承路径与方法，并将理论研究、实践研究置于新冠肺炎疫情背景下予以应用；其三，在研究方法方面，本书通过跨界合作，利用跨学科研究方法，充分吸纳体育学、遗产学、社会学、管理学、历史学、信息科学等多学科的理论与方法，力求提出切实可行的政策建议和方法指导。

本书不足之处在于难以顾及周全。其一，奥运遗产传承涉及主体众多，职责与利益关系复杂，开发利用涉及所有权、知识产权等诸多法律问题，制约因素众多且相互交织。其二，自 2008 年起我国奥运会遗产传承才逐渐进入学人研究视野，且成果并未系统深入，实践工作也刚刚起步。实践与理论基础均不深厚，这无疑增加了政策分析和构建的难度，同时也导致研究有不彻底不周全之处。其三，限于诸多原因，笔者无法获取一些关键的内部资料，掌握 2022 年北京冬奥会筹备工作的实际情况，因而所提出的对策建议难免缺乏充分的依据。

# Contents 目 录

## 第一篇 理论篇 奥运遗产理论



## 第二篇 实践篇 北京奥运遗产传承实践

# 第一篇　理论篇

# 奥运遗产理论

# 第1章 奥运遗产研究进展

奥运会作为一个超大规模的、综合性的世界盛会，为举办城市、举办国乃至全世界都留下了丰富而宝贵的物质财富和精神财富。这些财富构成了奥运会独特的遗产，薪火相传、泽及后世。奥运遗产既包括无形遗产，如奥林匹克文化的推广、志愿服务精神的增强、公民文明素质的提升等；也包括有形遗产，如建筑遗址、场馆设施等。与一般遗产具有较大的区别，奥运遗产在经济、社会、文化与政治等方面，都被赋予了特殊的内涵与价值。随着社会发展与技术进步，奥运遗产的类型、内容、形式不断丰富，奥运遗产的参与主体、管理模式与利用手段更加多元。面对这些变化，国内外学者纷纷展开相关研究，取得了不少成果。

本章对与奥运遗产相关的文献进行统计分析，并围绕主要研究主题展开综述，为本领域的后续研究提供文献基础和学术参考。

## 1.1 文献检索与统计结果

### 1.1.1 国内文献情况

以“奥运（奥林匹克运动会）”+“遗产 / 影响 / 意义 / 价值 / 效益 / 档案 / 文献 / 场馆”为组合关键词，其中，“档案 / 文献 / 场馆”是在进行了初步的文献调研后，发现这三者是奥运遗产中较为常见的类型与表述，因此，将其纳入检索关键词。截至 2021 年 2 月 28 日，在中国知网、读秀学术和中国人民大学“人大文库”进行文献检索，在剔除无关项与重复项后，一共检索到了 684 篇文献。对所得有效文献的发表年度进行了分析，呈现出如图 1–1 所示的发展趋势。1987—2003 年国内对该主题的研究成果较少，文献数量基本保持在每年 1 ～ 3 篇；2004—2008 年相关文献数量急速上升，在 2008 年北京奥运会期间达到了峰值。究其原因，可能是 2004 年雅典奥运会的一些影响引起了学界对于 2008 年北京奥运会遗产的关注。尽管 2008 年之后相关文献数量有明显下降，但是该主题相较于 2004 年之前来说仍有一定热度。而 2018 年以来，又因 2022 年北京冬奥会来临，该主题研究再次升温。

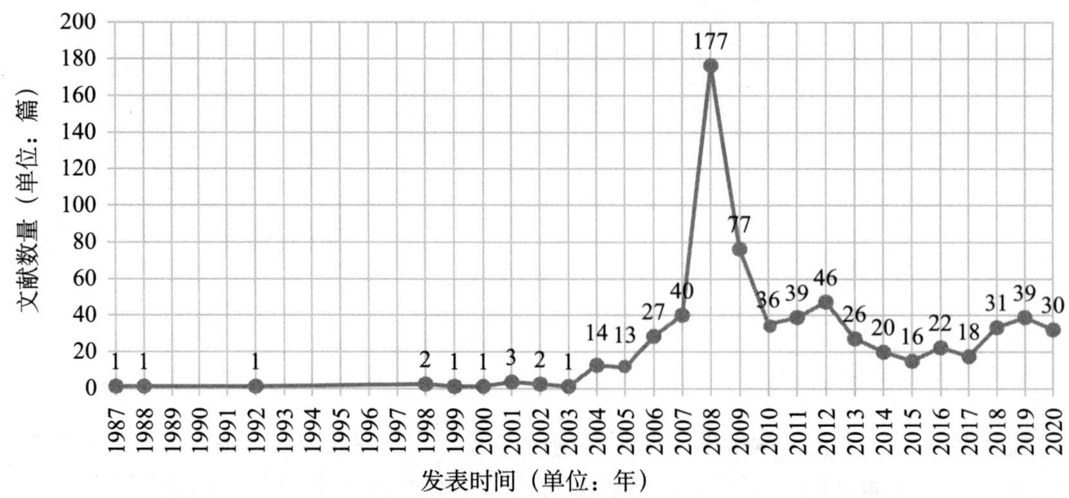


**图 1–1　国内文献发表趋势图**

笔者运用 SATI 文献题录信息统计分析工具从 684 篇国内文献中抽取出 1 837 个关键词，并选取频次排前 30 位的关键词使用 VOSviewer 绘制了关键词知识图谱。如图 1–2 所示，国内学者重点关注了 2008 年北京奥运会的遗产保护、管理与开发利用情况，与国际奥林匹克委员会（International Olympic Committee，IOC，以下简称“国际奥委会”）、北京奥组委、北京市档案局等机构联系紧密，其中 2012 年伦敦奥运会对于我国奥运遗产研究具有较高的参考价值，部分学者已关注到 2022 年北京冬奥会遗产传承的问题。学者普遍认为，奥运遗产关乎“绿色奥运”“人文奥运”等办会理念的贯彻与落实。对于奥运遗产工作的对象，则重点集中在奥运场馆的赛后利用和奥运档案的归档收集。

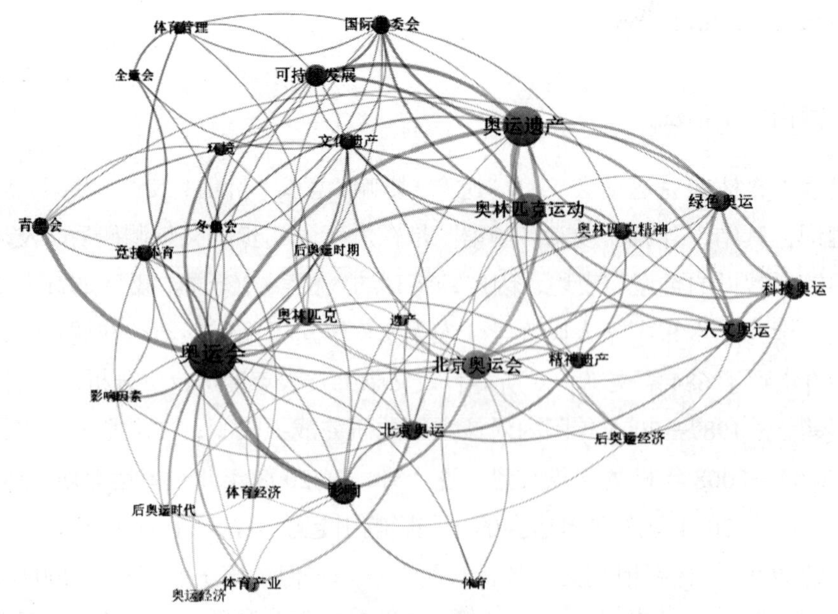


**图 1–2　国内文献关键词（频次前 30）知识图谱**

### 1.1.2　国外文献情况

截至 2021 年 2 月 28 日，以“Olympic+legacy/heritage/ benefit/influence/ effects”等为检索词在 Web of Science 数据库进行主题检索，共检索到 1992 年以来的相关文献 712 篇。如图 1–3 所示，文献数量总体呈现上升趋势，在 2015 年达到顶峰，近 4 年虽有所下降，但仍保持较高的研究热度。

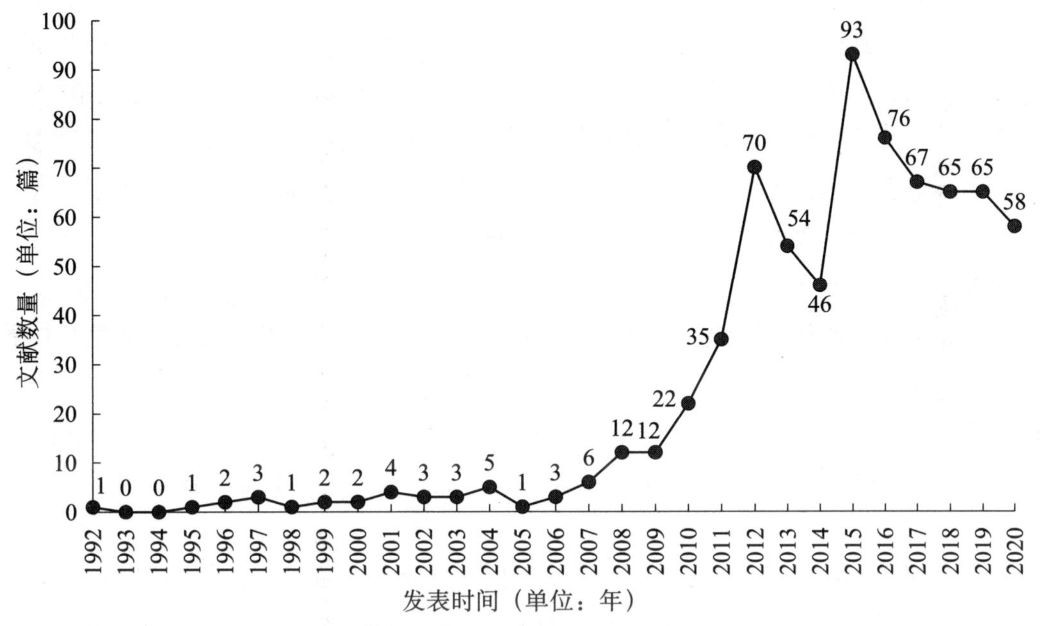


**图 1–3　国外文献发表趋势图**

总体上，国外有关奥运遗产的研究范围较广泛，成果较丰富，既涵盖了奥运遗产的概念、类型、影响等相关理论，又不乏奥运遗产的建设、保护、利用等贴近实践工作的主题。国内在 21 世纪之前相关文献数量较少，但是近年来对于奥运遗产的研究也逐渐形成了较为稳定的规模。国内文献中，报刊占据了较大的比例，主要是对奥运遗产工作开展情况的媒体报道，而图书则大多是对奥运遗产的介绍，理论性、政策性的成果相对较少。因为奥运会是周期性热点事件，相应的研究也具有周期性。国内以 2008 年北京奥运会为时间节点，而国外则主要以 2012 年伦敦奥运会为时间节点，文献数量有急剧增长的趋势。在节点之后，对此主题的研究并未完全归冷，仍保持了一定的热度，可见该主题具有重要的研究价值与意义，正在引起学界的持续性关注。

## 1.2　奥运遗产研究主要内容与成果

纵观国内外奥运遗产文献，国内研究聚焦在奥运遗产的概念界定、价值认知、保护与开发、开发利用四个方面，国外研究聚焦在奥运遗产的概念、影响、建设和保护利用四个方面，主要研究内容与成果如下：

### 1.2.1 国内研究内容与成果

#### 1.2.1.1 奥运遗产的概念界定

当前学界往往以举例的形式对奥运遗产进行界定。目前，对奥运遗产概念界定比较普遍的共识是，将其视为在奥林匹克运动中逐步形成的具有普遍价值的物质财富和精神财富的总和，包括有形遗产和无形遗产两大类。其中，有形遗产是指诸如奥运会留下的奥运会徽、吉祥物、奖牌、体育设施、奥运场馆、建筑景观等，或者是用来发展体育事业的捐赠基金；而无形遗产也称影响遗产，包括奥运会对人、城市和社会发展等方面产生的无形影响，例如举办经验、教育、就业等，无形遗产在奥林匹克运动中的重要性越发凸显。很多学者对奥运遗产进行细化研究，提出了一些具体遗产概念：

（1）**奥运文化遗产**。奥运会承办国和举办城市通过各种方法办出自己的特色，并留下了宝贵的经验，即为奥林匹克运动留下了一笔宝贵的奥运文化遗产。例如，洛杉矶奥运会的商业运作模式、巴塞罗那奥运会的蓝色地中海风格、亚特兰大奥运会对高科技的展示、悉尼奥运会倡导的绿色与环保、北京奥运会倡导的“绿色奥运、科技奥运、人文奥运”等①。

（2）**奥运精神遗产**。每一届奥运会体现的举办国的独特的文化、民族精神等。例如，北京奥运会体现的“更高、更快、更强”的奥林匹克精神，不屈不挠、顽强拼搏、奋勇争先的民族精神，崇尚和谐、以人为本的文化精神，无私奉献的志愿精神，改革创新、精益求精、科学发展的时代精神，等等②。

（3）**奥运效益遗产**。是指奥运会在国家形象、城市形象、旅游吸引力及投资吸引力等方面产生的效应，或者是奥运基础设施建设对城市发展的影响，举办方组织大型国际赛事能力的提高，主办地企业竞争力的增强，主办地居民对体育运动关注程度的提高以及道德精神面貌的更新，奥运精神以及志愿者精神的传播，等等③。

（4）**奥运健康遗产**。奥运会对举办城市乃至整个国家人口健康所产生的具有延续效应的影响④。无论是奥运文化遗产、奥运精神遗产，还是奥运效益遗产、奥运健康遗产，均可视为奥运无形遗产的重要组成部分，并存在一定程度的交叉。

---

① 罗时铭. 20 世纪 80 年代后的奥运文化遗产素描 [J]. 南京体育学院学报（社会科学版），2010, 24（6）: 15-18.

② 林俊，陈作松，翁慧婷，等. 北京奥运精神遗产质性研究 [J]. 武汉体育学院学报，2011，45（8）：5-14.

③ 彭延春. 后奥运时代北京奥运遗产旅游的开发策略 [J]. 体育与科学，2011，32（1）：43-45.

④ 刘民，梁万年，傅鸿鹏，等.《2008 年奥运会健康遗产评价指标体系的建立研究》课题概述 [J]. 首都公共卫生，2007，1（3）：101-103.

（5）**奥运文献遗产**。包括文件、档案等在内的文献资料是奥运文化的重要载体，在申办、筹办、举办奥运会过程中，与奥运会有关的各种组织、机构和个人会产生大量的、形式多样、内容丰富的文献资料，这些文献资料汇集起来形成的文献资源，即为奥运文献遗产①。而在奥运文献遗产中有一类特殊的遗产类别，即奥运档案遗产，它是奥运全周期的原始记录，具有其他遗产类型难以比拟的凭证作用和参考作用。正因为奥运档案遗产如此重要，2002 年的洛桑奥林匹克遗产大会就专门将档案遗产提升到与运动遗产、经济与旅游遗产、文化与政策遗产同等的地位。

（6）**奥运体育遗产**。奥林匹克运动发展过程中所遗留下来的、与奥林匹克运动相关的、具有体育属性并且作用于体育领域的物质财富和精神财富的总和。在可能产生的体育遗产中，在有形与无形兼备的基础上，既有可以作为基础性公共体育服务的体育场馆与设施，又有可以作为信息性公共体育服务的运动相关知识；同时，体育遗产中全民运动目标以及一系列与全民健身相关的发展战略和计划，还可以作为制度性和政策性体育公共服务②。

（7）**奥运经济遗产**。是指奥运会举办城市在奥运会后的一段时期内，利用奥运会遗产的资源优势和奥运会创造的商机，所开展的一系列经济活动，从而拉动本地区经济发展。奥运经济遗产涵盖多方面、多层次的内容，包括运动会经济、城市经济、国际文化团体交流。它是借筹备和举办奥运时机，提升企业品牌、城市品牌和国家品牌，推动城市改造，优化城市产业结构，从而促进城市和国家经济增长③。

（8）**奥运社会遗产**。包括举办国家当地文化的传播、奥林匹克价值观的弘扬、社会包容度的提高、对弱势群体的关注以及志愿服务精神的传播等。社会遗产虽然多数属于意识层面，但举办国通过丰富的活动和各类实践，可以把这些意识化的社会遗产落实到具体层面，使意识化的社会遗产得以永久存在④。

（9）**奥运环境遗产**。在“绿色奥运”理念的指导下，主要包含树立可持续发展下的环境保护理念、推动城市从产业型的工业城市向商业型和服务型的宜居型国际大都市转变、提升环境意识和环境伦理观念、开展公众环境教育、奥运场馆的绿色遗产、构建环境保护的法规和措施等⑤。

---

① 徐拥军．北京奥运会文献遗产的保护与传承 [J]．中国档案，2008（1）：32-33.

② 农若雯，杜颖．试论 2022 冬奥会体育遗产对群众体育公共服务供给的积极影响 [C] // 2016 年全国体育社会科学年会论文集．2016.

③ 张彤．奥运经济对北京及中国经济的影响分析 [D]．北京：首都经济贸易大学，2009.

④ 孙葆丽，宋晨翔，杜颖，等．温哥华冬奥会遗产工作研究及启示 [J]．北京体育大学学报，2017，40（10）：1-8.

⑤ 郭振，乔凤杰．北京绿色奥运遗产及其困境与继承 [J]．武汉体育学院学报，2016，50（8）：18-22.

#### 1.2.1.2 奥运遗产的价值认知

对奥运遗产价值的认知，不仅会影响到遗产保护与开发战略的制定与实施，还会影响到举办国是否可以把握周期效应和举办契机，推动体育、经济、社会、文化和环境等方面的联动发展。国内学者对该问题的研究，主要从以下三个思路切入：

（1）**有形价值与无形价值**。邵玉辉[①]和鲁晨曦[②]认为，无形遗产具有流变性、独特性和创新性，应将对无形遗产的保护、开发与有形遗产结合起来，推动无形遗产有形化。吕季东、史国生和缪律认为，有形遗产具有前置效应，无形遗产的发展历时更长。无形遗产包括文化、形象、教育和心理等，不仅需要国家宏观层面的统筹布局，而且需要时间和空间上的积累[③]。

（2）**个体层面与社会层面**。孙葆丽认为，奥运遗产的价值表现在个体、社会和国际社会三个层面上，表现为促进个体的全面发展、促进社会进步和促进世界和平的基本价值取向[④]。陈珊从政府和公众层面出发分析了伦敦奥运遗产的价值，基于英国市场研究局的调研报告，提出英国民众最为关心的是奥运会可以带来经济环境的改善，而英国政府则遂民愿，从国家、伦敦市和社区三个层级制定了经济遗产相关的策略，在就业、商业机会和志愿者服务等方面确保收益[⑤]。

（3）**投入与产出分析**。目前学界大多以举例的形式，从遗产的价值与影响出发，对已举办奥运会的投入与产出进行分析。易剑东和王道杰对被媒体称为“史上最昂贵的奥运会”的索契冬奥会进行分析指出，这个所谓的“最昂贵”在很大比例上用于改善城市基础设施，较好地提升了城市旅游产业的基础建设[⑥]。张涵以2012年伦敦奥运会为例，分析了奥运遗产资本化的策略。他提出，很多无形的遗产虽然不为民众所认可，但对举办国家而言也是有正面且不可预估的影响[⑦]。

#### 1.2.1.3 奥运遗产的保护与开发

在奥运遗产的保护与开发问题上，国内学者的研究主要集中在以下几个方面：

（1）**协调开发与保护之间的关系**。徐祥辉、黄家善认为，必须将资源保护的公益性与资源自身具有的价值有机结合，走“保护—开发—利用—发展—保护”的良性发展之路[⑧]。

---

① 邵玉辉．2008年北京奥运会无形遗产保护和开发研究[D]．北京：北京体育大学，2011.

② 鲁晨曦．我国奥运会无形文化遗产的传承与创新[D]．济南：山东师范大学，2016.

③ 吕季东，史国生，缪律．奥运遗产传承与保护经验及启示[J]．体育文化导刊，2019（4）：24-29.

④ 孙葆丽．奥林匹克运动人文价值的历史流变[D]．北京：北京体育大学，2005.

⑤ 陈珊．伦敦奥运的经济遗产[J]．北大商业评论，2013（4）：97-101.

⑥ 易剑东，王道杰．论北京2022年冬奥会的价值和意义[J]．体育与科学，2016，37（5）：34-40.

⑦ 张涵．伦敦奥运遗产资本化启幕[N]．21世纪经济报道，2012-08-14.

⑧ 徐祥辉，黄家善．北京奥运会遗产的评估、开发与保护研究[J]．体育与科学，2009，30（4）：11-14.

成林萍提出，在积极保护的前提下，需要突出“整体保护”的理念，分割、切片式的保护可能致使奥运遗产，尤其是建筑遗产失去文化内涵①。刘鹏提出，必须坚持尊重奥运遗产真实性、完整性与多样性，无形遗产有形化和保护先行开发相继的原则②。

（2）**提前做好遗产管理和收集工作**。马凤霞、王春城和于学岭等提出，既要加强奥运会重要文献资料的保护和向国际奥委会移交奥运会相关资料的工作，也要做好社会各界、民间组织、个人收藏奥运会文物的积累和收集工作③。连玉明认为，除了各类档案文献资料外，举办奥运会的经验与知识也是重点需要抢救与搜集的遗产④。

（3）**构建奥运遗产的认证评估体系**。在构建评估体系的意义方面，池建等⑤、徐祥辉和黄家善⑥、文福君⑦等都主张建立科学的奥运会文化遗产认证评估体系，以此科学地、准确地界定其概念、主要内容范围、种类、等级标准，鉴别其历史、艺术、文化和科学价值。在具体评估体系制定方面，齐震基于奥运遗产的分类，提出评估指标包括经济、基础设施、知识习得、城市形象、教育和文化等 6 个方面。同时，可识别出三个遗留维度：一是计划结构的程度；二是正结构程度；三是量化结构的程度。根据这些维度，奥运遗产包括计划好和非计划好的、积极和消极的、无形和有形的结构，这些结构是在事件发生后遗留下来的，评估需要 10 ～ 20 年显现效果⑧。

#### 1.2.1.4　奥运遗产的开发利用

对奥运遗产进行开发利用是节约社会成本、服务社会大众、实现可持续发展的内在需求和必然选择。国内学界对此问题的关注集中于以下方面：

（1）**奥运遗产的商业价值开发**。一是在旅游开发方面，赵毅⑨、任保国⑩、李博⑪等提出，将奥运环境遗产作为新的历史文化遗产进行保护，以供后续文化旅游业进行进一步的

---

① 成林萍．奥运会与北京文化遗产的保护和传承 [C] // 奥运后首都国际化进程的新趋势与新挑战：2008 城市国际化论坛论文集．北京：中国经济出版社，2009.

② 刘鹏．2008 北京奥运会遗产保护研究 [D]．北京：北京体育大学，2010.

③ 马凤霞，王春城，于学岭，等．北京奥运文化遗产传承与保护的现状与对策 [J]．北京体育大学学报，2007，30（7）：873-875.

④ 连玉明．继承奥运文化遗产推进人文北京建设 [J]．北京观察，2009（8）：54-55.

⑤ 池建，马凤霞，王春城，等．对重视和加强北京奥运文化遗产传承与保护的研究 [C] // 第八届全国体育科学大会论文摘要汇编．2007.

⑥ 徐祥辉，黄家善．北京奥运会遗产的评估、开发与保护研究 [J]．体育与科学，2009，30（4）：11-14.

⑦ 文福君．北京奥运会与儒家哲学契合发展的遗产研究 [D]．曲阜：曲阜师范大学，2010.

⑧ 齐震．奥运遗产评估指标初探 [J]. 体育科技文献通报，2019，27（4）：130-132.

⑨ 赵毅．奥运遗产的旅游开发构想 [J]．投资北京，2006（12）：80-82.

⑩ 任保国．后奥运时代北京旅游遗产资源的开发利用 [J]．滨州学院学报，2010，26（1）：62-67.

⑪ 李博．高山滑雪场馆环境友好指标体系构建初探：以 2020 冬奥会高山滑雪中心为例 [J]．城乡建设，2019（10）：39-41.

商业开发。二是房地产开发，包括奥运商圈、办公区和住宅区开发等。彭艳丽关注到了围绕奥运核心功能区，大量人流在这些区域聚集为商业房地产和住宅房地产，带来了新的投资机会①。三是无形资产的商业化。马亚璇认为，运营方可以利用遗产的形象认知度、感觉、品质认知和客户忠诚度来开发体育场馆②。四是奥运场馆运营模式。王子朴、梁金辉和杨小燕针对北京新建奥运场（馆）赛后运营面临的现实困境，提出以下相关建议：一是实现投融资模式与赛后运营的无缝对接；二是选择合适的运营合作伙伴；三是合理配置奥运场（馆）专业管理人才；四是尝试探索集团化托管运营模式③。

（2）**奥运遗产的知识价值开发**。王洪元和李珍④、刘玉江和刘飞舟⑤、黄霄羽⑥等人都关注到了奥运会档案文献遗产的开发与利用。在体育数据分析方面，袁俊杰根据我国备战奥运会及世界大赛的急需，采用文献资料法、归纳分析法及软件编程法开发了竞技体育信息数据库⑦。在档案资料数字化方面，Glyphica公司通过与Adobe等科技公司的合作，对大量奥运会历史档案资料进行了恢复重建，可供公众和其他社会组织利用和二次开发⑧。值得注意的是，在知识产权保护方面，黄亚玲和赵洁认为，对奥林匹克知识产权的保护是2008年奥运会成功的一个重要标志。保护奥林匹克知识产权是在法律许可的范围内合理地利用，使其产生更大的社会和经济效益，目的是在全世界健康、持续地开展奥林匹克运动，传播奥林匹克理想和理念⑨。

（3）**奥运遗产的人文价值开发**。从宏观视角来看，胡百精和冯惠玲认为，北京奥运会成功举办最为重大的意义和最为基本的经验，就是展现和创造出以人为本、和而不同的核心价值，使之超越具体的利益、宗教、种族和文化形态，最大限度地促进人类的相遇、共识和信任⑩。在科教方面，李颖川针对当前我国奥林匹克教育存在的问题，提出了以下对策和建议：借鉴以往奥运会举办国的有益经验，通过学校教育普及奥林匹克教育，倡导积极生活方式，发挥大众传媒的积极作用，不断深化北京奥运的理念教育，等等⑪。在全民健身

① 彭艳丽．北京后奥运经济风险研究 [D]．北京：北京体育大学，2010.

② 马亚璇．1972 年以来夏季奥运会场馆赛后开发与利用研究 [D]．北京：北京体育大学，2010.

③ 王子朴，梁金辉，杨小燕．北京新建奥运场（馆）投融资模式创新与赛后运营探讨 [J]．体育科学，2012，32（3）：3-9.

④ 王洪元，李珍．人文奥运与档案工作的互动思考 [J]．兰台世界，2007（18）：5-6.

⑤ 刘玉江，刘飞舟．挖掘档案在人文奥运中的价值 [J]．兰台世界，2008（1）：53-54.

⑥ 黄霄羽．2012 年英国国家档案馆的奥运档案工作及简评 [J]．四川档案，2013（1）：54-55.

⑦ 袁俊杰．竞技体育信息数据库的开发与应用 [C]// 第八届全国体育科学大会论文摘要汇编 .2007.

⑧ Adobe 双软写奥运春秋 [J]．每周电脑报，1999（35）：49.

⑨ 黄亚玲，赵洁．北京 2008 年奥运会奥林匹克知识产权保护研究 [J]．北京体育大学学报，2005，28（9）：1153-1155.

⑩ 胡百精，冯惠玲．北京奥运的人文精神与价值光谱：写在北京奥运成功举办三周年之际 [J]．前线，2011（8）：38-40.

⑪ 李颖川．北京奥运会与奥林匹克教育 [J]．首都体育学院学报，2004，16（3）：33-35.

方面，张银行、李吉远和李成银聚焦于武术文化遗产的开发，鉴于“普及与推广”的基础性、大众性、公益性，提出了构建“地域武术特区”的设想[①]。在休闲文化方面，王广进认为，面对休闲时代，奥林匹克文艺这种休闲活动最终要义不是形式上的多样性、内容上的丰富性，而应该是凸显价值取舍上的“休闲性”，倡导人生意义的休闲性，最终实现奥林匹克运动的休闲价值取向[②]。

（4）**奥运遗产的公益价值开发**。在优化城市公共空间方面，杨宇和吴唯佳建议，充分利用奥运设施，完善城市公共设置布局，利用奥运期间的设施建设促进城市的功能疏解和空间拓展[③]。在提供基础体育设施方面，金睿认为，采用多元化的经营模式扩大赛后场馆价值是伦敦奥运会场馆赛后利用的有效方式，而运营与公益性相结合受到了人们的一致好评[④]。在公众参与感方面，李佳宝鼓励公众作为观众、志愿者、社区组织者、项目参加者等参与到奥运会的整个运作周期中，直到奥运会已经积极地影响到他们的生活，并促进更广泛和持久的奥运遗产的产生[⑤]。

## 1.2.2　国外研究内容与成果

### 1.2.2.1　奥运遗产的概念

在过去30余年中，遗产在奥运会发展过程中发挥了重要作用，其在规模、范围和成本上都发生了爆炸性变化[⑥]。随着奥林匹克运动不断发展，奥运遗产概念被提出，内涵日益丰富，由于遗产概念本来没有明确定义，故何谓奥运遗产、奥运遗产包含哪些类型也仍存在较多争议。诸多学者对其概念、种类及实例进行了研究，如表1–1、表1–2所示。韩俊汉（Joon-Young Han）等认为，国际奥委会所界定的奥运遗产并不够充分，该奥运遗产概念以西方价值观为前提，故造成东方奥运遗产成为西方文化同化结果的局面[⑦]。到目前为止，对于奥运遗产的定义及分类并无定论。

---

① 张银行，李吉远，李成银．关于“后奥运”武术普及与推广的若干思考：基于国内的视域 [J]．西安体育学院学报，2013，30（1）：87-92.

② 王广进．论面临休闲时代的奥运会 [D]．广州：华南师范大学，2006.

③ 杨宇，吴唯佳．发展模式转型：北京奥运会对城市发展的长期影响 [J]．北京规划建设，2012（3）：49-55.

④ 金睿．伦敦奥运会场馆的赛后利用及启示 [J]．体育成人教育学刊，2018，34（5）：27-29.

⑤ 李佳宝．北京冬奥会公众参与前瞻 [J]．河北体育学院学报，2018，32（3）：24-29.

⑥ AGHA N, FAIRLEY S, GIBSON H. Considering legacy as a multi-dimensional construct: the legacy of the Olympic Games [J]. Sport management review, 2012, 15(1): 125-139.

⑦ ZHU Q, HAN J Y. Restructuring the Olympic legacy [J]. International journal of applied sports sciences, 2018, 30(2): 207-218.

表1–1　奥运遗产概念及类别

| 作　者 | 时　间 | 对遗产种类的划分 |
| --- | --- | --- |
| 布伦特・里奇（Brent Ritchie） | 1984 | 经济、社会、物理、文化、技术、心理 |
| 卡什曼・理查德（Cashman Richard） | 1999 | 经济、基础设施、信息和教育、公共生活、政治和文化、体育、符号、记忆和历史 |
| 霍尔格・普罗伊斯（Holger Preuss） | 2000 | 有形和无形的影响（形象、生态方面、结构变化、经济关系、对公民的负担、娱乐价值、“后续方面”） |
| 哈里・希勒（Harry H. Hiller） | 2002 | 体育和非体育成果：建设环境、经济发展/旅游发展、社会心理（情绪、市民对城市的看法）、城市作为社区（新旧冲突、奥运期间政治领导的变化） |
| 加文・波因特（Gavin Poynter） | 2004 | 有形：体育遗产，社区再生（奥运就业，额外的住房、休闲、体育设施、运输），环境/生活质量（公园、空间、水、空气、生态），旅游，公共服务（教育、医疗等），劳动力市场（技能、知识），志愿者组织，生活成本增加（主办城市与其他城市比较指数显示的百分比变化）<br>无形：奥运会相关工作岗位的消失，知识/技能和志愿者精神的保留，地区自豪感/形象/品牌，国家自豪感/形象/品牌，以及结构性“替代效应”（不投资其他地方的机会成本） |
| 克拉克・吉尔伯特（Clark Gilbert） | 2008 | 旅游经济、交通和城市基础设施、文化基础设施、体育基础设施、有形遗产、城市形象、商业兴趣、管理和活动战略发展 |
| 克里斯・格拉顿和霍尔格・普罗伊斯（Chris Gratton & Holger Preuss） | 2008 | 主办所需的结构：基础设施、知识、形象、情感、网络、文化<br>适用场所：生活、游客、交易会、工业、大会和活动（可持续遗产） |

资料来源：ANDRANOVICH G, BURBANK M J. Contextualizing of Olympic legacies [J]. Urban geography, 2011, 32(6):823-844.

表1–2　国外研究奥运遗产的主题与实例表

| 主　题 | 实　例 |
| --- | --- |
| 文化 | 建筑、档案、艺术、庆典、文化交流、博物馆、纪念品、纪念碑、口述记忆、街道名称、火炬接力 |
| 经济 | 债务、经济活动、就业、利润 |
| 环境和可持续发展 | 在中心城区禁止汽车通行、减少污染、设立监测站监测空气质量、增加步行区、建立新的野生动物保护区、种植新的树木和灌木、减少浪费 |

续表

| 主　题 | 实　例 |
| --- | --- |
| 无形资产 | 集体的努力与记忆、助残意识、经验或技能、外部危机、给当地居民带来不便、欢乐、社区凝聚力、大众记忆 |
| 基础设施 | 新机场、公园、光纤网络、体育场馆、交通管理系统、酒店、写字楼、道路、残疾人停车位、铁路、奥运村 |
| 体育 | 增加当地的娱乐或竞技体育活动，成立新的地方委员会，在奥运会设施中组织未来的活动，吸引运动员和观众 |
| 房地产 | 短期提振租金和房价，长期平均房价上涨 |
| 宣传 | 混乱和争议，城市声誉的提高/对城市的认知，与奥运会前和期间的国际审查有关的负面宣传，丑闻，争议 |
| 旅游及会议产业 | 举办城市营销的增长，会议代表，一般旅游，酒店设施的数量和质量，会议空间 |
| 城市再生 | 改造或粉刷的建筑物、城市规划、拆除非法广告牌、改建为各种用途的场所（学校、商场、剧院、会议中心、政府机关） |

资料来源：AGHA N, FAIRLEY S, GIBSON H. Considering legacy as a multi-dimensional construct: the legacy of the Olympic games [J]. Sport management review, 2012, 15(1): 125-139.

#### 1.2.2.2　奥运遗产的影响

奥运遗产所带来的影响涉及多个方面。卡什曼·理查德（Cashman Richard）指出，国际奥委会在定义遗产时，暗示这个术语纯粹是正面的，没有负面的部分①。哈里·希勒（Harry H. Hiller）同样认为，遗产总和“金色光环”联系在一起，因为大家默认其会产生积极影响②。诺曼·泰勒（Norman Tyler）指出，无论是无形的还是有形的，奥运遗产都具有象征意义，这种象征意义源于其建筑、纪念物或其在当代的重要性，反映了其对过去、现在或未来几代人的美学、历史、科学、社会或精神价值③。但事实上，许多学者认为奥运遗产建设与管理带来的影响是双面的。

（1）**正面影响**。让－卢普·查佩莱（Jean-Loup Chappelet）④和凯琳·图伊（Kelleen

① RICHARD C. The bitter-sweet awakening：the legacy of the Sydney 2000 Olympic Games [M]. Sydney: Walla Walla Press. 2005.

② HILLER H H, Toward a science of Olympic outcomes: the urban legacy [M]. Lausanne: IOC. 2002.

③ TYLER N. Historic preservation: an introduction to its history，principles，and practice[J]. Civil engineering magazine, 2009, 79(3): 78-79.

④ CHAPPELET J. Olympic environmental concerns as a legacy of the Winter Games [J]. The international journal of the history of sport, 2008, 25(14): 1884-1902.

Toohey）[①]等列举了奥运遗产正面影响的例子，从有形遗产如商业网络扩张和体育基础设施，到无形遗产如城市建设、全球声誉的提升、知识文化的传播、政府改革等。哈里·阿恩·索尔伯格（Harry Arne Solberg）等认为：在城市建设方面，奥运遗产建设可推进主办城市及其周边地区的基础设施改善，提升住房、交通、通信水平；在经济发展方面，奥运遗产可作为经济增长引擎，带动旅游购物消费，促进经济发展。例如，主办城市的旅游业可能经历以下变化：出现新的或改进的旅游景点、翻新或新建的酒店、更新的公共交通系统、优化的城市形象、旅游知识增加和文化认同深化[②]。杰弗里·欧文（Jeffrey Owen）[③]和戴维·惠特森（David Whitson）[④]等认为，随着旅游遗产的落实，城市在整个奥运会期间受到越来越多的媒体关注，这是一个宝贵的宣传机会。这意味着该市可以展示其旅游景点，以及由于举办奥运会而形成的新的和改进的基础设施项目。在社会文化传播方面，克里斯·布尔（Chris Bull）等则提出，社区自豪感、凝聚力、参与、互动以及改善的形象和意识也作为奥运遗产长久地对社会产生影响[⑤]。在教育方面，迪卡娅·凯泽斯塔提乌（Dikaia Chatziefstathiou）认为，奥运遗产同样发挥着教育价值，有助于培养公众正确的价值观[⑥]。

（2）**负面影响**。与此同时，霍尔格·普罗伊斯（Holger Preuss）[⑦]、克里斯·格拉顿（Chris Gratton）[⑧]和詹姆斯·安东尼·曼根（James Anthony Mangan）[⑨]等认为，奥运遗产同样可能会出现负面影响，如产生建筑债务、机会成本高、基础设施浪费、短期挤出效应、房租上涨以及不公平的迁移和再分配等后果。国际奥委会在对奥运遗产定义时引导大家认

① TOOHEY K. The Sydney Olympics: striving for legacies-overcoming short-term disappointments and long-term deficiencies [J]. The international journal of the history of sport, 2008, 25(14): 1953-1971.

② SOLBERG H A，PREUSS H. Major sport events and long-term tourism impacts[J]. Journal of sport management, 2007, 21(2): 213-234.

③ OWEN J G. Estimating the cost and benefit of hosting Olympic Games: what can Beijing expect from its 2008 Games? [J]. The industrial geographer, 2005, 3(1): 1-18.

④ WHITSON D, HORNE J. Underestimated costs and overestimated benefits? comparing the outcomes of sports mega-events in Canada and Japan [J]. Sociological review, 2006, 54(2): 71-89.

⑤ BULL C, LOVELL J. The impact of hosting major sporting events on local residents: an analysis of the views and perceptions of Canterbury Residents in relation to the Tour de France 2007[J]. Journal of sport & tourism, 2007, 12(34): 229-248.

⑥ CHATZIEFSTATHIOU D. Olympic education and beyond: Olympism and value legacies from the Olympic and Paralympic Games [J]. Educational review, 2012, 64(3): 385-400.

⑦ PREUSS H. The conceptualisation and measurement of mega sport event legacies[J]. Journal of sport & tourism, 2007, 12(34): 207-227.

⑧ GRATTON C, PREUSS H. Maximizing Olympic impacts by building up legacies [J]. The international journal of the history of sport, 2008, 25(14): 1922-1938.

⑨ MANGAN J A. Prologue: guarantees of global goodwill: post-olympic legacies-too many limping white elephants? [J]. The international journal of the history of sport, 2008, 25(14): 1869-1883.

可其积极影响，但多位学者对其消极影响也进行了探讨，若未进行合理的规划，奥运遗产建设可能会带来诸多不良后果。

（3）**影响评估**。也有学者采用定量分析的方式对奥运遗产的影响进行理性评估。维克托·沙波瓦洛夫（Victor Shapovalov）等在分析索契市旅游特点的基础上，为了评估奥林匹克遗产对城市发展的贡献，提出了经济模块、社会模块、生态模块和基础设施模块等4个指标模块。在经济模块中，可以区分出下列指标：该地预算盈余或赤字的实际价值，位于活动区域内的企业的损益，当地人口月平均工资水平，股本投资额，价格变动指数。在社会模块中，可以区分出以下指标：失业率水平，最低生活成本与人均现金收入之比。生态模块的指标有：环境保护的经常性（经营性）支出，大气污染源固定的物体数量，固定污染源排放到大气中的污染物总量。基础设施模块的指标有：为游客提供的客房数量，交通可达性系数，大容量建筑数量①。基里亚基·卡普兰尼杜（Kyriaki Kaplanidou）运用问卷调查的方法对奥运会举办城市的居民进行调查，研究了奥运遗产对居民生活质量的影响②。

#### 1.2.2.3　奥运遗产的建设

奥运遗产的建设不仅需要考虑为赛事活动提供设施，更需要考虑其后续的管理与利用。早在1992年，莫里斯·罗奇（Maurice Roche）便指出赛前的工程很少考虑赛后的账目。在2002年世界遗产大会上，国际奥委会主席雅克·罗格（Jacques Rogge）警告了以奥运会名义进行奢华发展的危险性，并指出奢华发展将在赛后带来累赘，事实证明的确如此。卡什曼·理查德指出2000年悉尼奥运会由于缺乏遗产计划而产生了诸多遗留问题③。古斯塔沃·安布罗尼西（Gustavo Ambrosini）等提出，2006年都灵冬奥会奥运遗产的建设尝试通过形态学进行分类，关注到新设施与所处环境之间的关系，使得奥运场馆的形态与当地地理特征相匹配，多年以后，许多奥运建筑成为都灵象征性的地标④。罗德·谢尔德（Rod Sheard）分析了2012年伦敦奥运建设过程中提出的名为“拥抱临时”的新理论，其设计理念是易于拆解，建造了颇多临时设施和场馆，在赛后进行拆除便能大大降低维护费用⑤。科林·奈什（Colin Naish）等则认为，2012年伦敦奥运会赛后奥运场馆在短期内实现

---

① VERBIN Y I, SHAPOVALOV V. Evaluation of the influence of Olympic legacy on tourist destination development [C]. Future academy, 2019.

② KAPLANIDOU K. The importance of legacy outcomes for Olympic Games four summer host cities residents’ quality of life: 1996–2008[J]. European sport management quarterly, 2012, 12(4): 397-433.

③ RICHARD C. The bitter-sweet awakening：the legacy of the Sydney 2000 Olympic Games [M]. Sydney: Walla Walla Press. 2005.

④ 安布罗尼西，贝尔塔，博尼诺. 可持续发展的奥运会？都灵2006年冬奥会的背景和遗产[J]. 王欣欣，译. 世界建筑，2015（9）：30-33，134.

⑤ 谢尔德. 伦敦奥运遗产[J]. 李京，译. 城市建筑，2012（14）：44-49.

改造并向公众开放，为其他奥运主办城市树立了标杆①。

#### 1.2.2.4 奥运遗产的保护利用

历届奥运会均形成了丰富的奥运遗产，但对于这些奥运遗产的保护利用理念及实际状况却存在较大差异。奥菲尔·韦格曼（Ofir Wegman）认为，奥运遗产的利用工作主要受三个因素的影响：第一个因素是对奥运遗产赛后利用的早期规划。对比 2002 年盐湖城、2004 年雅典、2010 年温哥华和 2012 年伦敦四个不同时期、地点的奥运遗产建设情况后，可发现盐湖城、温哥华和伦敦均对奥运设施进行了显著的公共再利用，而雅典奥运会则因为选址不合适、建筑材料不易维护，以及当时的政治和官僚纠纷等原因阻碍了奥运遗产的合理利用。第二个因素则是夏季奥运会与冬季奥运会的设施差异。夏季奥运会的体育场馆通常更大，座位容量也更大，使得城市社区很难再使用，大多数冬季奥运会运动基础设施规模都比较小，更易于被社区投入使用。第三个因素是主办城市的规模。小型城市奥运遗产建成后，成为当地代表性体育场馆，相较于大城市而言，重复利用情况更为普遍②。崔泰锡（Tae-Suk Choi）等认为，奥运遗产的保护利用需要从三方面开展。首先，行政方面建立“档案遗产委员会”并在相关组织内设立档案遗产管理部门，并建立一个档案系统来创建档案遗产，通过建设网站门户，使网络平台建设、数字档案系统建设等各组织体系相互衔接。其次，要从主体和层次两个方面，鼓励地方组织和居民积极参与奥运遗产的保护与利用。最后，有必要扩展档案记录的主题，并通过它去创建故事。除了运动员和教练员，还需要收集社会弱势群体和残疾人的记录，这样才能创造出丰富的文化遗产和文化内容③。

## 1.3 研究评价与展望

### 1.3.1 现有研究不足

总体上，国内外有关奥运遗产研究的范围较广、内容较丰富，取得了较丰硕的成果，但也存在以下不足：

#### 1.3.1.1 对奥运遗产概念的认知存在偏向

**一是概念的外延化。**随着人们认识的深入，奥运遗产从体育遗产扩展到了社会、经

① NAISH C, MASON S. London 2012 legacy: transformation of the Olympic Park[J]. Proceedings of the institution of civil engineers-civil engineering, 2014, 167(6): 26-32.

② WEGMAN O. Educational Olympic legacy: the public use of sport facilities after the Games [C]. European proceedings of social and behavioural sciences, 2018.

③ CHOI T S, CHEON H. The study on creating Pyeongchang Winter Olympic Games records legacy through overseas cases [J]. Korean society of sport policy, 2018, 16(3): 61-80.

济、文化、制度、国家形象、环境和可持续发展等方面。对于奥运遗产概念的外延化可以极大丰富相关研究成果，但是也会导致过于强调“遗产”，而忽视了“奥运”本身所体现出来的独特内涵与价值。

**二是概念的精细化**。科技进步极大丰富了奥运会的内容和形式，所产生的遗产形式也更加多样化，参与主体也更加多元化，对于奥运遗产的概念界定也随着遗产价值的再发现不断细化。概念的细化导致了部分研究成果明显倾向于场馆类遗产，部分研究成果明显倾向于档案类遗产，体育学、社会学、经济学、建筑学、环境学和档案学等领域的学者立足于自身的视角与部分遗产，各类型的研究成果都较为分散，兼顾各个视角的综合性研究较少。

奥运遗产的内涵辨析并非研究终点，以奥运遗产研究促进对奥林匹克运动的理性认识才是目标。如果奥运遗产内涵的明晰可以成为奥运会申办城市的一种行动指南，为奥运遗产的评价提供理论指引，那么奥运遗产研究就能创造出更大的价值[①]。

#### 1.3.1.2 对部分类型的奥运遗产关注不足

**一是侧重于体育、经济方面的遗产，对文化、文献方面遗产关注不足**。从短期的经济价值来看，体育、经济方面的遗产具有较高的、可见的回报率，是较为显性的社会资源投入形式，因此得到了学界较高的关注。文化遗产的影响虽是无形的、隐性的，却是深远的、长久的。以档案为主体的文献遗产作为申办、筹办、举办奥运会各项活动的原始记录，具有重要的历史、知识和参考价值。另外，奥运会的体育精神、文化精神和时代精神等记录和反映在文献之中，具有极高的传播价值。总之，文化、文献方面的奥运遗产需要被给予更充分的关注。

**二是对夏季奥运会之外的其他大型体育赛事遗产关注尚显不足**。夏季奥运会的普及度与关注度要明显高于冬季奥运会，冬奥会遗产的开发利用也容易受到自然资源和气候条件的限制。对于两者进行区别性研究的成果较少，大部分研究成果也实际主要针对的是夏季奥运会。而且，残奥会遗产与奥运会遗产也有很大的区别，残奥会在场馆、精神、文化等方面具有不同的潜力与价值，因此，需要给予一定的关注与研究。此外，许多其他大型体育赛事的遗产，也被学者所忽视。目前已有文献主要聚焦在对民族或者民间的传统体育赛事文化遗产的研究。譬如，陈波等研究了藏族民间传统体育项目和“非遗”项目[②]；吴茜追溯了上海赛马历史文化的发展轨迹，立足于“传统文化再生产”的研究视角，对赛事场域

---

① 徐拥军，闫静．“奥运遗产”的内涵演变、理性认知与现实意义 [J]．首都体育学院学报，2019，31（3）：201-205，220.

② 陈波，王洪坤，梁勤超，等．藏族民间传统体育文化记忆与发展传承 [J]．中华文化论坛，2016（12）：131-136.

中的上海赛马文化再生产进行了探讨[①]；陈华伟借鉴文化遗产学、文化人类学和体育赛事管理学的学科理论，对少数民族运动会文化遗产的特征、价值和传承方式进行了分析[②]。只有郭盛晖等[③]、杨利霞[④]和程明凯[⑤]等少数学者关注到了亚运会和青奥会等其他大型体育赛事的遗产。

#### 1.3.1.3 对奥运遗产评估体系的研究有待深入

对奥运遗产的评估早已引起国际奥委会的关注。国际奥委会 2002 年提出并设立了奥运会整体影响研究（Olympic Games Global Impact Study，OGGI）评估项目（现已改为奥运会影响研究工程，OGI），要求从 2008 年北京奥运会开始，每个奥运举办城市都要在奥运会结束后两年内提交 OGGI 评估报告。2008 年北京奥运会是第一届提交 OGGI 评估报告的奥运会。OGGI 课题的研究成果作为北京奥组委向国际奥委会工作汇报的重要组成部分上报。OGGI 项目开了奥运会遗产研究的先河，为后续奥运会举办城市的相关研究提供了研究范式。其中，已建立的健康遗产评估体系受到了较高的认可与重视。2010 年上海世博会也借鉴北京奥运健康遗产概念，突出上海世博会特点，建立了一套世博健康遗产评估指标体系[⑥]。目前学界已经开始关注到了建立奥运遗产评估体系的必要性，但仅有少数研究成果提出了具体的指标体系和评估方法。尤其是因为奥运遗产的广泛性、非共识性，以及部分奥运遗产的无形性和间接性，构建科学可行的评估体系具有相当的难度。

#### 1.3.1.4 国内外奥运遗产管理与利用理念存在较大差异

国内外都重视对于奥运遗产的前端控制与全程控制，重视奥运会办会经验类知识的积累与利用，但国内外对奥运遗产保护传承、开发利用手段的认识表现出较大的区别。国外对奥运会及奥运遗产的建设与利用持更加辩证的态度，既看到了奥运会带来的积极效应，也以更加理性的态度审视了奥运场馆建设的必要性与现实效益回收问题。因此，国外正在寻求一种“随建随拆”、临时性的奥运会基础设施建设方案，以短期性的设施投入应对过高的社会资源投入。从根本上，虽然都是为了追求“绿色奥运”的办会目标，这在一定程度上也反映了国内外奥运会对该理念的理解与执行存在较大区别。尽管当前国内外学界已

---

① 吴茜. 上海赛马传统的文化再生产研究 [D]. 上海：上海体育学院，2016.

② 陈华伟. 我国少数民族传统体育运动会文化遗产初步研究 [D]. 北京：首都体育学院，2009.

③ 郭盛晖，刘雪姿，吴源. 广州亚运遗产及其旅游开发 [J]. 企业家天地（理论版），2010（7）：136-137.

④ 杨利霞. 2014 年青奥会对南京城市文化软实力的影响研究 [D]. 南京：南京师范大学，2014.

⑤ 程明凯. 南京青奥遗产的保护与传承研究 [D]. 南京：南京师范大学，2015.

⑥ 袁东，GALEA G，俞晓静，等. 2010 年上海世博会健康遗产评估指标体系的构建思考 [J]. 环境与职业医学，2009，26（3）：219-222.

经针对遗产保护传承、开发利用等问题提出了较多设想与建议，但从整体来看，建设性、创新性的对策建议较少。而且在实践过程中，奥运遗产面临着更加复杂的情况，譬如，政府换届造成的奥运遗产政策难以延续的问题，宏观经济衰退造成闲置场馆商业化开发困难的问题，工作人员变动带来的奥运档案遗失的问题，等等。

### 1.3.2　未来研究方向

笔者认为，未来有关奥运遗产研究的重点和方向可能包括：

#### 1.3.2.1　奥运遗产基本理论研究

近 30 余年来，有关奥运遗产的研究方兴未艾，并逐渐演变出多元化的研究样态。这其中，奥运遗产基本理论是这一研究领域的起点与基础，但目前有关奥运遗产基本理论的研究仅停留在对奥运遗产的含义、类型、特点、保护与利用等表面问题的分析上，缺乏对原理性、规律性深层问题的探讨，至于最为重要的理论基础、理论框架更是几乎未涉及。

#### 1.3.2.2　奥运遗产评估体系研究

2008 年北京奥运会成为奥运史上第一个完整执行奥运总体影响评估的举办城市。此后各历届奥运会、冬奥会组委会提交了 OGGI 报告。2017 年国际奥委会又编制了《遗产战略计划》(*Legacy Strategic Approach*)。但是，总体来看，目前有关奥运会影响或奥运遗产的评估体系尚未成熟，评估指标选取、指标权重分配、数据收集方法、因果关系推导、数据分析模型仍欠科学。因此，如何构建科学、可行的奥运遗产评估体系有待进一步深入研究。

#### 1.3.2.3　奥运遗产数字化管理研究

关于奥运遗产保护传承、开发利用的手段和方法，虽然学界已有一定研究成果，但目前的研究侧重于管理、制度层面，而缺失技术、平台层面的研究。尤其是如何借助信息技术和数字人文技术，将奥运遗产（主要是作为集体记忆重要载体的奥运文献遗产，也称奥运记忆）真实、完整、可用、安全地保护与传承，提供开放式的集长久保存、深入开发、多维利用的一体化平台，满足不同使用者的多样需求等，亟待进一步深化研究。

#### 1.3.2.4　北京冬奥运会遗产政策研究

关于奥运遗产政策，虽然学界已有较多研究成果，但是，每一届奥运会都在特定的国家和城市举办，有其特定的环境和背景，其奥运遗产也应有其特殊性。尤其是，即将举办的 2022 年北京冬奥会，是我国在推进“五位一体”总体布局和“四个全面”战略布局、实施京津冀协同发展战略、全面建成小康社会的大背景之下，继 2008 年之后又一次在北京举办的奥运会，其奥运遗产政策应更具宏观性、全面性，形成中国特色，提出“北京方案”。这远非此前已有奥运遗产政策研究成果所能涵盖和指导的。

# 第2章
# 奥运遗产的内涵演变与理性认知

从世界范围来看，遗产研究的兴起始于20世纪70年代联合国教科文组织发起的世界文化和自然遗产保护工作。进入21世纪以来，非物质文化遗产保护工作的发端与兴盛又将遗产研究推上了新的台阶。而近十余年来，有关奥运遗产的研究方兴未艾，并逐渐演变出多元化的研究样态。这其中，有关奥运遗产的内涵辨析则成了这一研究领域的逻辑起点和认知基础。但对于奥运遗产的内涵及其规范化表述，目前学界仍未有一个统一的界定。诸多论著在相关研究中似乎已形成一种共识，那就是奥运遗产已成为大家公认的一个概念，对其含义的理解在理论界和实践界已然达成一致的看法且无须赘言。正如历史学家理查德·卡什曼所言："'遗产'是一个自我确证的词，没有必要对其进行清晰的界定"。但在这一思想认识或"学术共识"的影响下，有关奥运遗产研究的"泛化"现象日趋严重。边界的扩展对于奥运遗产的研究如同一把"双刃剑"：一则增加了相关研究的活力与潜力，二则却易使与奥运有关的此种特殊类型遗产的特质逐渐消解在泛化的概念之中。因此，奥运遗产的内涵辨析就显得尤为重要。

## 2.1 奥运遗产的内涵演变——由"财产遗产"走向"综合遗产"

奥林匹克运动会被视为自20世纪中叶以来世界上最大规模的、定期的、和平导向的国际盛事，其影响力远超任何一种类型的展览、文化或宗教性活动。尽管这种影响力一直潜移默化地伴随着每一届奥运会的举办而显现和强化，但20世纪50年代以前，"奥运遗产"（Olympic legacy）一词却极少被提及，对古代奥运遗址的挖掘和古代奥运优良传统的考据发现，并未上升到遗产的高度来认识。那些古代奥运遗址和古代奥运传统只是单纯地被认为是之前遗留下来和奥运相关的遗产（即heritage）①，多以实物存在并以专有财产的形式被

① 传统意义上对遗产最基本的认知，用 heritage 一词来表达可能更加确切。尽管 legacy 和 heritage 在英语和法语中并非同一单词，而且许多其他语种使用相同的术语来表达两者的含义，但通常而言，heritage 常用于指代我们从祖先那里继承下来的历史的、文化的和自然的遗产，并将这些遗产传递给我们的后代；而 legacy 则更常用于公司、个人、实践或工程完成后所遗留下来的物质的或非物质的遗产。legacy 已被用于国际奥委会的遗产术语之中。

国际奥委会继承和保护。国际奥委会通过创建奥林匹克博物馆和研究中心等措施来推动和发挥奥林匹克财产遗产的作用。

随着奥林匹克运动的发展，人们渐渐认识到奥运遗产不应只是遗留下来的财产遗产和以此延伸的可以由国际奥委会世袭的权力遗产，它还应该是一种隐形的、潜移默化的“影响”，诸如奥林匹克运动精神的世代传递、举办城市及其所在国家乃至全世界的和谐发展等。于是，“奥运遗产”一词开始得到重视，并被认为是一个相比于“遗址”与“传统”而言更加现代性的表达。

学界普遍认为，“遗产”（legacy）一词首次正式出现在奥林匹克官方文件中是墨尔本申办 1956 年奥运会时所提交的申办报告上，这份报告催生了用遗产衡量举办权合法性的流行话语。时任墨尔本市市长詹姆斯·迪斯尼（James Disney）在报告陈述时强调“澳大利亚所建设的比赛中心，将用以若干年后发扬和延续奥林匹克在推动业余体育运动发展方面的崇高理想”①。1960年，国际奥委会在全球范围内做了一次问卷调查，意在探究奥运申办国希冀通过举办此项盛会以实现何种目标，但尚未使用遗产一词表明其愿景。在接下来的几年里，仅于 1968 年墨西哥奥运会总结报告中又再次使用了遗产一词，其表征内容主要是和本国的玛雅文化与传统舞蹈传承有关的。到了 1981 年，卡尔加里市为竞选 1988 年奥运举办权提交的申报文件中，专门提到了“奥运的申办与规划：参与及遗产”相关内容，但对于遗产的意指并未深入言说。直到 1987 年，第一次以奥运遗产为议题的国际性研讨会在韩国首尔仁济大学国际奥林匹克与跨文化研究中心（International Research Academy for Olympics and Intercultural Studies of Inje Universtiy）举办。此后，奥运遗产开始作为一个重要议题走进奥林匹克运动盛会中来。随后 1991 年，亚特兰大奥组委将“留下积极的物质与精神遗产”写进其使命陈述之中。1997 年，雅典在申办 2004 年奥运会时专门制定了《奥运遗产手册》（*A legacy for Olympism*）。1999 年，国际奥委会发布了一份奥运倡议书（*Agenda 21 for the Olympic Movement*），其中包括有关教育、文化、人文、知识及专业技能提升等方面的内容，意在倡导通过奥运盛会的举办促进社会和人类的和谐发展。值得一提的是，“可持续发展”和“遗产”两个术语被写进这份倡议书之中②。2002年，国际奥委会奥林匹克博物馆和研究中心在洛桑举办了一次规模庞大的国际研讨会，即“奥林匹克运动遗产：1984—2000”（The Legacy of the Olympic Games:1984–2000），邀请共计 150 余位专家共同探讨奥运遗产问题，这次会议对于奥运遗产的保护具有里程碑式的意义。会上试图对奥运遗产的演变做出学术性的探究，但遗憾的是，讨论会随后的几部出版物清

① LEOPKEY B, PARENT M M. Olympic Games legacy: from general benefits to sustainable long-term legacy[J]. The international journal of the history of sport, 2012, 29(6): 924-943.

② CHAPPELE J L. International Olympic Committee and the Olympic system: the governance of world sport[M]. London：Routledge, 2008: 180.

楚地表明：对遗产一词的使用在当时缺乏确切性，是否将其用一个更为合适的术语替代仍是一个悬而未决的问题。尽管此次会议对奥运遗产做出确切规范解释的努力以失败告终，但会上将奥运遗产归纳为 14 大类别（见表 2–1），使奥运遗产的涵盖范围得以极大扩充[①]。2003 年，国际奥委会发布《奥林匹克宪章》（*Olympic Charter*），重申奥运遗产的重要性，并希冀每届奥运会的遗产能够为举办城市及其居民带来场馆、基础设施、技能及经验等方面的多重收益，并倡议通过记录、捕捉、分析的手段保护这些奥运遗产。此后，在国际奥委会和各国奥委会的倡导下，各个城市在奥运会的申办、筹办和举办的全周期内，越来越重视和强调遗产的重要性和多元性。

**表2–1　国际奥委会在2002年瑞士洛桑遗产大会上对奥运遗产的分类及内容**

| 序号 | 遗产分类 | 举　例 |
|---|---|---|
| 1 | 文化 | 文化项目和发展本地文化的机会等 |
| 2 | 经济 | 工作机会、旅游、财政支持、市场营销等 |
| 3 | 环境 | 环保建筑和工程、相关环保政策和教育措施等 |
| 4 | 形象 | 强化国际意识、提升举办地及所在国家的形象等 |
| 5 | 信息与教育 | 经验与知识获得、个人发展、相关研究、管理能力等 |
| 6 | 纪念 | 与赛事有关的个人体验和记忆等 |
| 7 | 奥林匹克运动 | 对促进世界和谐发展的意义、对青年的影响等奥林匹克宗旨的宣扬等 |
| 8 | 政策 | 政策工具的开发与改进等 |
| 9 | 心理 | 提升个体与社区的国家荣誉感、自豪感和归属感等 |
| 10 | 社会 | 社会进步、大众身体健康、对普通和特殊人群生活的影响、公民参与等 |
| 11 | 运动 | 体育发展、体育设施、体育参与、健康促进等 |
| 12 | 可持续发展 | 长远规划、环境保护、节俭等 |
| 13 | 市政 | 交通改善、体育设施修复与维护、娱乐空间、市政服务等 |
| 14 | 其他 | 土著文化传承、人权平等、弱势群体保护等 |

资料来源：闫静，LEOPKEY B．奥运遗产溯源、兴起与演进研究[J]．北京体育大学学报，2016，39（12）：14-19，36.

① International Olympic Committee. Conclusions and recommendations international symposium on legacy of the Olympic Games, 1984—2000[C]. Lausanne：2002.

## 2.2 奥运遗产的理性认知

### 2.2.1 奥运遗产的官方性界定

尽管遗产一词在20世纪50年代奥运会发展史的官方文本中即已出现，尽管2002年洛桑奥林匹克遗产大会上对奥运遗产给予了14大类别的划分，但对奥运遗产的明确概念界定却迟迟未有一个统一的言说。洛桑奥林匹克遗产大会的与会者认为，奥运遗产是一个多维的概念①，从有形的场馆建筑、体育设施、市政设计、城市景观、旅游开发等，到无形的思想创新、文化特色、健康理念、志愿服务、全球声誉、举办经验、民族自豪感、世界融入感以及奥运全周期过程中的集体记忆等，均可视为奥运遗产的范畴。

正因奥运遗产的范围如此广泛，2008年，时任国际奥委会主席的雅克·罗格在公开演讲中就将“奥运遗产”界定为“所有关于奥运努力所产生的持续性结果”，并认为遗产能够带给奥林匹克以卓越、友好和尊重的价值观，创造可持续性遗产是奥林匹克运动的基本要求。但这一说法并未写进任何官方性的文件之中。

2008年，英国为2012年伦敦奥运会的举办，出台了《政府奥运执行遗产行动计划——在前期、中期和后期最大限度地利用伦敦2012年奥运会》(*Government Olympic Executive Legacy Action Plan—Before, During and After: Making the Most of the London 2012 Games*)，并于2009年出台了《伦敦2012：残疾人奥运会遗产计划》(*London 2012: A Legacy for Disabled People*)。在这两份遗产计划中，伦敦将“奥运遗产”定义为“奥运会留下的痕迹”，并将遗产执行计划分为五类遗产承诺，其长期发展目标覆盖了旅游、工作和技能、教育、可持续性、体育及商业和城市重建等。由此可见，英国对2012年伦敦奥运遗产的界定范围非常广泛，这些遗产不只是局限在经济、城市等具体的物质层面上，更多地是希望借助奥运会的举办解决国家目前面临的教育、就业等社会问题，从而为国家的发展、社会的稳定和人民的幸福留下有益的痕迹。

2013年，国际奥委会发布的《奥林匹克遗产手册》(*The IOC Legacy Brochure*)将“奥运遗产”界定为“可为社区的形象与基础设施带来可观改变的持续性效益”。手册指出，奥运遗产通常包括体育、社会、环境、城市和经济等5个方面，这些遗产可以是有形遗产，也可以是无形遗产。有形奥运遗产包括新型体育设施、交通设施的创建，城市再造或城市美化所带来的城市面貌革新以提高当地人的生活质量；无形奥运遗产包括诸如通过奥运举办带来的民族自豪感的提升、举办城市劳动力水平的提高、民族文化的复兴或

① 王成. 青奥遗产：理论梳理与视点分析：南京青奥会精神遗产研究之一 [J]. 体育成人教育学刊，2013，29（5）：7-11，2.

环保意识的增强等。与此同时，为了将奥运遗产的保护与传承提升到其应有的重要地位，国际奥委会在对下属机构的改革中，把原来的体育与环境委员会（Sports and Environment Commission）改为可持续与遗产委员会（Sustainability and Legacy Commission），以可持续发展观的理念，使奥运举办城市和国家为世界留下宝贵的遗产。

2014 年底，第 127 次国际奥委会小组会议上通过的《奥林匹克 2020 议程》（*Olympic Agenda 2020*）在第 1、2、4 条倡议中着重强调了奥运遗产的重要性，并将奥运遗产的存留与奥运可持续性发展相关联。议程明确要求将“申办程序”、“可持续性”和“遗产规划”视为确定候选城市的“首要考虑要素”，并以此作为避免后奥运危机的重要举措。此时，奥运遗产已不再作为一个概念而是一种观念，这种遗产观所承载的使命不仅局限于宣传的作用，而是真正上升到人类发展的高度。因此，议程中并未对作为一种观念的奥运遗产予以概念性的解释。

2015 年，国际奥委会发布的《奥运遗产指南》（*The Olympic Games Guide on Olympic Legacy*）将“奥运遗产”界定为“奥运会能够带给举办城市和地区的、有形和无形的、具有长期效益而非短期现实影响的后奥运效应”。同年，国际奥委会修订了《奥林匹克宪章》，其中第 14 条规定：“国际奥委会的主要作用就是通过奥运会为举办城市和国家带来正面积极的遗产。”并在第 33 条对举办城市的评估条款中，要求举办城市和国家在计划奥运遗产的过程中，考虑如何使后奥运效应具有可持续性。整合后的国际奥委会可持续与遗产委员会在召开的讨论会上，将“奥运遗产”界定为“奥林匹克运动会所包含的积极影响”。

2017 年 12 月国际奥委会发布的《遗产战略计划》，系国际奥委会与来自世界不同国家的共计 29 个奥运举办城市共同协商的结果。其中，这些国家的奥组委及各类国际性运动联合会、学术组织、奥运研究专家学者均为此战略计划的出台贡献了智慧。可以说，《遗产战略计划》代表了目前世界范围内对奥运遗产的共识性观点。该计划承认，遗产一词对于不同人群、不同语种、不同文化具有不同的意涵，自从 2003 年遗产一词正式用于《奥林匹克宪章》之中以来，对此概念的不同界定就一直并存出现。在综合了以往对奥运遗产各类观点的基础上，《遗产战略计划》认为，“奥运遗产是一种愿景的产物。它涵盖了通过举办奥运会所产生的那些对人类、城市和奥林匹克运动具有长期效益的有形遗产和无形遗产”。其在路线图中将奥运遗产的范围界定为 7 个方面：有组织的体育运动的发展、通过体育运动促进社会发展、人类技能与人际网络的创新、文化产品与创意产品开发、城市发展、环境改善、经济发展（见图 2–1）。路线图还提出了一个重要的理念，那就是奥运遗产有伴随着举办城市奥运活动的全生命周期。自此，国际上对奥运遗产有了一个官方性的统一界定。

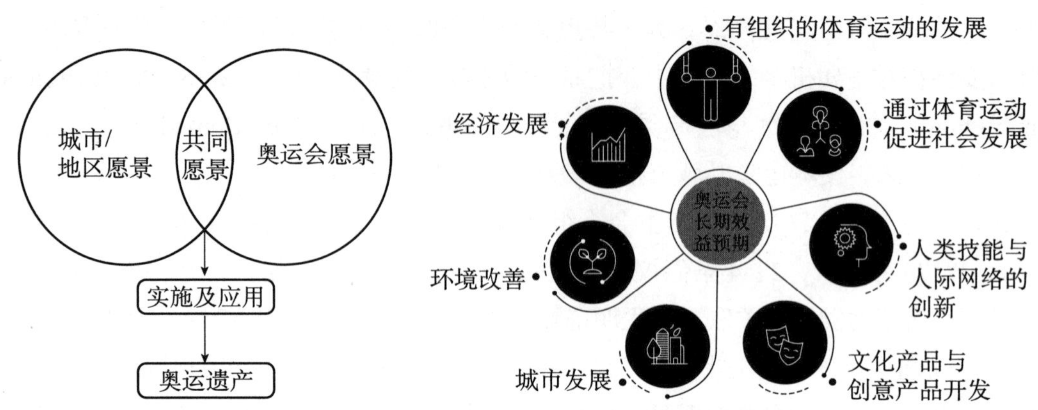


**图 2–1 《遗产战略计划》中对奥运遗产的界定与展望**

至于我国奥组委对奥运遗产的官方界定，由于北京 2008 年夏季奥运会举办期间，对奥运遗产的重视更多是停留在理念和呼吁上，故官方的界定并不常见。而在北京 2022 年冬奥会和冬残奥会组织委员会官方网站上搜索关于遗产的新闻报道、官方文件，搜索到共计 343 条结果（截止到 2021 年 2 月 15 日）。通过逐条阅读，笔者也未找到关于奥运遗产概念的解析。仅《北京 2022 年冬奥会和冬残奥会遗产战略计划》设计从体育、经济、社会、文化、环境、城市发展、区域发展等 7 个方面的 35 个领域统筹推进北京冬奥会的各项遗产工作，并将冬奥遗产工作视为一项复杂的系统性工程，提出要科学把握好冬奥遗产工作与本职工作的关系、近期和远期的关系、有形遗产和无形遗产的关系、冬奥会遗产和冬残奥会遗产的关系。其中，《北京日报》对该计划进行解读时将“奥运会遗产”定义为“是实现奥运会愿景的结果，包含所有通过举办奥运会为大众、城市和地区以及奥林匹克运动带来或增加的有形和无形的长期收益”①。此概念与国际官方的界定有异曲同工之妙，均道出了奥运遗产内容的包容性、受众的广泛性与效益的正面性。

通过对国际上各主要城市提交给国际奥委会的有关奥运会申办、承诺、总结等书面报告中对“遗产”（legacy）一词的使用情况进行分析，也可以看出 60 余年来奥运遗产的指称范围逐渐趋于广泛，涉及社会进步、经济发展、环境友好、纪念、形象、文化、运动、政治、心理、社会交往、可持续性等各个方面。但这一认知过程却历经曲折，如 1956 年墨尔本奥运会的申办报告中将奥运遗产仅界定为运动遗产，到 1984 年洛杉矶奥运会的申办报告和总结报告中，奥运遗产的内涵才扩大到了文化、经济、形象、信息与教育、纪念活动、心理等领域，再到 2016 年马德里的申办报告中对奥运遗产的陈述进一步扩展到文化、经济、环境、形象、信息与教育、奥林匹克运动、政治、社会交往、全民运动、可持

① 吴东. 一图读懂《北京 2022 年冬奥会和冬残奥会遗产战略计划》[EB/OL]. (2019-02-20)[2021-02-10]. http: //ie.bjd.com.cn/5b165687a010550e5ddc0e6a/contentApp/5b16573ae4b02a9fe2d558f9/AP5c6c835ae4b04c0f0a51536d.html? isshare=1.

续性发展、城市建设以及其他等多个领域。由此可见，半个多世纪以来，各举办城市和国家对奥运遗产的认知逐渐丰富和完善，奥运遗产的内涵也在各国的官方文本中得以扩展，从最早的运动遗产到涵盖物质层面和精神层面的多领域遗产类别，而这些领域也与洛桑奥林匹克遗产大会以及《遗产战略计划》中对奥运遗产的范围与内涵界定不谋而合。

### 2.2.2　奥运遗产的学术性界定

对奥运遗产的学术性界定，学界也往往以例举的形式予以表述。目前学界对奥运遗产内涵比较普遍的共识，是将其视为在奥林匹克运动实践发展过程中，逐步形成的具有普遍价值的物质层面与精神层面的积极成果，是有关奥林匹克运动的物质财富和精神财富的总和，包括有形遗产和无形遗产两大类别。其中有形遗产指的是诸如奥运会留下的奥运会徽、吉祥物、奖牌、体育设施、奥运场馆、建筑景观、城市规划等，或者是获得用来发展体育的捐赠基金；而无形遗产也称影响遗产，包括奥运会所产生的对人、城市和社会发展等方面无形的影响，如文化遗产、举办经验、教育提升、集体记忆、新的体育从业者等，无形遗产在奥林匹克运动中的重要性愈加凸显[①]。

此外，如本书 1.2.1.1 节所述，很多学者将奥运遗产予以细化研究，提出了“奥运文化遗产”“奥运精神遗产”“奥运效益遗产”“奥运健康遗产”“奥运文献遗产”“奥运体育遗产”“奥运经济遗产”“奥运社会遗产”“奥运环境遗产”等概念。

由此可见，奥运遗产是一个多维度的概念，包含的内容非常广泛且呈现动态变化的趋势。正是由于奥运遗产的这一特性，因此很难对其进行精确定义和准确评价与测量，只能笼统地认为奥运遗产是生动而鲜活的对奥运会记忆的延续形式，它是一个开放性的概念，随着时间的发展会增加和强调不同的要素[②]。但学者们对奥运遗产在具体维度上的划分有不同的看法。其中有六维度说，即奥运遗产包括六大类别：经济，基础设施，信息与教育，公共生活、政治与文化，运动，象征、回忆与历史[③]；又有设施，知识、技能与教育，形象，情感，网络关系，文化六个维度之说[④]。有五维度说，

---

① 张国清，彭雨，王艳．2008 北京奥运文化遗产整理与挖掘的研究 [J]．体育科技文献通报，2011，19（3）：1，29；袁荣凯．奥运遗产：等待挖掘的宝藏 [J]．体育文化导刊，2008（8）：31-32，53；戴勇．北京“人文奥运”非物质文化奥运遗产特点分析 [J]．体育与科学，2008（5）：18-21；金汕．奥运遗产：沉淀的文明 [J]．政工研究动态，2008（15）：19-21；董进霞．北京奥运会遗产展望：不同洲际奥运会举办国家的比较研究 [J]．体育科学，2006（7）：3-12.

② 闫静，LEOPKEY B．奥运遗产溯源、兴起与演进研究 [J]．北京体育大学学报，2016，39（12）：14-19，36.

③ RICHARD C. The bitter-sweet awakening：the legacy of the Sydney 2000 Olympic Games [M]. Sydney: Walla Walla Press, 2005: 56.

④ GRATTON C, PREUSS H. Maximizing Olympic impacts by building up legacies[J]. The international journal of the history of sport, 2008, 25(14): 1922-1938.

即奥运遗产包括五大类别：体育、经济、设施、城市、社会①。有三维度说，即奥运遗产包括三大类别：奥运会遗留下来的、不仅局限于奥运活动本身的那些长久性的规划与非规划遗产，正面与负面遗产，无形与有形遗产②；又有物质层面遗产、制度层面遗产、精神层面遗产三个维度之说（见图 2–2）。有两维度说，即奥运遗产包括两大类别——无形与有形遗产、地区与个人遗产，且两维度相互交叉（见图 2–3）。

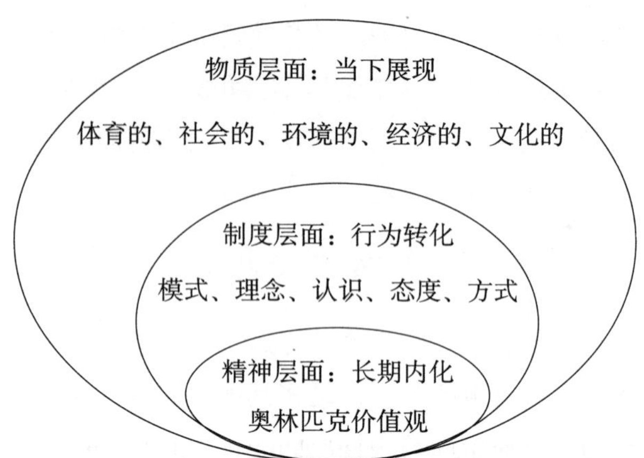


**图 2–2　奥运遗产的三个维度 / 层面**

资料来源：王成．青奥遗产：理论梳理与视点分析：南京青奥会精神遗产研究之一[J]．体育成人教育学刊，2013，29（5）：7-11.

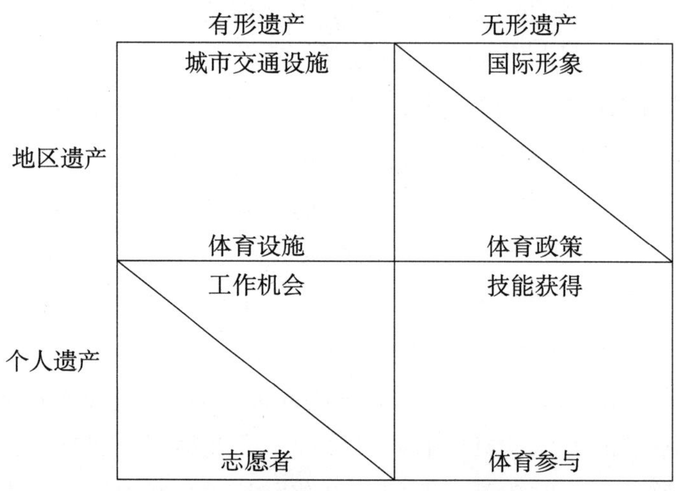


**图 2–3　奥运遗产分类矩阵模型**

资料来源：CHAPPELET J L. Mega sporting event legacies: a multifaceted concept[J]. Papeles de Europa, 2012(25): 76-86；闫静，LEOPKEY B.奥运遗产溯源、兴起与演进研究[J].北京体育大学学报，2016, 39(12):14-19，36.

不论维度如何划分，奥运遗产观逐渐被学界认同并接受，对奥运遗产的内涵认知也渐趋从具体到抽象、从狭义到广义、从传统到现代、从有形到无形，向着更加科学化的方向

① CHAPPELET J L, JUNOD T. A tale of 3 Olympic cities: what can Turin learn from the Olympic legacy of other Alpine cities?[R]. Lausanne: Swiss Graduate School of Public Administration, 2006: 1.

② PREUSS H.The conceptualization and measurement of mega sport event legacies[J]. Journal of sport & tourism, 2007, 12(3-4): 207-228. 普罗伊斯还认为，正是因为奥运会举办成本越来越高，所以奥运遗产的概念才愈加得以重视，以使主办城市和国家在面对难以抗拒的后奥运负面影响时，能够消除公众的质疑以取得民众的支持，增加世界范围内奥运会申办的吸引力。因此，奥运遗产不仅是一个文化性概念，同时也是一个政治性概念。

发展。而前文所说的文献遗产则是不同维度奥运遗产的记录化呈现，是奥运无形遗产发挥作用不可或缺的载体，是联系奥运有形遗产和无形遗产的纽带，是沟通奥运会昨天、今天和明天的桥梁①。

## 2.3 从奥运影响到奥运遗产：后奥运观的规范表达

2002 年，为了科学地评估奥林匹克运动会对举办城市乃至全球所产生的环境、社会、文化和经济等方面的效益，国际奥委会设立了奥运会整体影响研究评估项目，要求从 2008 年北京奥运会开始，每个奥运会举办城市都要在奥运会结束后两年内提交 OGGI 评估报告。此处国际奥委会明显注重奥运会对举办城市和国家前后短期性“影响”的量化评估，而“遗产”的价值则需要长期性的显现。但有时“影响”（impact）和“遗产”（legacy）在奥运官方文本中经常同时使用或替换使用，均用以表示这一盛事所产生的结果。如 2013 年 7 月英国文化、媒体与运动部（Department for Culture，Media and Sport，DCMS）发布的《伦敦 2012 年奥运会和残奥会遗产与影响报告》（*Report on the Impacts and Legacy of the London 2012 Olympic and Paralympic Games*）中就同时使用了“遗产”和“影响”这两个词。而二者的替换使用更多地取决于研究者和实践者的视角——“影响”一般用来描述某种政策、项目或计划在一定社会系统内的直接影响，而“遗产”倾向于在讨论较长的持续时间内、呈现积极影响时使用②。国际奥委会《遗产与影响目录》（*Legacies and Impacts Bibliography*）及《奥运遗产指南》对“影响”一词的定位为：“政策或项目在生态系统、社会整体或（和）经济系统所产生的影响，通常指代负面的、破坏性的或毁灭性的结果”；相反，“遗产”一词则通常用来表示政策和项目所产生的积极影响，并且这种影响是长期的而非即时的。影响包含短期性与长期性、直接性与间接性、暂时性与永久性、唯一性与多样性、确定性与不确定性的多方面意指；而遗产则多指以积极方式呈现的、长期性存在的那类影响。由此可见，奥运影响似乎比奥运遗产更加多面性和综合化，含有负面的效益；而奥运遗产则多为正面的效益。加拿大卡尔加里大学教授哈里·希勒就认为“遗产”这个术语通常和“金色光环”联系在一起，总是被认为会产生积极后果，如奥运最典型的遗产即所建场馆在后奥运时期仍能得以高效利用。但是，如果从奥运发展史来考察，奥运会产生的效益还有很多维度包含有负面的成分，如给举办城市带来的巨大财政赤字。因此，他喜欢更中性的术语“影响”，因为“影响”包含正面影响和负面影响两种可能性，

① 徐拥军．北京奥运会文献遗产的保护与传承 [J]．中国档案，2008（1）：32-33.

② 李佳宝，孙葆丽．青奥会与奥运会遗产之比较 [J]．南京体育学院学报（社会科学版），2017，31（2）：47-52.

甚至提出使用“结果”（outcomes）[①] 来替代“遗产”[②]。

当然，从目前学界惯用的称谓来看，奥运遗产已成为一种流行且通用的话语表达。从奥运影响到奥运遗产的转变，体现了学术界对奥运会这一国际性的社会、文化、体育盛事的密切关注和日益重视，也体现了奥运话语的转变——逐渐从事后性评估转向事先性权衡，并伴随奥运全周期。这也说明，这一领域研究已经从最早的“后效应”“影响”等词向更加能够凸显理论研究规范化和实践转型常态化[③] 的奥运遗产转变，甚至有学者认为奥运遗产观的建构是扩大奥运影响的一种有效手段[④]。

## 2.4 奥运遗产观——一种持续性、责任与评价的综合概念

如果从 1956 年墨尔本奥运会申办书中开始使用奥运遗产算起，奥运遗产这一概念已提出 60 余年。在这 60 余年中，奥运遗产的概念虽尚未形成共识，但却逐渐趋于明晰，并在申办城市间形成了一种共识性奥运遗产观。奥运遗产的内涵辨析也成了奥运遗产观的研究起点和认知基础，并为奥运遗产的价值挖掘提供理论指导。一则，奥运遗产的内涵辨析明确了奥运遗产观的基本范畴，是将有关奥运会积极影响的相关因素提升为系统性理论的“支点”，是对奥林匹克运动进行深刻认识和理性评价的重要基础；二则，奥运遗产的内涵辨析可切实指导奥运会申办方、举办方与国际奥委会等对奥运遗产开发与使用参与的全过程，因为唯有明确奥运遗产的范畴才能使奥运申办方与举办方更好地履行承诺，唯有明确奥运遗产的内涵才能有利于国际奥委会对奥运遗产的评估，唯有明确奥运遗产的意指才能促进对奥运遗产的开发与使用。

而奥运遗产概念从最早的物质遗产到运动遗产、遗址遗产，再到涵盖经济、政治、国家形象、教育、社会、城市建设、奥林匹克精神等物质与非物质层面的内涵演变，反映了奥运遗产向更加多元化的方向不断发展。现有对奥运遗产的界定也昭示着对奥运遗产的研究逐渐走向多维度、纵深化与动态性，这在 2017 年国际奥委会发布的《遗产战略计划》中有所体现。“奥运遗产是一种期望性的产物，涵盖了通过举办奥运会所产生的那些对人、举办城市和奥林匹克运动具有长期效应的有形遗产和无形遗产”，体现了奥运遗产概念的

① 实际上，文献中用于表示奥运遗产相关概念的词总结起来有 benefits、impacts、effects、heritage、outcomes 等。

② HILLER H. Toward a science of Olympic outcomes: the urban legacy[C]//MORAGAS M, KENNETT C, PUIG N. The legacy of the Olympic Games 1984—2000, Lausanne: International Olympic Committee, 2003: 102-109.

③ 甚至温哥华奥组委于 2002 年始创了名为“2010 Legacies Now”的遗产机构，以“更好地创造并发展奥运会在温哥华当地居民中的影响”。

④ GRATTON C, PREUSS H. Maximizing Olympic impacts by building up legacies[J]. The international journal of the history of sport, 2008, 25(14): 1922-1938.

时间延展性、目标导向性，具有理论指导价值。

首先，奥运遗产是奥运会长期效应的体现，注重可持续性，这就摒弃了短期效应观，着眼于奥运会能对人与社会建设产生的积极作用。其次，奥运遗产是一种期许，重在强调奥运会产生的积极影响，即便是一些失败的经验也能为其他城市提供前车之鉴。再次，奥运遗产包含了有形遗产与无形遗产，重点在于其外延的多样化与内涵的多元化，这也是这一概念难以明确界定的重要原因，但其意指从有形遗产到无形遗产的延展不仅扩大了奥运遗产的外延，更是对其内涵的丰富，即对社会责任的日益关注。

由此，奥运遗产体现的可持续性发展、积极影响、兼容并包的多元意蕴，对奥运遗产的管理、开发与使用具有启示意义。应以可持续发展为指导，构建一种奥运遗产观；应以奥林匹克精神为指引，构建一条促进社会建设的奥运遗产研究之路；应将以人为本作为终极目标，构建一条各国文化交流的纽带。当然，奥运遗产的内涵辨析并非研究终点，以奥运遗产研究促进对奥林匹克运动的理性认识才是目标。如果奥运遗产内涵的明晰可以成为奥运会申办城市的一种行动指南，为奥运遗产的评价提供理论指引，那么奥运遗产研究就能创造出更大的价值。

# 第3章
# 奥运遗产理论框架构建

20 世纪 80 年代末期，奥运遗产一词开始在奥运会城市申办、承诺、总结报告的书面资料中频繁出现，并日益受到重视①，不仅成为奥运申办城市能否赢得举办权的重要竞争要素，也成为衡量该届奥运会是否成功举办的重要评价内容②。近 30 年来，奥运遗产研究方兴未艾，并逐渐演变出多元化的研究样态。这其中，与奥运遗产相关的基本理论问题是这一研究领域的逻辑起点与研究基础，也是目前学界所提倡的奥运遗产学的核心内容。

但是，文献调研表明，目前有关奥运遗产的基本理论仅停留在其含义、特点、继承与保护等表面问题研究上，对其中最为重要的理论框架构建却鲜少论及。构建奥运遗产理论，是将有关奥运会积极影响的相关因素提升为系统性理论的"支点"，更是对奥林匹克运动进行深刻认识和理性评价的重要起点。本章拟探索奥运遗产的基本理论及其适用性问题，构建一个具有普遍适用性、呈体系化、具有指导力的奥运遗产理论框架。这不仅有助于充分挖掘奥运遗产的深刻内涵与广泛外延，丰富奥运遗产的概念体系，为奥运遗产学的发展奠定坚实基础；还能针对性地指导奥林匹克价值理念与办奥智慧有效落地生根，提高奥运遗产工作水平，全面推动奥林匹克运动可持续发展、奥运举办城市及国家健康快速发展。

## 3.1 奥运遗产理论构建原则

奥运遗产理论构建原则是确立奥运遗产理论框架的依据、准则和指导思想，对形成与

① 闫静，LEOPKEY B．奥运遗产溯源、兴起与演进研究 [J]．北京体育大学学报，2016，39（12）：14-19，36.

② THOMSON A K, LEOPKEY B, SCHLENKER K, et al. Sport event legacies: implications for meaningful legacy outcomes[C]//Global events congress IV-events and festivals research state of the art. Leeds：UK Centre for events management, Leeds University, 2010: 1-22.

发展奥运遗产学具有重要意义。奥运遗产理论构建原则，应结合奥运遗产的深刻内涵与丰富外延予以确立，各原则之间相辅相成、相互影响，构成一个联动有机整体。从奥运遗产的内涵与外延出发，奥运遗产理论构建应遵循多元化、可扩展、全周期、系统性四大原则。

### 3.1.1　多元化原则

奥运遗产理论构建的多元化体现在奥运遗产内容划分的多维度、奥运遗产影响范围的多领域、奥运遗产所涉学科的多视角以及奥运遗产效益渗透的多层次等四个方面。

首先是奥运遗产内容划分的多维度。奥运遗产内涵的复杂性与外延的包容性决定了奥运遗产理论构建的多维度特征。2002 年洛桑奥运遗产大会上，与会者认为："奥运会遗产是多维的，从有形的如建筑、市政设计、城市营销、体育设施、经济发展、旅游业等，到无形的如思想和文化的创新、文化间非排他的经历、大众记忆、教育、集体的努力和志愿者主义、新运动项目的引进、全球声誉、经验及这种大型复杂的社会工程的操作方式。"[①]随着研究的深入，学者对奥运遗产的划分维度形成了不同观点，如 2.2.2 节所述，其中有六维度[②]、五维度[③]、三维度[④]、两维度[⑤]之说，不同划分标准有不同划分维度，这就要求奥运遗产理论构建的多元化。

其次是奥运遗产影响范围的多领域。多维度的奥运遗产内容决定了其影响的多领域，如政治、经济、文化、生态、科技等。国际奥委会所设立的奥运会整体影响研究评估项目也正是因为注意到了这种强大的影响力，才将评估指标设为 126 个之多，主要用于衡量举办城市、地区和国家在环境、社会文化和经济等多领域的影响力，这些指标可随着举办城市的不同而得以添加或删减。如 2008 年北京奥运会的 OGGI 评估报告确立了多达 171 个评价指标[⑥]；2010 年温哥华冬奥会 OGI 报告则采纳了 126 个指标，以评估各个领域的可持

---

① 王成．青奥遗产：理论梳理与视点分析：南京青奥会精神遗产研究之一 [J]．体育成人教育学刊，2013，29（5）：7-11，2.

② RICHARD C. The bitter-sweet awakening：the legacy of the Sydney 2000 Olympic Games[M]. Sydney: Walla Walla Press, 2005: 56.

③ GRATTON C, PREUSS H. Maximizing Olympic impacts by building up legacies[J]. The international journal of the history of sport, 2008, 25(14): 1922.

④ CHAPPELET J L, JUNOD T.A tale of 3 Olympic cities: what can Turin learn from the Olympic legacy of other Alpine cities[R]. Lausanne: Swiss Graduate School of Public Administration, 2006.

⑤ PREUSS H. The conceptualization and measurement of mega sport event legacies[J]. Journal of sport & tourism, 2007, 12(3-4): 207-228.

⑥ 郑杭生．奥运理念的发展和奥运会总体影响研究 [C]// 金元浦．和谐之境：奥林匹克总体影响与全民参与．北京：中国戏剧出版社，2008：118-120.

续发展情况[①]。

再次是奥运遗产所涉学科的多视角。多维度的内容划分与多领域的影响范围促发从多学科多视角构建奥运遗产理论，尤其是随着奥运遗产内涵的不断丰富、影响范围的逐步扩大，奥运遗产理论不仅涉及体育学科，也关涉经济学、社会学、管理学、旅游学、统计学、地理学、工程学、历史学、档案学、艺术学、环境学等其他学科。诸如档案记忆观、数字人文等理论为奥运文献遗产保护奠定了坚实的理论基础；协同理论、区域经济学等为奥运经济效益评估提供了解释框架；等等。

最后是奥运遗产效益渗透的多层次。奥运会是世界性体育盛事，不仅是国际奥林匹克运动在各个举办城市和国家的成功实践，也将公平、团结、友好等奥林匹克精神传扬于世界；对于举办城市和国家，奥运会的承办既是国家实力与形象的重要宣传举措，也是改善与提升城市基础设施的良好契机；对于个人，它不仅是体育健儿挥洒汗水、赢得荣誉的绚丽舞台，也是对全民参与体育运动、锻炼健康体魄的大力鼓动。《奥运遗产指南》曾明确提出，“要想完全把握住奥运会带来的机会，奥运会举办城市必须对承办、申办奥运会能为市民、城市乃至国家带来什么，有一个强大的愿景和清晰的目标”[②]。这种“世界—国家—城市—市民”全面受益的多层奥运目标实现正是奥运愿景的充分体现。

### 3.1.2 可扩展原则

奥运遗产内涵丰富、外延包容，并呈现出动态变化趋势，且国际奥委会将“奥运遗产与‘奥运愿景’的概念直接结合，并指出奥运遗产是实现‘奥林匹克运动之愿景和城市愿景……的交集’所产生的结果”[③]。因此，随着奥运举办城市的不同、奥运愿景的不同，奥运遗产内容也不尽相同，这就决定了奥运遗产理论构建具有可扩展性。较为典型的是，《北京2022年冬奥会和冬残奥会遗产战略计划》中，列出体育遗产、经济遗产、社会遗产、文化遗产、环境遗产、城市发展遗产以及区域发展遗产等7项奥运遗产；而2013年国际奥委会编写的《奥林匹克遗产手册》中将奥运遗产框架划分为5项，分别是体育遗产、社会遗产、环境遗产、城市遗产以及经济遗产。两者对比可发现，北京冬奥会遗产的规划多出了文化遗产与区域发展遗产。据《奥林匹克遗产手册》，国际奥委会设定的社会遗产实质上是文化、社会和政治遗产的总和[④]。北京冬奥组委将文化遗产单独列出则是要突出中

---

① Olympic World Library. Olympic Games Impact (OGI) study for the 2010 Olympic and Paralympic Winter Games[R/OL].（2013-10-23）[2020-02-04]. https: //library.olympic.org/Default/digital-viewer/c-75043.

② The IOC. Olympic Games guide on Olympic legacy[M]. Lausanne: the International Olympic Committee, 2015:9.

③ 胡孝乾，陈姝姝，KENYON J，等. 国际奥委会《遗产战略方针》框架下的奥运遗产愿景与治理 [J]. 上海体育学院学报，2019，43（1）：36-42.

④ International Olympic Committee. Olympic legacy[R]. Lausanne: International Olympic Committee, 2013: 24.

华文明，以借助奥运会提升中国文化软实力，促进开放多元的世界文化与中国优秀文化交融。而区域发展遗产，则是由北京冬奥会跨北京市、张家口市两个区域举办且涉及京津冀协同发展战略的特殊性决定，再一次凸显中国特色。由此，北京冬奥组委规划的遗产框架与国际奥委会的规定既相互一致，又根据中国特有的奥运愿景有所扩展，这是奥运遗产理论可扩展性的集中体现。随着奥运遗产概念的不断丰富，奥运会给全世界带来的影响力也必然得到更为深刻的认知。

### 3.1.3 全周期原则

奥运遗产贯穿于整个奥运生命周期之中，并对后奥运效应产生深远影响。因此，奥运遗产理论框架的构建既要考虑不同奥运阶段的不同特点，更要考虑全周期的统筹要求。正是基于此点考量，OGI 报告要求各举办城市历时 12 年（开始于举办城市和国家申办前两年，结束于赛后三年）、分四个阶段完成其评估结果，将奥运影响力贯穿于奥运前、奥运中以及奥运后，以期全面反映整个奥运会生命周期的遗产积累、实践、治理与评估等情况。为此，国际奥委会发布的《遗产战略计划》再次强调将奥运遗产嵌入奥运会生命周期之中（见图 3–1），并填补了《奥林匹克 2020 议程》中的空白。奥运遗产的全周期性决定了奥运遗产理论构建的全周期原则，尤其是前奥运阶段的遗产规划、后奥运阶段的遗产治理，均要求举办城市以一种可持续发展观重视奥运会的长期影响力，着眼于奥运会对人与社会建设产生的积极作用。

**图 3–1 《遗产战略计划》中的奥运遗产生命周期图**

资料来源：Olympic World Library. IOC legacy strategy full version[EB/OL]. [2020-02-04].https: //library.olympic.org/doc/syracuse/173146.

### 3.1.4 系统性原则

系统性原则即关注奥运遗产及其子系统之间各要素的组织、协调与衔接，从而形成具有特定功能的有机整体，实现既定目标。从概念划分范畴而言，奥运遗产包含诸多子遗产，继而产生诸多子效应，但这些子遗产绝不是杂乱无章的堆积，而是通过一定逻辑链条相互关联，从而构建一种具有长期效应、可持续影响的奥运遗产观。因此，在奥运遗产理论构建时应处理好奥运遗产及其子遗产之间的关系，统筹兼顾而非顾此失彼，长远考量而非追求短期效应，充分发挥各系统间的协同作用。这就要求在构建奥运遗产理论体系时秉持系统性原则，正如恩格斯所言："当我们通过思维来考察自然界或人类历史或我们自己的精神活动的时候，首先呈现在我们眼前的，是一幅由种种联系和相互作用无穷无尽地交织起来的画面"①。

## 3.2 奥运遗产理论构建方法

奥运遗产概念自1956年墨尔本奥运申办书中首次使用以来，历经60余年发展，其涵盖领域与学科不断壮大，并在历届奥运遗产治理实践中逐步提升其理论内涵。然而，构建科学合理的奥运遗产理论框架，除了多元化、可扩展、全周期、系统性原则指引外，还需一定方法指导，并以服务奥运遗产的传承为终极目标。科学的奥运遗产理论构建方法的选取，一则需要了解一般理论构建的常用方法，并熟练操作各种方法；二则需要知晓构建理论对象的基本内涵，并将基本内涵贯穿始终；三则需要适应理论对象的构建原则，并与构建原则相辅相成。

鉴于奥运遗产的研究现状，在构建理论框架时，应遵循以上"从一般到特殊"的逻辑推理原则，主张从抽象到具体，将理论构建方法中的归纳逻辑法、联系法和演绎逻辑法应用其中。首先采用归纳逻辑法，即从普遍现象入手，对其进行分析、升华、总结，将经验上升为理论。具体到奥运遗产的理论构建，从目前各届举办城市和国家采用的奥运遗产理论（或经验）出发，总结出一般性理论（或理论集），为奥运遗产理论构建积累实践经验。其次采用联系法，即把关于某一对象的若干准理论构建成一个较为全面的理论体系。在奥运遗产理论构建过程中，配合奥运遗产理论构建原则，将奥运遗产问题的各个研究维度、研究视角、研究领域、研究层面、研究主题配以相应理论支撑，最终构建起一个相对系统的奥运遗产理论框架。最后采用演绎逻辑法，即从一般到特殊、从抽象到具体进行逻辑推理，以检验理论的合理性与适用性。奥运遗产理论体系的构建目的在于指导实践工作的开展，将奥运遗产理论转化为具体可操作的方案、计划、制度、章程等，支撑与指导奥运遗产工作开展，并尝试描述或解释以往各届奥运会遗产工作开展情况。总体而言，奥运遗产理论构建采用此种复合型方法，既可凸显奥运遗产效应辐射范围之广、持续时间之长、涉及主客体之众的特征，又可全面系统地构建出一个科学合理的奥会遗产理论框架。

① 马克思恩格斯选集：第3卷[M]. 3版. 北京：人民出版社，2012：790.

## 3.3　奥运遗产理论框架内涵

一般而言，一个较为完整和成熟的理论框架应由三部分组成：一是关于该理论的意义与作用（“为什么”），即奥运遗产理论的构建意义；二是关于该理论的基本原理，即对奥运遗产的性质、内在联系及规律等基本问题做出科学的理论阐释（“是什么”），此为奥运遗产“本体论”与“认识论”；三是关于如何运用该理论去解决实际问题（“怎么做”），此为奥运遗产“方法论”与“实践论”。三者共同构成奥运遗产理论框架，如图3–2所示。

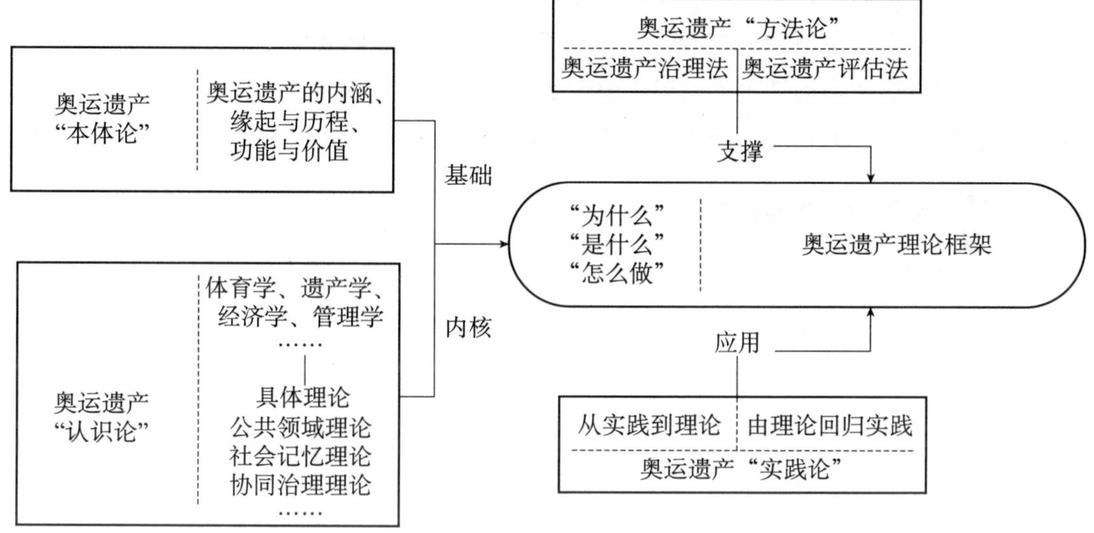


图3–2　奥运遗产理论框架

### 3.3.1　奥运遗产理论的构建意义

奥运会是呈现和传递奥林匹克精神的重要载体，对推动社会全面发展意义重大。奥运遗产将在体育、经济、社会、文化、环境、城市发展和区域发展等多领域，多层次、全方位、系统性地产生深远影响，实现奥林匹克运动与城市发展的双赢。对奥运遗产理论问题进行研究，是将有关奥运会积极影响的相关因素提升为系统性理论的“支点”，更是对奥林匹克运动进行深刻认识和理性评价的重要起点。此外，奥运遗产内涵的丰富性和外延的包容性促使奥运遗产研究成为多学科、多领域交叉研究的典型。作为奥林匹克研究的重要一环，奥运遗产理论问题的深化也必然推动奥林匹克研究与奥运遗产学的发展，同时也有助于奥运遗产观的形成，为奥运遗产治理提供指南。

其一，从理论意义而言，奥运遗产理论构建可进一步丰富奥运遗产研究的相关成果，并指导奥运遗产实践开展。国内现阶段对奥运遗产问题的研究主要集中于奥运遗产起源、内涵以及具体实践领域的分析上，而对于奥运遗产的理论抽象还较为欠缺。理论研究的缺乏必然会影响实践活动的开展。因此，构建科学合理的奥运遗产理论体系，不仅有助于充分挖掘奥运遗产的深刻内涵与广泛外延，丰富奥运遗产的概念体系，还能有针对性地指导奥林匹克价值理念与办奥智慧有效“落地生根”，提高奥运遗产工作水平，有助于全面推动奥林匹克运动和奥运举办城市的双赢发展。

其二，从实践意义而言，奥运遗产理论构建可为奥运遗产治理提供指南。奥运遗产既是举办城市和国家的奥运愿景，也是申办城市向国际奥委会履行的奥运承诺，更是奥林匹克运动核心理念的外在呈现，即“通过体育建设一个更美好的世界”。因此在奥运全周期内，尤其是后奥运时代，奥运遗产能否得到有效治理，不仅关乎举办城市和国家的可持续发展，还关乎整个奥运盛会的发展前景。而奥运遗产的理论阐述，不仅可明晰奥运遗产内容，还可为奥运全生命周期范围内奥运遗产的形成、收集、积累、保管、开发、利用等全阶段治理提供指南，为各项奥运遗产效益的持续发挥提供理论保证。

### 3.3.2 奥运遗产“本体论”

本体论关系到一个理论存在的合理性及其价值所在。具体到奥运遗产研究，奥运遗产本体论涉及奥运遗产概念界定与概念体系构建、奥运遗产兴起及其发展历程、奥运遗产的特征与功能等。其中，奥运遗产的内涵、缘起及发展历程在本书第 2 章已阐明，此处主要论述奥运遗产的特征、概念体系及其关系。

#### 3.3.2.1 奥运遗产的特征

如前所述，奥运遗产是一个多维度概念，内涵丰富，外延广泛，灵活多变。基于奥运遗产的丰富内涵，奥运遗产具有因果关系明确性、遗产内容可持续发展性、影响领域积极正面性、遗产愿景表述灵活性等特征。

**其一，因果关系明确性**。即奥运遗产不同于一般而言的物质遗产与非物质遗产，其边界与奥林匹克运动息息相关，是奥运会带给举办城市和国家的、有形和无形的、具有长期效益而非短期影响的效应。换言之，奥运与遗产之间因果关系具有明确性，一定是因为有了奥运，其全周期内所产生的这部分遗产才可称为奥运遗产。这也是奥运遗产评估中区分是否算作奥运遗产的核心因素，也是奥林匹克运动的效应证明，对于确定奥运愿景具有重要作用。平昌冬奥组委 2013 年发布的《OGI 研究框架：平昌 2018》(*OGI Study Framework*：*Pyeongchang 2018*)[①] 中就指出，遗产评估必须遵循一个因果关系的推断分析过程，保持数据解释的客观性，即确定哪些是由奥运会产生的，为奥运遗产界定的可信度提供说明。

① Olympic World Library. OGI study framework：Pyeongchang 2018[R/OL]. [2020-02-04]. https: //library.olympic. org/Default/digital-viewer/c-174764.

**其二，遗产内容可持续发展性**。奥运遗产是奥运会长期效应的体现，注重可持续性，这就摒弃了短期效应观，着眼于奥运会对人与社会发展产生的积极作用。但辩证而言，正如伊拉里亚·帕帕莱波尔（Ilaria Pappalepore）与迈克尔·B. 杜伊格南（Michael B.Duignan）所认为的那样，这并不表明只关注奥运遗产的长期影响，因为短期的积极影响（例如增加访问量和短期工作机会）也可能最终导致长期影响[①]。

**其三，影响领域积极正面性**。《奥林匹克宪章》中的“国际奥委会的使命和职能”章节，将奥运愿景之一规定为“促进奥林匹克运动会举办城市和举办国家留下有益的遗产”[②]。这表明奥运遗产不同于奥运影响，重点强调奥运会产生的积极影响，即一种美好愿景的体现，即便是一些失败的经验也能为其他城市提供前车之鉴。

**其四，遗产愿景表述灵活性**。奥运遗产注重奥运举办城市的奥运遗产愿景，以及由此带来的奥运遗产内容规划的灵活性。奥运遗产类型、内容会随着实践发展、举办城市的变更而删减或添加。灵活性既是奥运遗产丰富多样化的体现，同时也是奥运遗产规划立足于举办城市和国家实际情况的必然要求。奥运遗产治理也要注重因地制宜，切忌照抄照搬他国模式。

#### 3.3.2.2 奥运遗产的概念体系及其关系

首先，科学合理的奥运遗产概念体系，既要展现出奥运遗产内涵的丰富性及其外延的包容性，又要体现出奥运遗产持久且广泛的正面效益，蕴含举办城市特有的举办理念与奥运愿景。奥运遗产概念体系的构建应围绕奥运遗产核心概念展开（见图 3–3）：一方面将其所包含的多个分支概念囊括其中，体现出分支概念之间的逻辑关联；另一方面为奥运遗产的规划与收集、保护与传承、开发与利用、评估与治理等活动提供系统性概念支撑。奥运遗产概念体系对于细化奥运遗产内涵、明确奥运遗产工作提供了重要参考框架。

其次，关于奥运遗产的关系说明。由图 3–3 可知，奥运遗产包含众多遗产类型，这些遗产涉及政治、经济、文化、科技、民生等各个领域的提升与发展，较为全面地呈现了各届奥运会愿景。综合而言，奥运遗产可划分为体育型遗产和超体育型遗产。其中，奥运体育遗产属于体育型遗产，是每届奥林匹克运动会举办前后直接留下的固有遗产类型，同时也是中心遗产类型。其他遗产均是围绕体育遗产而产生的，因而属于超体育型遗产，是每届奥运会中的灵活衍生品，且随着举办城市的不同而变动。这些超体育型遗产既彰显了举

① PAPPALEPORE I, DUIGNAN M B. The London 2012 cultural programme: a consideration of Olympic impacts and legacies for small creative organisations in east London[J]. Tourism management, 2016(54): 344-355.

② The IOC. The Olympic Charter[EB/OL]. [2020-02-04].https: //stillmed.olympic.org/media/Document%20 Library/OlympicOrg/General/EN-Olympic-Charter.pdf#_ga=2.69881172.530949671.1544447590-359750512.1543044823.

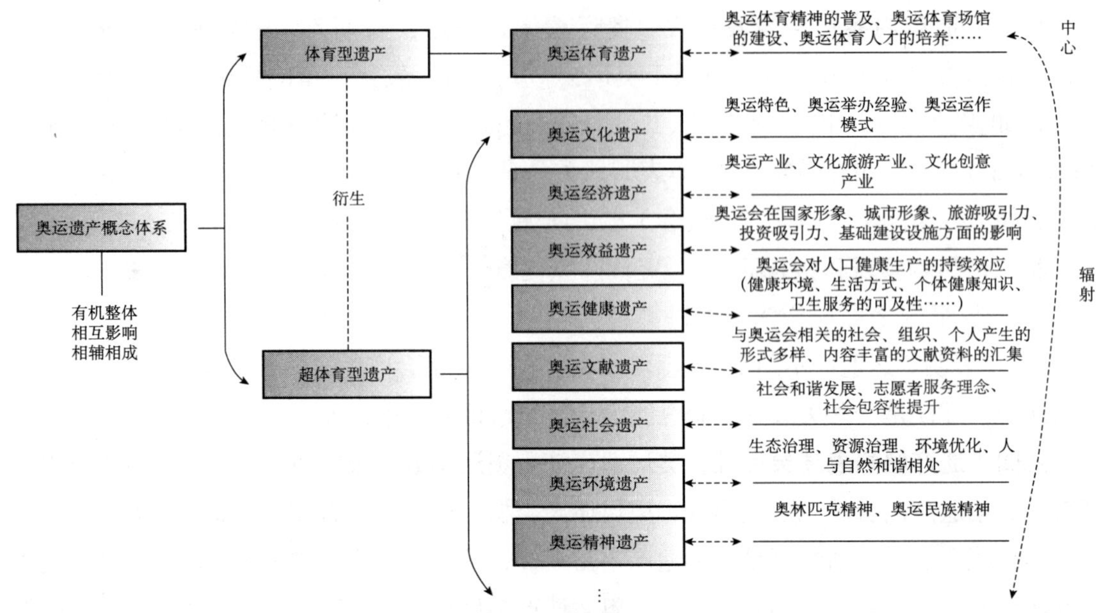


**图 3–3　奥运遗产概念体系及其关系说明**

办城市筹办一届奥运会所做的努力，也展现了来自奥运会的回馈。奥运遗产的关系体系也表明，奥林匹克运动已不再是简单的体育现象，其价值远超出体育范畴，具有强大的辐射功能。

再次，这些衍生品也并非独立个体，而是相互影响、相互作用。诸如奥运健康遗产，“作为奥运遗产的一个构成部分，不仅有其特殊性，也与其他遗产之间存在着直接或间接的联系”[①]（见图3–4），而且奥运遗产之间一定呈正相关关系。马丁·穆勒（Martin Müller）通过调查发现，2014 年索契冬奥会为了在某地区举办大型体育活动，放宽环境保护立法，砍伐稀有树种，导致了环境遗留问题[②]。这与奥运遗产内涵相悖，以牺牲其他遗产作为代价的“奥运愿景”，违背了可持续发展原则。

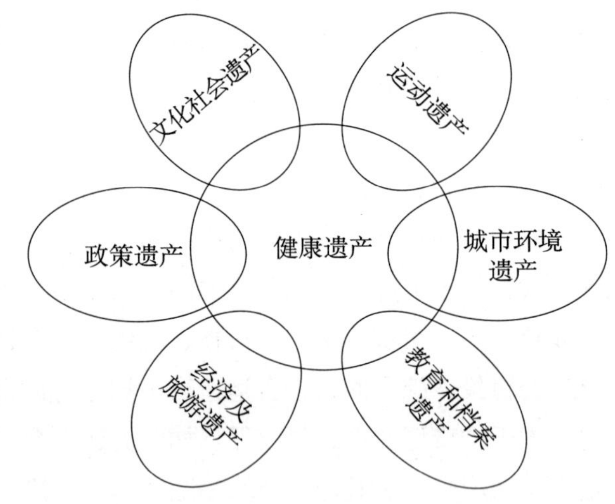


**图 3–4　奥运健康遗产与奥运遗产各分支关系示意图**

资料来源：刘民，梁万年，傅鸿鹏，等. 奥运健康遗产的概念体系和形成机制[J]. 首都公共卫生，2007（2）：49-51.

① 刘民，梁万年，傅鸿鹏，等. 奥运健康遗产的概念体系和形成机制 [J]. 首都公共卫生，2007（2）：49-51.

② MÜLLER M. After Sochi 2014: Costs and impacts of Russia’s Olympic Game[J]. Eurasian geography and economics, 2015, 55(6): 628–655.

### 3.3.3 奥运遗产“认识论”

认识论层次上的奥运遗产重点在人。作为主体的人具有感知能力、理解能力、目的性，能够感知奥运遗产的存在方式和运动状态，理解其内涵，明确其效用，并能通过对奥运遗产的认知，做出关于奥运遗产内容规划、治理与评估的正确决策。然而人的感知触点、理解程度皆因学科背景不同而呈现多元化。奥运遗产涉及广泛，也迫切需要不同学科背景的学者参与，以达成奥运遗产的全面认知、科学实践。总体而言，奥运遗产研究所涉及的相关学科背景主要包括但不限于体育学、遗产学、经济学、管理学、社会学、政治学、档案学、统计学、环境学中的创新扩散理论、公共领域理论、社会认知理论、行动者网络理论、社会支持理论、社会记忆理论、前景理论、协同治理理论、政策网络理论、制度同构理论、生命周期理论、数字人文理论、文化遗产理论等。奥运遗产认识论呼应了奥运遗产理论构建的联系法，将若干学科背景的学者因奥运遗产问题而联系到一起。这里主要阐述文化遗产理论、档案记忆观、数字人文理论。

#### 3.3.3.1 文化遗产理论

（1）文化遗产的简述。

国际关于文化遗产的界定最早出现于1972年《保护世界文化和自然遗产公约》[①]（*Convention Concerning the Protection of the World Cultural and Natural Heritage*）。国内最早可追溯至2005年12月国务院发布的《关于加强文化遗产保护的通知》，将文化遗产分为物质文化遗产和非物质文化遗产（后者以下简称“非遗”），前者即具有历史、艺术和科学价值的文物，后者即各种以非物质形态存在的与群众生活密切相关、世代相承的传统文化表现形式。这一规定算是较早对文化遗产的范围予以详细论述的典范。近年来，文化遗产研究由于“文化遗产运动”的不断推进以及全世界范围内文化遗产保护事业的发展而逐渐趋于深化与成熟。文化遗产的价值与管理、保护与传承、开发与利用等是目前文化遗产研究体系的重要内容构成。文化遗产价值的明晰为文化遗产的管理提供了应然性与必然性前提，也是文化遗产保护与传承、开发与利用的重要前提。

首先，文化遗产的价值主要体现在历史、艺术（审美）和科技三个领域，即文化遗产具有可反映、证实、补全、传承历史文化的历史价值，审美感知、审美体验和审美理想的艺术价值，科学和技术兼容的科技价值。此外，文化遗产还有思想价值、经济价值等。思想价值体现在文化遗产的政治思想价值与哲学思想价值等方面；经济价值体现在文化遗产中特定文物的收藏增值价值、投资交易价值、旅游资源价值等方面[②]。由此可见，文化遗产

---

① 王晨，王媛．文化遗产导论 [M]．北京：清华大学出版社，2016：8-9.

② 蔡靖泉．文化遗产学 [M]．武汉：华中师范大学出版社，2014；蔡靖泉．文化遗产价值论析 [J]．三峡大学学报（人文社会科学版），2010，32（1）：76-86.

价值体系具有类型的多样性、要素的有机性、系统的层次性、发展的阶段性、主体的差异性及利用的公平性等多重特性[①]。

其次，文化遗产管理也是文化遗产理论极为重要的一部分，但常被忽视。文化遗产工作开展的好坏与管理水平的高低密切相关，这就需要对文化遗产管理各要素予以明晰。宽泛而言，文化遗产管理包括文化遗产的行政化、法规化、教育化和市场化管理，保障文化遗产管理的规范与标准，为其保护与传承、开发与利用提供良好条件[②]。

（2）文化遗产的保护与传承。

从表面上看，保护主体与传承主体均基于遗产保护而生，但保护主体主要负责文化遗产的技术性保护与物理性保护，而传承主体则主要负责文化遗产的宣传、推广、弘扬等外围工作，二者存在交叉。关于文化遗产保护与传承的手段，目前而言，主要包括项目化保护、数字化保护、建档式保护等方式。其中，项目化手段一直被认为是文化遗产保护实践中操作性较强的一种方式，具有边界清晰、职责明确、效果明显等优势。数字化保护即采用数字采集、数字储存、数字处理、数字展示、数字传播等技术，将遗产转换、再现、复原成为可共享、可再生的数字形态，并以新的技术性视角对文化遗产加以解读，以新的方式对文化遗产加以保存，以新的需求对文化遗产加以利用[③]。随着数字化保护逐渐成为文化遗产保护与传承的主流手段，面对当前数字化保护中存在的“重技术、轻文化，重形式、轻意义”现象、忽视地方性特色化倾向、文化遗产活态性日益缺乏等问题，“参与式数字化保护”理念应运而生，其中，参与是重要内容，赋权是核心。建档式保护由档案界提出，主要研究非遗档案的内涵与作用、接收与征集、整理与分类、鉴定与保管、开发与利用、管理体制与动力机制、建档与法律保障，以及信息化建设等内容[④]，从而实现对文化遗产尤其是非物质文化遗产的保护与传承。

（3）文化遗产的开发与利用。

文化遗产的开发与利用是在其保护与传承良好的基础上进行的，是保护与传承的初始目标。正可谓“保护式开发、开发式保护、以利用促传承、以传承带利用”的良性循环。目前，文化遗产的开发与利用主要是与文化产业相结合的旅游式开发，以及与技术产业相结合的数字化开发。其中，基于乡村振兴、城市记忆、美丽家园等主题的文化旅游开发，促进社会对文化遗产的关注，从而增加文化遗产保护与传承的自觉意识；借助新兴的信息技术手段的数字化开发则实现文化遗产的深入与活化，多借助于数字化建模、虚拟修复与

---

① 刘艳，段清波．文化遗产价值体系研究 [J]．西北大学学报（哲学社会科学版），2016，46（1）：23-27.

② 蔡靖泉．文化遗产学 [M]．武汉：华中师范大学出版社，2014.

③ 王耀希．民族文化遗产数字化 [M]．北京：人民出版社，2009：8.

④ 陈建，高宁．我国非物质文化遗产建档保护研究回顾与前瞻 [J]．档案学研究，2013（5）：58-62.

构建、数字化资源管理、数字资源展示（构建数字资源展厅）、数字仿真、VR/AR 以及数字动画等技术框架、关键技术与典型系统应用，以数字化手段对文化遗产予以全方位的开发利用[①]。目前的“美国记忆”“俄罗斯记忆”“威尼斯时光机”“数字敦煌”“数字故宫”等项目即是文化遗产数字化开发利用的极佳例证，是文化遗产开发利用的高级阶段。

（4）文化遗产理论对奥运遗产保护与传承的指导意义。

奥运遗产属于一种非物质文化遗产，是文化遗产的一个重要部分；而且，奥运遗产体系中包括一类专门的奥运文化遗产。此外，凝结有奥运文化内涵的奥运遗产，也是流传于世的重要文化资源，具有重要的文化价值。因此，奥运遗产的保护与传承同样需要文化遗产理论的指导。

首先，文化遗产的价值与管理理念可指导奥运遗产保护与传承中价值分析与文献管理的开展。以 2022 年北京冬奥会为例，一方面立足于奥运遗产本身，奥运遗产是奥运会各项活动的真实遗存，呈现出体育、经济、城市发展、环境等多领域价值；另一方面扩展至北京 2008 年奥运会，在奥运遗产上体现夏冬奥运会的价值连续，展现独一无二的“双奥之城”。同时，奥运遗产的保护与传承是关涉众多的人、财、物的复杂系统性工程。整合管理复杂的人、事、物，协调各系统、各部门、各层级之间的利益关系对于奥运遗产的保护与传承尤为重要。利用文化遗产管理理论中的行政化、法规化、教育化与市场化管理的理念和方法，可为奥运遗产（尤其是无形遗产）管理提供各类规范、规章、公约等。如北京 2008 年奥运会期间，奥组委印发了《关于北京奥运会档案工作管理意见》和《关于筹办和举办奥运会期间有关文物和档案管理意见》，促使奥运文献遗产的法规化管理。同时，加强奥运遗产的教育化和市场化管理，有利于推广奥林匹克教育与文创产品的开发、社会化普及奥运遗产意识。

其次，重视文化遗产，加强文化遗产的保护与传承，已成为全社会的共识。随着近年来文化遗产“研究热”与“实践热”的兴起，文化遗产保护的主体、客体渐趋明晰，文化遗产保护手段也逐渐多样化。其中，文化遗产的保护主体认定能够为奥运遗产保护主体的确定提供思路与方向，政府部门、学界、商界、新闻媒体界等公益性组织与商业性机构[②]的多主体参与模式，启示奥运遗产保护过程中要广泛吸纳社会各方面的力量，强调多部门的跨界合作与参与，而非文化机构或奥运机构单打独斗。此外，奥运文化遗产是文化遗产的重要组成部分，因此社会各部门在对文化遗产保护的过程中，也可将对奥运文化遗产的保护有意识地联动在内，从而使奥运文化遗产保护在更大范围内得到更多的社会支持。而

---

① 祁天娇，马林青．历史文化村镇活态保护的新模式：基于数字资源构建的视角 [J]．档案学研究，2018（3）：44-50；吴瑞丽．数字人文视域下的非遗资源整合及保护机制 [J]．图书馆学刊，2018，40（10）：50-54.

② 苑利．非物质文化遗产保护主体研究 [J]．重庆文理学院学报（社会科学版），2009，28（2）：1-8，21.

文化遗产的项目化保护、数字化保护、建档式保护等方式，也可移植至奥运遗产的保护之中，丰富原有的奥运遗产保护手段和方法，从而构建出一体化、系统化的保护体系。

再次，文化遗产的开发与利用理念可指导奥运遗产领域“产业式开发”与“数字化开发”的结合。目前，文化遗产的“产业式开发”与“数字化开发”模式已较为成熟，与文化产业相结合的文化遗产开发利用也日益显示出其优越性，赢得社会的广泛接受，取得良好效果，为文化遗产的开发、利用、保护与传承添加了无限活力。奥运遗产也可走一条“以产业带开发”“以产业带利用”的发展之路，尤其是与文化创意产业相结合，将奥运遗产以一种富有创意的形式推广出去。此外，文化遗产的数字化开发也启示在奥运遗产的开发利用中要紧密结合新兴信息技术，紧跟信息时代潮流，以先进技术为手段，通过构建专题数据库、知识库以丰富奥运遗产的展现形式、拓展奥运遗产的传播渠道、加大奥运遗产的开发力度，从而助力于奥运遗产的保护与传承，更好地践行“保护式开发、开发式保护、以利用促传承、以传承带利用”的理念。

#### 3.3.3.2 档案记忆观

（1）档案记忆观的理论内涵。

关于“档案是记忆”的论述，最早出现在1950年第一届国际档案大会上，法国国家档案局时任局长夏尔·布莱邦（Charles Braibantl）发出了“档案是一个国家的‘记忆’”的倡导。1992年，联合国教科文组织发起世界记忆工程项目，旨在促进人类珍贵历史档案、文献遗产的保护与利用，档案的记忆价值得以彰显。经过数十年的发展，“档案是记忆”逐渐成为一种新的档案学理论范式，可称之为档案记忆观。档案记忆观，即从集体记忆、社会记忆视角对档案、档案工作及档案工作者的系统认知，以及从档案学视角对集体记忆、社会记忆及其建构的独特观念。档案记忆观强调档案是一种社会记忆、集体记忆，或者说承载了社会记忆、集体记忆，具有记忆属性和记忆（资源）价值。档案记忆观有着丰富的思想内涵，主要有以下四点：第一，档案是建构社会记忆的不可替代要素。档案作为一种固化信息，是承载社会记忆的工具与传递社会记忆的媒介，对社会记忆具有建构作用。这一功能主要源自它承载着一定的文字、图像等记录符号。所有档案文献的最终目标都是长时间地传播和保存信息，实现记忆的传承，这也决定了档案作为一项客观存在及其在社会记忆体系中的独特地位。第二，档案工作是建构社会记忆的受控选择机制。在档案记忆观下，档案馆被视为记忆的存储库和唤醒人们相关记忆的场所，但受权力的控制，档案馆对社会记忆予以选择性保存。按照文件生命周期理论和文件连续体理论，档案工作从档案馆阶段向前延伸至文件形成之初，因此，不仅是档案馆在权力控制之下选择性地建构社会记忆，而且整个档案工作是建构社会记忆的一种受控选择机制。第三，档案工作者是建构社会记忆的能动主体。从社会记忆理论来看，档案工作者在决定社会是“记忆”还是“遗忘”上扮演着重要角色，并逐渐从“被动的文件保管者”转变为“积极的记忆建构者”，在建构社会和历史记忆中发挥着积极作用和主体意识。第四，档案记忆促进身份认同。记忆与认同天然相连，“档案与身份认同”是档案记忆观研究的深化。身份认同的本质是确认个体或集体在社会上的身份感、地位感、归属感和价值感。身份认同离不开集体记忆的支持，集体记忆所提供的事实、情感构成了其群体认可的基础。以档案为基础的集体记忆是作为群体认知表征的力量之源，档案通过建构集体记忆促进身份认同。

（2）档案记忆观对奥运遗产保护的指导意义。

档案是奥运遗产的重要组成，是奥运举办全周期最为原始、真实与全面的记录载体，能较为客观地反映奥运会举办城市在社会、经济、环境、形象、文化、体育、政治、可持续性等方面发生的变化。档案因其独特的原始记录性而具有长远的历史文化价值，承载着更为深刻的奥运记忆。这也是档案记忆观的重要理念，即以档案为核心的奥运遗产是“奥运记忆”、“城市记忆”、“国家记忆”乃至“民族集体记忆”的重要承载。因此，档案记忆观为奥运遗产研究提供了一面学术多棱镜，为奥运遗产保护提供了新的思维路径和理论指导。

**首先，档案记忆观提供了从档案学视角对奥运记忆及其建构的独特认知，可以丰富奥运遗产保护与传承的理论内涵**。奥运遗产真实地反映了整个奥运会活动的前期准备、赛事经过、赛后结果、后续影响，是奥运举办民族乃至全人类珍贵的文化财富和知识宝库。因此，收集、整理、保管、挖掘奥运遗产，就是保存与再现奥运会历史，就是积累与传播奥林匹克知识，就是保护与传承民族文化。档案记忆观将奥运遗产保护提升到民族记忆、人类记忆保护与传承的高度，为奥运记忆及其构建提供了独特视角，深化了奥运遗产保护的理论内涵与历史意义。因此，有意识地做好奥运档案的收集、征集、保管、保存与开发利用工作，并使之有效转化为奥运遗产，在当代及未来持续发挥其历史文化价值和民族记忆功能，意义十分重大。

**其次，档案记忆观从理论上对档案、档案工作与奥运会这一国际盛事的关系给予了新的定位，并从实践上促使档案领域积极参与进奥运遗产保护中来，从社会重大事务的“旁观者”转变为积极的“参与者”**。其一，以档案记忆观指导奥运遗产保护，可在一定程度上确保奥运档案遗产的高质量传承。在现代社会，档案的收集、管理、保存、利用等诸环节已形成较为成熟的模式，且在电子文件（文献）的长久保管、珍贵档案资源的数字化保护、档案数据库的建设、档案资源的共建共享等方面积累了丰富的经验。这些成熟模式和丰富经验可直接用于指导奥运档案的保护工作，有助于奥运遗产价值的永续发挥。其二，以档案记忆观指导奥运遗产保护，可在一定程度上提升档案馆、图书馆、博物馆等部门在奥运盛事中的参与度和存在感，甚至发挥主导作用，为民族记忆的延续与国家历史的流传贡献力量。

**再次，档案记忆观为奥运遗产保护提供了可资借鉴的项目化管理模式与数字化保护手段**。档案记忆观落在实践领域即为各类记忆工程的建设与数字资源库的构建。目前许多国家和地区实施了各种记忆工程，保护和传播包括档案在内甚至以档案为主体的文献资源，以促进国家、地方或社区记忆的构建。这些记忆工程强调开放性的建设理念、互动性的服务模式、规范化的管理程序、多元化的合作网络。因具备这些特征，国内外记忆工程建设取得了良好成效。奥运遗产作为奥运记忆的载体，也是社会记忆的重要组成，无论是将这类遗产吸纳进现有的记忆工程，还是以奥运为对象建设新型的记忆工程，项目化管理模式无疑为奥运遗产保护提供了有益借鉴。此外，记忆工程往往依托于数字资源库，建立一个国家级的奥运遗产数字资源库，收集、保存、传播北京奥运的记忆资源，具有广泛而深远的意义。奥运遗产数字资源库的建设，既利于国家文化软实力的提升、利于增强中华民族的自豪感与认同感，也利于整合分散的奥运遗产资源、利于以新技术对奥运遗产进行开发利用，从而更好地发挥奥运遗产长远的历史文化价值。

#### 3.3.3.3 数字人文理论

（1）数字人文的理论内涵。

数字人文（digital humanities），起源于人文计算（humanities computing 或 computing in the humanities）[①]，最初着眼于文本资料的数字化和计算语言学领域，随后逐渐演变为将现代计算机和网络技术应用于人文学科的跨学科研究领域。目前，数字人文还没有一个权威的定义。约翰·昂斯沃思（John Unsworth）认为，数字人文是一种代表性的实践、一种建模的方式，或者说就是一种拟态、一种推理、一个本体论约定，这种代表性的实践可一分为二，一端是高效的计算，另一端是人文沟通[②]。凯蒂·巴雷特（Katy Barrett）指出，数字人文是指用计算机技术处理和分析传统的人文研究资料，并将人文学科方法论与计算工具相结合进行人文研究，例如互相映射项目和历史文本的数字化[③]。苏珊·施赖布曼（Susan Schreibman）等认为，数字人文从一开始就是运用信息技术以照亮人类的历史记录，反之，理解人类的历史记录也能对信息技术的发展与应用产生影响[④]。由此可见，国外主流研究所强调的“数字人文”，在于将“数字”与“人文”两者相结合，其中的“数字”代表着计算、技术、建模、工具，“人文”代表着与人类表达相关的一切事物，从音乐到戏剧、

① 2004 年，由于技术对人文研究的全面渗透，数字人文取代了人文计算。HOCKEY S.The history of humanities computing [M]//A companion to digital humanities. Malden: Blackwell Publishing Ltd., 2004: 1-19.

② UNSWORTH J.What is humanities computing and what is not? [EB/OL]. [2019-07-04]. https://www.ideals.illinois.edu/bitstream/handle/2142/191/unsworth2.html?sequence=2&isAllowed=y.

③ 肖禹 . 古籍文本数据格式比较研究 [M]. 上海：上海远东出版社 , 2017：14.

④ SCHREIBMAN S, SIEMENS R, UNSWORTH J. The digital humanities and humanities computing: an introduction[M]// A companion to digital humanities. Oxford: Blackwell, 2004: xxiii-xxvii.

从设计到绘画、从语音到历史、从文学到学术出版等各个方面，甚至一些数字人文学者所反对的“社会科学”也包括其中。

数字人文作为舶来品，真正进入中国学界仅仅是近十年来的事情。尽管引入时并未给数字人文明确的界定，但其实践前沿已渗透到历史学的基于 GIS 的历史地理可视化，文学的文本挖掘与 TEI 标准，语言学的基于大型语料库的语料库语言学，舞蹈的视频捕捉、运动分析与虚拟现实再现，考古学的图像分析、色彩还原和数字重建，数字图书馆和网络数据库，等等①。随着数字人文在国内研究的风生水起，其思想内涵也逐渐被各学科领域的学者不断挖掘。徐力恒和陈静从研究方法的角度对数字人文予以进一步解读，他们认为数字人文是一套提出与回答学术问题的方法，即人文学者可以利用数字技术（尤其是电脑数据库）作为外在的工具，来回答他们过去已经提出的学术问题，或者是受到数字技术和思维的影响而提出的新课题，甚至产生新的研究范式②。在这一概念中，作为一种研究方法的数字人文在学术研究中具有了前所未有的方法论意义。综上，数字人文极富包容性与演进性，那么，对数字人文内涵的把握则十分重要。作为数字技术与人文学科张力性结合与双向联动的产物，数字人文的内涵可从两个方面进行理解：

其一，数字人文是信息科学技术及其研究成果在人文学科领域的渗透，目的在于促进人文学科研究理论和方法的革新，以一种更为科学、严谨，甚至量化、可视化的方式促进人文学科研究视角的扩展、成果的转化。通过信息技术实现人文学科价值的重新发现，使得信息技术成为人文学科发展的“普罗米修斯之火”，并拓展人文学科新的研究方向，如计算档案学、计算历史学等。

其二，立足人文学科，数字人文还要关注人文学科思维赋予当代数字化产品和工具的文化意蕴和价值理性，从而反思数字人文的具体运用。也就是说，数字（或数字所代表的计算、技术、建模）仅仅是工具或手段，而非主旨。运用人文精神与关怀规制技术工具性的种种弊端，乃是数字人文的另一应有之义。

总而言之，数字人文使得人文学科与自然科学共享方法论，通过建立描述学术活动方法和功能的框架，解决 E-science、E-research 技术如何在人文领域有效利用的问题，拓展传统人文学科的研究视角，并以传统的人文思维赋予信息化技术以价值理性，从而真正实现数字与人文的张力性结合。

（2）数字人文理论对奥运遗产保护与传承的指导意义。

如前文所述，数字人文是数字与人文的张力性结合与双向联动，作为一种理论、方法

① 王晓光．“数字人文”的产生、发展与前沿 [C]// 方法创新与哲学社会科学发展文集 . 武汉：武汉大学出版社，2010.

② 徐力恒，陈静．“数字人文”浪潮来袭，倡导之余仍要警惕过分乐观 [N]．社会科学报，2017-08-26.

的数字人文启示我们在进行奥运文献遗产的保护与传承实施过程中，在秉承奥运会所倡导的人文关怀、人文气息、以人为本、嵌入生活的理念之下，要特别关注并重视数字技术的应用、重视跨学科与跨领域的合作交融。

首先，数字人文理论启示我们在奥运文献遗产的保护与传承实施过程中，重视数字技术的应用，并在数字人文相关技术理念的指导下，构建一个融合式、体系化、特色化的奥运文献遗产数据库，打造一个更加集成、开放、便于利用的奥运文献遗产保护与传承的资源型和学术型平台。因此，在奥运文献遗产的保护与传承中，我们既不可忽视数字技术的应用，也不能忽视人文理念在其中所发挥的巨大作用。而这也与世界上主流的数字人文项目相得益彰。按照美国斯坦福大学迈克尔·凯勒（Michael A. Keller）的观点，数字人文项目可分为三种类型：一是汇集数字内容、构建电子文献数据库；二是通过构建模拟模型、参考工具或空间历史实验室项目（spatial history lab）来进行“互动式学术”；三是将一系列文本和口头叙述嵌入媒体对象的“新型叙述体”（new narrative）①。这三种类型数字人文项目的目标均在于创新收集、展示和研究数据的方法，提供前所未有的海量数据和元数据，促进跨学科对话与知识的共享。无论是开发集成式电子文献数据库，还是打造互动式学术，抑或构建新型叙述体，这些技术的具体实践与理念的现实应用，均为奥运文献遗产的保护与传承提供了新思路。一方面，就资源整合而言，应用数字人文理论、技术或方法加速有关奥运文献遗产的深度数字化进程，在数字资源共建共享的过程中，充分吸纳人文学者的意见，打造出真正具有文化价值、历史价值、传承价值的奥运文献遗产资源；另一方面，就平台建设而言，应用数字人文理论、技术或方法构建“奥运文献遗产”平台，将有关奥运会的文献资源及其形成机构、管理机构、服务机构等多方主体纳入其中，并基于文本挖掘技术对奥运会文献进行深度分析、基于GIS技术对奥运文献遗产予以数字化地图呈现、基于文本可视化技术对奥运文献遗产进行知识构建，充分展示奥运文献遗产之间的语义关联，从而生成与发现新知识，并以一体化的形式将奥运会文献整合、组织、提供给用户使用，从而更好地促进奥运文献遗产的保护与传承。

其次，数字人文理论启示我们在进行奥运文献遗产的保护与传承中，要特别重视跨学科与跨领域的合作交融。如前文所述，数字人文具有跨学科的本性冲动，它将信息技术与人文学科相结合，主要目标有二：一是以数字技术为工具，改变并激活传统人文学科的研究方法、研究思维甚至研究范式；二是以人文价值为驱动，缓和并调适信息技术的工具理性，使技术的应用更具人文关怀。而这两个目标的实现，注定需要不同学科背景的研究者、不同实践领域的从业者联合攻关。正如有学者所言，“数字人文就像一座高耸的学术大厦，历史、文学、计算机等不同学科就像是这座大厦中的房间，这些不同的房间共同构

① KELLER M A. 数字人文和计算化社会科学及其对图书馆的挑战 [J]. 王宁，译. 现代图书情报技术，2014（10）：1-3.

建了这座大厦”[①]。因此，数字人文所强调的跨界融合、互动支撑和集成聚焦的理念，也应成为奥运文献遗产保护与传承的关键理念。从目前来看，数字人文融合了计算机科学、通信科学、文献学、统计学、人文学科等学科群的理论、技术和方法，反映了数字时代一种新的文献信息需求。因此，对奥运文献遗产的保护与传承，应注重开发式的保护与利用式的传承，促进开发利用与保护传承相互促进、相辅相成。奥运会既然是全民盛事，各领域参与其中，那么，奥运文献遗产的保护与传承工作就不仅仅是奥运会举办部门和某个文化遗产部门的职责所在，还需要各个学科领域共同参与、合作交融、群策群力，尤其是加强与人文学者的合作，多听取他们的意见，方可构建出具有人文关怀和人文气息、以人为本、嵌入生活的奥运文献遗产体系，而非冷冰冰的数据与标签的集成。另外，合作交融也不仅局限于学界与业界的交融，如在必要时，可引入众包理念，完善与扩展奥运文献遗产的收集途径与开发方式，在奥运文献遗产数据集或数据库设计时，为公众提供添加与修改的接口。只有汇聚不同学科、不同领域乃至全社会的力量，才有助于提升奥运文献遗产的丰富性和完整性，有助于这类珍贵人类遗产的保护与传承。

### 3.3.4 奥运遗产“方法论”

方法论即认识世界、改造世界的方法的理论。就奥运遗产的方法论而言，即明晰奥运遗产对奥运举办城市和国家的影响以及对奥运遗产治理提供方法指导。奥运遗产关涉众多领域，不同领域需要特定的方法论指导。因此，奥运遗产方法论需要以奥运遗产基础论为支撑基点，以奥运遗产实践论为评判标准。奥运遗产方法论主要涉及奥运遗产治理法、奥运遗产评估法等。

奥运遗产治理法：主要是围绕奥运遗产的形成、保护、开发与利用等一系列治理行为的方法论，侧重于定性研究，成果大都体现在一些政策规范上。奥运遗产评估法：根据《遗产战略计划》规定，对于“定期报道即将到来的奥运遗产”，国际奥委会推出了遗产报告框架（见图 3–5），该评估框架从奥运会筹备初期即开始采用，并在整个奥林匹克周期内定期更新。对于每届奥运会，将根据其具体愿景、设定目标和当地背景衡量遗产成果，并采用关键绩效指标法（KPIs）来评估奥运愿景[②]。由此可见，奥运遗产评估法侧重于定量研究，将奥运遗产转换成可衡量的指标，注重指标选取，并采取科学的数据收集与分析方法评估各项指标，从而构建奥运遗产评估体系。

---

① 王涛．“数字史学”：现状、问题与展望 [J]．江海学刊，2017（2）：172-176.

② Olympic World Library. IOC legacy strategy full version[EB/OL].[2020-02-04].https://library.olympic.org/doc/syracuse/173146.

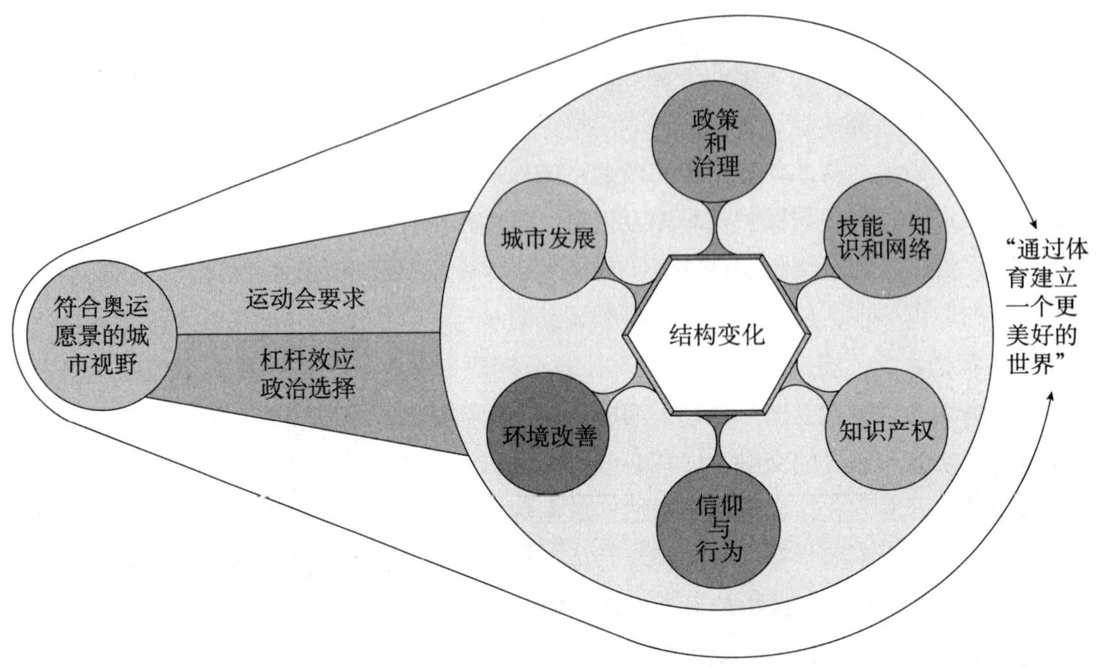


**图 3–5 《遗产战略计划》中的遗产报告框架**

资料来源：Olympic World Library. IOC legacy strategy full version[EB/OL].[2020-02-04].https://library.olympic.org/doc/syracuse/173146.

### 3.3.5 奥运遗产“实践论”

实践论是认识奥运遗产本质的来源和推动相关认识不断发展的动力，是将方法论具体应用于社会实践的过程，用来指导奥运遗产实践活动的开展，检验奥运遗产理论的科学性与合理性。由实践到理论，只是认识过程的第一次能动飞跃；由理论再回到实践中去，则是认识过程的第二次能动飞跃。因此，奥运遗产实践论关乎奥运遗产理论能否指导、服务、丰富奥运遗产治理实践，这也是奥运遗产理论框架的构建目标所在。奥运遗产实践论主要涉及奥运遗产内容规划、治理计划、治理保障机制和评估方案制定。奥运遗产内容规划即奥运遗产的内容构成、形成特点、价值体现、生命周期以及变化规律等；奥运遗产治理计划即包含对奥运遗产内容保护、开发与利用的一系列参与主体、治理策略、过程、成果计划等；奥运遗产治理保障机制即支持遗产治理的一系列政策法规、人员保障、制度保障等；奥运遗产评估方案制定即明确遗产指标的选取、收集与分析等。奥运遗产内容规划、治理计划、治理保障机制和评估方案制定四者紧密联系，共同保障奥运遗产长期效益的实现。

奥运遗产实践论是将奥运理念与奥运愿景落地生根的最后一环。从往届奥运会经验来看，奥运遗产并非总是成功的，但一些失败经验也可为后续遗产实践提供借鉴与启迪。如英国为了宣传文化遗产，制定了奥林匹克公园文化遗产战略（Olympic Park Cultural

Legacy Strategy）。2012 年 6 月至 9 月，伦敦在伦敦东区的奥林匹克公园举办文化奥林匹克运动会（2012 年伦敦艺术节），一份来自项目资助人的评估报告称，该计划成功地将艺术质量和社区参与结合起来，从而确保了当地文化组织和社区获得持久的文化遗产[①]，然而据伊拉里亚·帕帕莱波尔与迈克尔·杜伊格南调查，没有任何实践经验证据表明当地社区从中获益，这从反面展现了奥运的华丽虚饰与当地现实之间的差距[②]。这也启示我们在奥运遗产规划、治理和评估中要科学合理地将理论落到实地，而非做表面文章。

## 3.4　奥运遗产理论构建的前景应用与展望

### 3.4.1 奥运遗产的理论检验

奥运遗产的理论检验主要是将奥运遗产理论应用于以往国内外相关奥运遗产工作实践，以检验该理论的适用性与科学性，并持续改进其不合理之处。

以 2012 年伦敦奥运会为例，《2012 伦敦奥运会和残奥会遗产计划》（*Plans for the Legacy from the 2012 Olympic and Paralympic Games*）规定，促进伦敦东区建设、改善伦敦面貌是2012年伦敦奥运会主要遗产计划之一[③]。然而，安迪·索恩利（Andy Thornley）认为伦敦在申奥之前，就已采取措施发展了伦敦东区，如伦敦地铁银禧线、码头区轻轨、横贯铁路和高铁的修建，以及韦斯特菲尔德购物中心的开发等举措[④]。这对于客观评价伦敦东区的奥运遗产无疑是一种阻碍。奥运周期内，伦敦东区通过完善的奥林匹克公园建设规划、居民新住房的建设、新型就业机会的开放等举措，促进奥运愿景的实现[⑤]。然而，伦敦市在遗产实践方面出现了偏差，“（就居民新住房的建设而言）最初的计划夸大了潜在的住房遗产，缺乏细节规划。随着时间推移，对现有社区提供经济适用房和社会转型的承诺越

① Legacy Trust. Evaluation report：creating a lasting cultural and sporting legacy from the London 2012 Olympic and Paralympic Games[R]. London: Legacy Trust UK, 2013.

② PAPPALEPORE I, DUIGNAN M B. The London 2012 cultural programme: a consideration of Olympic impacts and legacies for small creative organisations in east London[J]. Tourism management, 2016(54): 344-355.

③ 陈珊，肖焕禹．对《2012 伦敦奥运会和残奥会遗产计划》的解析 [J]．上海体育学院学报，2012，36（3）：71-75.

④ THORNLEY A. The 2012 London Olympics：what legacy? [J]. Policy research in tourism, leisure and events, 2012, 4(2): 206-210.

⑤ DCMS. Report 2: methods: meta-evaluation of the impacts and legacy of the London 2012 Olympic Games and Paralympic Games[R/OL].[2019-10-31]. https://www.gov.uk/government/uploads/system/uploads/attachment data/file/224110/DCMS 2012 Games Meta evaluation Report 2. pdf.

来越弱”①。可见，后奥运周期内对奥运遗产的评估并没有达到预想效果，这也反映了奥运遗产工作实践没有按照其理论规划正向开展，影响了奥运遗产正面效益的发挥。

由奥运遗产理论框架可知，2012 年伦敦奥运会对伦敦东区遗产计划落实的部分失败其主要原因在于对奥运遗产理论认识的不足：一则对奥运遗产的开发利用不可以损害任何一方作为代价；二则没有确定伦敦东区的建设发展是否属于真正的奥运遗产。同时，2012 年伦敦奥运会也在教训我们，奥运遗产的保护与传承更要重视无形遗产的开发建设，使遗产效益持久融入市民心中，如此才能真正实现市民对奥林匹克盛会的认同。

### 3.4.2 奥运遗产的理论指导

奥运遗产的理论指导主要是希冀奥运遗产理论框架可对包括即将举办的 2022 年北京冬奥会在内的奥运盛事提供可操作的路径指引和方法指导。

首先，根据奥运遗产理论框架，结合举办城市和国家实际情况，确定举办方的奥运愿景，使其与该地能力相符。如 2004 年雅典奥运会，奥林匹克运动综合中心的场馆每年维持费用高达 3 200 万欧元，希腊政府每年需要填补 1 200 万欧元的亏空②，这说明了雅典奥运会场馆遗产规划的失败，同时也表明雅典的奥运愿景超出了其本身的承受能力。此外，还要尽可能借承办奥运之契机展现当地独特文化，开发独一无二的奥运遗产。如 2010 年温哥华冬奥会奖牌设计，“表面首次呈现起伏的波浪形，易使人联想到温哥华以及加拿大十分常见的景观——海浪、飞雪和山峦。每枚奖牌的正面图案都截取自加拿大具有浓郁民族特色的抽象画，没有两枚奖牌的正面图案是相同的，独一无二的特殊性在奥运会历史上首次展现”③。这为温哥华冬奥会留下了绝无仅有的奥运遗产。

其次，制定详细的奥运遗产战略规划，规划应包含战略总体指导思想与目标、遗产具体内容、实施步骤、相应保障措施等。如 2022 年北京冬奥运会的《北京 2022 年冬奥会和冬残奥会遗产战略计划》、2010 年温哥华奥运会的《惠斯勒 2020》(*Whistler 2020*)、2020 年东京奥运会的《2020 东京先锋遗产报告》(*Tokyo 2020 to Pioneer New Legacy Report*) 等，均详细列出了举办城市和国家奥运遗产战略的具体内容。

再次，根据奥运遗产战略规划，制定颁布一系列富有针对性的政策规范，以支撑奥运遗产治理评估工作的开展。如北京市政府通过解读 2008 年北京“绿色奥运”的办会理念，“制定了《北京市环境保护‘九五’计划和 2010 年远景目标》《北京市‘十五’时期体育事业发展规划》《绿色奥运行动计划》以及《北京市‘十五’时期生态环境建设规划》，这

① BERNSTOCK P. Tensions and contradictions in London's inclusive housing legacy[J]. Urban sustainable development, 2013, 5(2): 154-171.

② 罗时铭．20 世纪 80 年代后的奥运文化遗产素描 [J]．南京体育学院学报，2010，24（6）：15-18.

③ 邹硕．温哥华冬奥会对城市发展影响研究 [D]．北京：北京体育大学，2017：47.

些文件都详细规范了举办城市在环境保护和资源利用方面的措施，很好地诠释了绿色奥运理念”[①]。这对于提高北京市民的环保意识、规则意识、可持续发展意识具有积极的导向作用。

最后，有效落实奥运遗产战略规划以及相应的政策规范。根据各类奥运遗产特性，结合整体治理与评估框架，细化治理与评估策略，并配备相应人员予以支持。同时注重遗产的风险管理，防止突发事件对遗产规划落实造成的不良影响。

人们对奥运遗产的认知随着奥林匹克运动在全球范围内的多样实践而逐步科学与深入。奥运遗产理论的构建是奥运遗产实践的系统性提升，既可极大地丰富和深化奥运遗产理论研究，促进奥运遗产观的形成，推动奥运遗产学成长为一门独立、成熟的新兴学科；又可反哺奥运遗产工作的开展，为奥运全周期内的遗产保护与传承提供理论指引。由此，奥运遗产理论构建显得尤为重要。而奥运遗产理论框架的诸多议题又为奥运遗产工作提供了挑战，如奥运遗产内容规划、治理计划、治理保障机制和评估方案制定，以及奥运遗产工作方案如何有效实施与展开等问题，仍有待进一步深入分析与探讨。如此，方可从理论和实践两方面提升对奥林匹克运动的理性认知，促进奥运遗产事业的纵深发展。

① 郭振，乔凤杰．北京绿色奥运遗产及其困境与继承 [J]．武汉体育学院院报，2016，50（8）：18-22，38.

## 第4章

# 北京冬奥会遗产价值与评估

根据国际奥委会发布的《奥林匹克2020议程》，北京冬奥组委于2019年编制了《北京2022年冬奥会和冬残奥会遗产战略计划》，高度提炼出北京2022年冬奥会和冬残奥会的亮点遗产，力图以奥运遗产为切入点促使此届冬奥会成为提高体育赛事各项能力的新引擎、树立城市与区域经济多维发展的新标杆、推动健康中国和社会良性发展的新动力、弘扬传统文化与形成文化遗产体系的新枢纽、树立奥林匹克运动与城市和区域共赢发展的新典范，为促进和推动构建人类命运共同体做出积极贡献。然而，能否成为新引擎、新标杆、新动力、新枢纽与新典范，还需要深刻认识奥运遗产价值并构建科学合理的价值评估体系。目前，国内对于奥运遗产评估要求已形成共识，重点在于对遗产所包含的内容、形式、外在环境、发展路径等重大问题做出全面、系统、深刻的分析和估量。国外则注重评估方法研究，如伊娃・卡森努尔（Eva Kassens-Noor）等提出了三元分析、空间分析、内容分析以及实践调研等多种评估遗产方法[①]；迈克・威德（Mike Weed）通过使用程序理论分析了奥运遗产的归因和额外性问题[②]。奥运遗产评估可分为遗产管理评估与遗产价值评估，遗产价值评估是奥运遗产评估的根本，无价值的评估则是无源之水，而奥运遗产价值评估既要分析所谓的“奥运遗产”有无价值，又要分析其价值体现与价值大小。但现有研究仅仅停留在奥运遗产评估表面，缺乏对奥运遗产价值的深入挖掘。因此，本书结合已有研究成果，从奥运遗产价值出发，对北京冬奥会遗产类型及其价值内涵进行深入分析，并基于OGI报告与官方政策文本，提出北京冬奥会遗产价值评估原则与评估方法，力图打造一个凝聚新理念、汇聚新模式、融合新方法的奥运遗产价值评估的“北京方案”。

① KASSENS-NOOR E, GAFFNEY C, MESSINA J, et al. Olympic transport legacies: Rio de Janeiro’s bus rapid transit system [J/OL]. [2020-02-06].https://doi.org/10.1177/0739456X16683228.

② WEED M. Is tourism a legitimate legacy from the Olympic and Paralympic Games? an analysis of London 2012 legacy strategy using programme theory[J]. Sport & tourism, 2014, 19(2): 101-126.

## 4.1　北京冬奥会遗产价值认知及挖掘

奥运遗产，既是申办国的奥运愿景，也是对奥组委的申奥承诺，其内涵与外延的广泛性，决定着其价值的多元性。这种价值的多元性既体现在奥运遗产对一国政治、经济、文化等多领域的影响，也体现在奥运遗产对国家、社会、市民等多层面的影响。北京冬奥会遗产亦是如此，其影响范围之广、关涉领域之多、产生效应之大，均预示着此届冬奥会的召开将为世界留下丰硕的物质与非物质财富，但同时作为“双奥城市”，北京冬奥会遗产还蕴含有其难以比拟的独特价值。由此，对北京冬奥会遗产价值进行认知与挖掘，是做好奥运遗产保护与传承的重要基础，而奥运遗产价值认知主要在于遗产类型及关系的识别，奥运遗产价值挖掘主要体现在对遗产价值的分析。

### 4.1.1　北京冬奥会遗产类型及关系

作为《奥林匹克 2020 议程》颁布以来从筹办初期始就全面规划管理奥运遗产的首届奥运会，北京冬奥会自申办之初就对奥运遗产的形成与收集、保护与传承、开发与利用予以规划，并形成了具有中国特色的奥运遗产战略计划的“北京方案”——《北京 2022 年冬奥会和冬残奥会遗产战略计划》，该计划详细规定了北京冬奥会遗产目标及其具体任务，为奥运遗产价值评估奠定了基础。依据奥运遗产的关系说明，7 项遗产目标、35 项遗产任务是相互影响、相辅相成、不可分割的有机整体，并将其归纳为体育型遗产和超体育型遗产两大类型（见图 4–1）。其中，北京冬奥会体育遗产属于体育型遗产，是奥林匹克运动

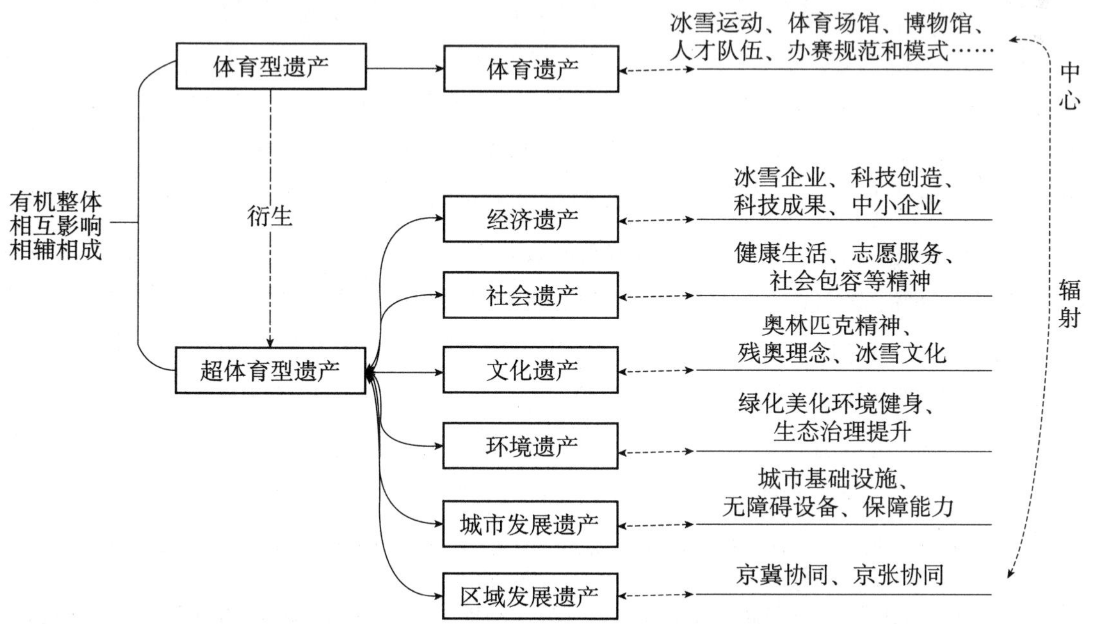


**图 4–1　北京冬奥会遗产关系**

会举办前后直接留下的遗产类型，同时也是北京冬奥会的“主产品”。其他 6 项遗产均是围绕体育遗产而产生的，属于超体育型遗产，是北京冬奥会的“衍生品”。这些超体育型遗产既彰显了中国筹办一届冬奥会所做出的“努力”，也展现了来自冬奥会的“回馈”。两大类型奥运遗产的划分表明，北京冬奥会已不再是简简单单的体育盛会，其价值远超出体育范畴，具有强大的辐射功能。

### 4.1.2 北京冬奥会遗产价值分析

北京作为全球唯一既举办过夏季奥运会又将举办冬季奥运会的城市，奥运会给城市创造的遗产将是空前的和巨大的；北京作为最大的发展中国家的首都，承担着引领中国经济进入高质量发展阶段的重任；2022 年北京冬奥会处于中国两一个百年交汇期，面临百年未有之大变局。由于这些特殊地位和历史背景，与历届奥运遗产不同的是，北京冬奥会遗产，自北京申奥成功后就蕴含了两层价值：一是对未来遗产的多元创造，二是对既有遗产的夏冬延续。

首先，北京冬奥会遗产是“北京—延庆—张家口”及“京津冀”区域性的奥运愿景集合，集中体现了该区域乃至整个国家对人理、事理、物理的美好发展希冀，具有深刻的体育、经济、文化、教育、社会等多元价值。这种多元价值以冰雪运动普及为契机，延展至“跨”地区举办的方方面面，又形成了各自的“附加价值”。

第一，举办冬奥会尚属中国首次，这将成为中国冬季运动普及的催化剂，更会对冰雪企业、科技、旅游、文化带来积极的连带效应，促进北京冬奥会遗产之间的相互渗透、相互影响。以北京冬奥会和冬残奥会的举办为契机，中国建设国家速滑馆，大力普及中国冰雪运动和中国残疾人冰雪运动，提高冰雪运动竞技水平的同时，力图实现“带动三亿人参与冰雪运动”的战略目标。冰雪运动的突破式发展成为全面提升我国体育赛事各项能力的新引擎，并刺激我国冰雪旅游业大放异彩。中国旅游研究院与携程旅行网大数据联合实验室联合发布的《中国冰雪旅游消费大数据报告（2019）》显示，2017 至 2018 年冰雪季我国冰雪旅游人数高达 1.97 亿人次，冰雪旅游收入约合 3 300 亿元，分别比 2016 至 2017 年冰雪季增长 16%、22%；预计 2021 至 2022 年冰雪季我国冰雪旅游将带动冰雪特色小镇、冰雪文创、冰雪度假地产等相关产业的产值达到 2.92 万亿元[①]。冰雪旅游创造了巨大的投资前景，促使新一轮投资在“宏、中、微”三层面促进我国冰雪经济的发展。其中，宏观层面，冰雪旅游可创造与引领国家新一批新型产业发展；中观层面，新型产业发展有利于京津冀地区经济的新旧转换；微观层面，新旧产业转换能够提升参与国际竞争企业的运营水平和科技创新能力，从而带动科技高速创新成长。第 22 届中国北京国家科技产业博览

① 尚槿．报告：中国冰雪旅游消费大数据报告（2019）[R/OL].（2019-02-26）[2020-02-06]. http://travel.china.com.cn/txt/2019-02/26/content_74504942.htm.

会首次设立科技冬奥展，展示了室内多自由度模拟滑雪训练系统、高精度跟踪定位及赛场运动分析系统等多套冰雪运动训练设施。中关村也充分利用科技创新资源优势，发明创造一批智能机器人、智慧安防、地图导向、气象监测等创新技术产品，并已在冬奥会项目中实现应用，对北京冬奥会筹备提供了有力支撑[①]。以上实践完美诠释了“科技冬奥”的办会理念，而此理念既是奥运经验的具体表征，也是奥运遗产的深层联结。由此，奥运举办周期内形成的“体育运动—旅游发展—经济提升—科技进步”的连带发展链条，以及以此链条为主轴带动的冰雪运动知识普及、场地健全、城市基础设施完善等一系列附加价值的产生，均彰显了北京冬奥会对未来遗产的多元创造。

第二，北京冬奥会是中国首次跨地区举办奥运会，这将为三个赛区的社会经济一体化发展留下持久性遗产，即区域发展遗产。北京冬奥会遗产将形成多层次、全方位、系统化的区域协同发展体系。交通运输方面，北京冬奥会极大地促进了京张地区交通基础设施相连相通，建设形成“一条高铁、多条干线”的交通网络。目前，京张高铁已通车，大幅保障两座城市内部各类基础设施的建设、城市管理水平的提高、城市服务保障的提升、城市无障碍环境的形成。城市联动发展方面，北京冬奥会可发挥北京资源优势，加大在医疗、教育、卫生、科技等领域的公共服务投入力度，助力张家口公共服务能力的提升，促进京张地区以至京津冀地区协同发展。环境保护方面，以北京冬奥会召开为契机，奥运城市对生态环境高标准严要求的压力和动力促进京张地区乃至京津冀生态环境联防联建与优化。以北京冬奥会延庆赛区的奥运村建设为例，据延庆赛区总规划师、中国建筑设计研究院有限公司总建筑师李兴钢介绍，若北京 2008 年夏季奥运会奥运村是“彰显”，冬奥村则注重“内敛”，坚持“山林场馆、生态冬奥”的设计理念，将延庆赛区建筑分散布局，不夺山景生态，以“山林掩映的场馆群”构筑生态型奥运环境，体现出中国山水文化内涵和传统山村美学[②]。这种建筑与自然的共生结合、生态与文化的交相辉映，是北京冬奥会环境与区域发展遗产的整体性呈现，也是生态治理和环境改善的伟大实践。

其次，北京作为全球首个夏、冬两季奥运会兼办的城市，北京冬季奥运会的举办既是历届奥运赛事的延续，也是多种奥运遗产多领域、全方位的延续、继承与发扬，促使 2008 年北京夏季奥运会、2014 年南京青年奥运会遗产价值再一次“活起来、亮起来、火起来”，充分增强奥运遗产生命力。这种奥运遗产价值的延续主要体现在奥运场馆、体育文化活动以及奥运举办经验上。

第一是奥运场馆的沿用。2008 年北京夏季奥运会的部分奥运场馆已规划沿用至 2022 年冬奥会的举办上（见表 4–1），以“为 2008 年奥运会场馆建设提供更广泛的遗

① 佚名．汇聚中关村科技资源服务科技冬奥 [J]．中关村，2019（12）：14.

② 曹晶瑞．北京冬奥会：“冬奥山村”打造最美的奥运村 [EB/OL].（2018-07-06）[2020-02-06]. http://bj.people. com.cn/n2/2018/0706/c82840-31783478.html.

产，兼具举办夏冬两季运动的能力”①，提升奥运场馆的复用度，促使遗产本身的功能价值增大。

**表4–1　2008年奥运场馆遗产的延用情况表**

| 场馆遗产 | 北京2008 | 北京2022 |
| --- | --- | --- |
| “鸟巢”国家体育馆 | 开闭幕式及田径 | 开闭幕式 |
| “水立方”国家游泳中心 | 游泳和跳水 | 冰壶 |
| 国家室内体育场 | 体操和手球 | 冰球 |
| 首都体育馆 | 排球 | 花样滑冰、短道速滑 |
| 五棵松体育中心 | 篮球 | 冰球 |
| “鸟巢”和“水立方”之间的广场 | | 北京赛区奖牌广场 |

资料来源：International Olympic Committee. Beijing 2022[EB/OL].[2020-02-06].https://www.olympic.org/beijing-2022#legacy.

第二是体育文化活动的延续。为了将 2008 年夏季奥运遗产与 2022 年冬季奥运会遗产联系起来，北京奥运城市发展促进会（BODA）自 2016 年始，协助举办一年一度的世界冬季运动（北京）博览会，以促进中国乃至世界冬季运动产业的发展。2019 年博览会主要由冬季体育产业相关的展览、论坛等活动组成，约有 16 万人次参观，其中行业专业人士 2.4 万人次②。此外，北京奥运城市发展促进会于 2019 年 8 月 8 日在奥林匹克公园举办第十届北京奥运城市体育文化节，以充分发挥北京作为“双奥城市”的示范带动作用，助力奥运文化的传播。此届体育文化节“模式创新，特色运营”，改变了以往“夏日广场活动”为主的运营模式，转而深入基层发展，打造“双奥文化特色社区”，向更多的市民群众弘扬奥运精神和传播奥运文化③。从 2008 年北京奥运会举办至今，体育文化活动内容由单一走向多元、活动场所由奥林匹克公园深入社区基层，体育文化遗产在两届奥运会得以不断延续与更新，体现了奥运遗产的可持续发展性。

第三是奥运会举办经验的借鉴。2008 年夏季奥运会创造了多项世界之最，从中积累了各项宝贵赛会经验、标准规范，如国际交流、志愿服务、物流管理、媒体转播等活动

① International Olympic Committee. XXIV Olympic Winter Games 2022 working group report[R/OL].[2020-02-06]. https://stillmed.olympic.org/media/Document%20Library/OlympicOrg/Documents/Host-City-Elections/XXIV-OWG-2022/Working-Group-Report-for-the-XXIV-Olympic-Winter-Games-2022.pdf#ga=2.107102404.734376021.1576947757-571776881.1572101354.

② IOC. Beijing 2008 legacy dovetails with 2022 Winter Games to boost sports participation in China[EB/OL].[2020-01-06].https://www.olympic.org/news/beijing-2008-legacy-dovetails-with-2022-winter-games-to-boost-sports-participation-in-china.

③ 京赛．“初心凝聚使命，双奥惠及百姓”第十届奥运城市体育文化节开幕 [EB/OL].(2019-08-09)[2020-02-06]. http://www.sohu.com/a/332536248_114977.

事项均可在 2022 年冬季奥运会中借鉴与参考，并作为遗产沿用到冬奥会举办全周期范围内。如交通调度经验方面，2008 年夏季奥运会举办时摸索出的在与奥运需求相关的主要道路上设置奥运专用道、设置奥运专用公交线路和公交场站、为各类客户群提供专门的运输保障服务，可运用于2022年冬季奥运会举办之中①。再如公共场所的语言标识翻译方面，2006 年 11 月，北京市质量技术监督局批准并发布了北京市地方标准《公共场所双语标识英文译法》，整治英文标识语的混乱状况，以保障 2008 年北京奥运会的有序进行。2022 年北京冬奥会将继续沿用或完善标识语翻译工作，积极迎接冰雪奥运②。与此同时，语言的标准化工作也促进了服务志愿者的培养与北京市民整体外语水平的提高。由此可见，北京 2022 年冬奥会的举办，不仅是奥运场馆遗产、体育文化遗产、举办经验遗产的再激活，更是对各类奥运遗产价值的再创造，展现开放与自信的国民风貌。

总体而言，从多元创造到夏冬延续，体现了北京冬奥会遗产具有多元性价值、附加性价值以及随时间发展的延续性价值、可更新性价值。7 项奥运遗产价值及其特性的全面发挥，是筹办和举办北京冬奥会的基本目标。因此，统筹兼顾地确保各项遗产建设，是保证北京冬奥会遗产价值整体效应有效发挥的重要基础，也为奥运遗产价值评估提供了基本分类框架。

## 4.2　北京冬奥会遗产价值评估要求

### 4.2.1　历届奥运遗产价值评估要求

为确保奥运遗产得到有效的治理，最大限度发挥奥运遗产的价值，2002 年，国际奥委会设立了奥运会整体影响研究评估项目，要求从 2008 年北京奥运会开始，每个奥运会举办城市都要在奥运会结束 2 年内提交 OGGI 评估报告，并且要对举办城市奥运会前后短期性与长期性影响进行量化评估。历届评估报告以及奥林匹克组织官方政策文本等资料，提出了较为明确的奥运遗产价值评估要求，为北京冬奥会遗产价值评估提供了参考与借鉴。

自 2008 年北京奥运会以来，包括温哥华、伦敦、索契、里约、平昌奥组委均发布了较为翔实的 OGGI（OGI）评估报告。通过梳理以上评估报告，发现历届 OGGI（OGI）评估要求主要集中在赛前报告（或基线报告），各报告评估内容侧重点不一，但对评估机构及其组成人员、评估指标选取、数据采集方法、数据分析模型等做出了不同程度的详细规

① 未来 7 年冬奥将带来哪些变化？ [EB/OL].(2015-08-01)[2020-02-06]. http://www.xinhuanet.com/politics/2015-08/01/c_128082567.htm.

② 王迪．2022 年北京冬奥会语言环境建设情况分析和改善对策：以 2008 年北京夏季奥运会为启示 [J]. 四川体育科学，2016，35（5）：9-12.

划说明（见表4–2）。其中，评估报告中主要涉及环境、社会文化、经济等三大领域，且具体指标均由举办城市与国际奥委会协商决定选取，并最终转化为可定量分析的数据，该操作为保障OGGI（OGI）的科学性与可持续性奠定了良好基础。

**表4–2　2008年以来历届OGGI（OGI）评估报告及其内容侧重点**

| 历届奥运会 | 评估报告 | 内容侧重点 |
|---|---|---|
| 2008年北京奥运会 | 《北京奥运会总体影响评估》 | 由中国人民大学负责，其中“环境影响评估”采用“压力—状态—反应”（PSR）框架对指标进行逻辑整合反映各地环境受力状态；“社会影响评估”则以政府奥运相关政策的制定、实施及其绩效为焦点；“经济影响评估”中，从“直接”与“间接”经济活动反映北京奥运会对中国经济的直接影响、间接影响与长期影响。 |
| 2010年温哥华冬奥会 | 《2010年冬奥会和冬残奥会影响研究》［*Olympic Games Impact (OGI) Study for the 2010 Olympic and Paralympic Winter Games*］ | 由不列颠哥伦比亚大学OGI调查团队负责，包含赛前报告、赛前技术报告、赛时报告及赛后报告等四个子报告。其中赛前报告指明评估策略主要采用“捆绑”和“控制前后影响”方法。根据相关政策，将类似的背景指标“捆绑”起来，有效解决了一些指标不可测量的问题。在评估奥运影响时，使用“控制前后影响”确保任何观察到的变化都是奥运会的结果。 |
| 2012年伦敦奥运会 | 《奥运影响研究——伦敦2012》（*Olympic Games Impact Study—London 2012*） | 由东伦敦大学负责，包含初步情况报告、赛前报告、赛时报告及赛后报告等四个子报告。其中初步情况报告指明遗产评估使用指标分析法整合大量数据，从可持续性角度评估奥运遗产情况。 |
| 2014年索契冬奥会 | 《奥运影响：简要报告》（*The Olympic Games Impacts：Summary Report*） | 由索契冬奥组委负责，研究方法以可持续发展理念为基础，通过回顾索契、克拉斯诺达尔地区乃至整个俄罗斯联邦所创造的积极长期的社会、经济和环境变化方面的成果，采用指标测量法来评估奥运会前、中、后期评估指标的动态。 |
| 2016年里约奥运会 | 《衡量里约2016年奥运会影响和遗产的初步报告：奥运会影响（OGI）研究》［*Initial Report to Measure the Impacts and the Legacy of the RIO 2016 Games：Olympic Games Impact（OGI）Study*］ | 由里约奥组委负责，为了满足OGI要求，里约奥组委构建了“管理层—基础设施层—执行层”金字塔式的奥运遗产评估机构。其中管理层负责战略计划、管理等；基础设施层负责技术和过程，把控OGI方法论；执行层负责概念界定、术语界定、资料收集等多项基础性工作。 |

续表

| 历届奥运会 | 评估报告 | 内容侧重点 |
| --- | --- | --- |
| 2018年平昌冬奥会 | 《2018年平昌冬奥会和冬残奥会的奥运会影响（OGI）研究》［*Olympic Games Impact（OGI）Study for the 2018 Pyeongchang Olympic and Paralympic Winter Games*］ | 由平昌冬奥组委负责，此报告提出遗产评估必须遵循因果关系的推断分析过程，即确定哪些是由奥运会产生的。由此采用了一种独特的编码方法，使用“相关性”表示与奥运会影响的相关程度，“评级”表示在举办城市发生的影响程度，以及由研究团队确定的“信心”。同时，将每个区域的核心目标与投标文件进行比较，以提供与OGI影响分析的相关性。保持数据解释的客观性。 |

资料来源：佚名.北京奥运会总体影响评估（摘要）[R/OL].[2020-02-06]. https://max.book118.com/html/2016/0512/42721470.shtm；Olympic World Library. Olympic Games Impact (OGI) study for the 2010 Olympic and Paralympic Winter Games[R/OL].[2020-02-06]. https://library.olympic.org/Default/digital-viewer/c-75043；Olympic World Library. Olympic Games Impact study—London 2012[R/OL]. [2020-02-06]. https://library.olympic.org/Default/digital-viewer/c-161895；Olympic World Library. The Olympic Games Impacts：summary report[R/OL].[2020-02-06]. https://library.olympic.org/Default/digital-viewer/c-59953；Olympic World Library. Initial report to measure the impacts and the legacy of the RIO 2016 Games：Olympic Games Impact（OGI）study[R/OL]. [2020-02-06]. https://library.olympic.org/Default/digital-viewer/c-26250；Olympic World Library. Olympic Games Impact（OGI）study for the 2018 Pyeongchang Olympic and Paralympic Winter Games[R/OL].[2020-02-06]. https://library.olympic.org/Default/digital-viewer/c-166669.

就所查 OGGI（OGI）评估报告来看，奥运遗产价值评估应注意三方面问题：第一，指标选取。奥运遗产价值评估指标的选取既要符合奥林匹克组织相关官方文件，又要立足于举办城市和国家情况，并在参考借鉴以往报告的基础上尽可能将指标以可量化的方式表达。第二，数据采集。奥运遗产价值评估所产生的数据必须客观、可信、连续，以确保评估的一致性和可对比性，为保证数据采集的高效进行，这项工作可委托给第三方，如研究机构或大学。第三，数据分析。OGGI（OGI）评估报告中并未提供明确的技术分析方法，但为确保分析结果的连续性、一致性与可复制性、可验证性，报告中提供了分析方法说明，体现了奥运遗产价值评估的可持续性发展原则。

此外，国际奥委会的一些官方政策文本也提供了奥运遗产价值评估的相关解释。2017年国际奥委会发布的《遗产战略计划》“将与《奥运会可持续发展报告》（*The Olympic Games Sustainability Report*）一起成为奥运会举办城市确定、汇报、分析和评估奥运遗产的主要框架”①。其中，《遗产战略计划》提议采用“定期报道奥运遗产”和“捕捉既有奥运遗产”两种办法。对于前者，国际奥委会推出了遗产报告框架，建议举办城市从筹备初期

① 胡孝乾，陈姝姝，KENYON J，等．国际奥委会《遗产战略方针》框架下的奥运遗产愿景与治理 [J]. 上海体育学院学报，2019，43（1）：36-42.

就应采用该框架，并通过整个奥林匹克周期定期更新数据。举办城市还要根据具体愿景、目标和该地背景情况衡量遗产成果，采用关键绩效指标法（KPIs）评估奥运愿景。对于后者，国际奥委会建议举办城市可利用奥林匹克研究中心的资源，也可与大学或其他独立第三方合作，整合来自国际奥委会的所有资源，并不断补充不同渠道获取的信息，助力捕捉奥运遗产①。总体而言，对奥运遗产价值的评估国际上通用的框架包括指标选取、数据采集与数据分析，并着重强调数据的定期采集和及时更新。

### 4.2.2 北京冬奥会遗产价值评估原则

北京冬奥会遗产价值评估原则是构建遗产评估体系的基础。评估原则的构建应从北京冬奥会遗产内容体系出发，凸显出遗产内容要素的丰富性与多样性。鉴于北京冬奥会对未来遗产的多元创造、对既有遗产的夏冬延续，加之国际上历届奥运遗产价值评估要求的指引，北京冬奥会遗产价值评估原则应以“一续二全三跨”为主，将遗产价值评估寓于可持续性、全面性与全民性的评估之中，寓于跨部门、跨领域与跨地域的协作之中。

“一续”即北京冬奥会遗产价值评估应秉承可持续发展原则，这也是奥运遗产概念的内涵所在。2015 年，国际奥委会发布的《奥运遗产指南》中将奥运遗产界定为“奥运会能够带给举办城市和地区的、有形和无形的、具有长期效益而非短期现实影响的后奥运效应”。同年，国际奥委会修订了《奥林匹克宪章》，并在第 33 条对举办城市的评估条款中，要求举办城市和国家在规划奥运遗产的过程中，考虑如何使后奥运效应具有可持续性。由此，北京冬奥会遗产价值评估也应以《奥运遗产指南》和《奥林匹克宪章》为指导，以其中所倡导的可持续发展性作为根本原则。一则，以可持续性的评估机制辅助奥运遗产价值的衡量，通过动态性思维，定期追踪奥运遗产的信息变更，突破《遗产战略计划》中要求的“全周期”限制，从动态发展变化中找寻后奥运遗产效应的辐射范围和辐射力等；二则，对北京冬奥会遗产的长期效益尤其是后期效益予以持续性追踪，探索奥运遗产随时间延续在空间中的变化规律，并及时给予有效的治理策略，激发奥运遗产活力，促使北京冬奥运遗产的可持续发展。

“二全”即冬奥会遗产价值评估应秉承全面性与全民性原则，明确奥运遗产价值评估的整体性要求。首先，北京冬奥会遗产价值评估内容要全面。北京冬奥会遗产内容体系代表了中国举办冬奥会的整体愿景，涉及自然、人文等各个领域的方方面面，奥运遗产内容体系所含各项任务之间的关系多元复杂。这就要求在遗产价值评估时采用全面性原则，考

① Olympic World Library. IOC legacy strategy full version[EB/OL].[2020-02-06].https://library.olympic.org/doc/syracuse/173146.

虑各项遗产内容的关联性与互动性，以及遗产内容体系的整体性与系统性，从整体上评估北京冬奥会遗产治理情况，并充分发挥各部分遗产间的协同效应，以评估奥运会对全社会产生的总体影响。如对北京冬奥会旅游遗产治理的同时要兼顾环境遗产的保护与经济效益的提升，二者不可偏废，切不可以牺牲环境为代价谋发展。其次，北京冬奥会遗产价值评估要注重全民参与性。奥运遗产涉及社会、经济、环境、国家形象、文化、体育、政治、信息与教育、城市发展、纪念活动等方面，这些方面均与民众的生活直接或间接相关。因此，社会公众是奥会遗产愿景的最终受益体。北京2008年夏季奥运会"实践以人为本的内涵，就是要在筹备和举办奥运会的每一个环节中充分体现'参与奥运、得益奥运'的理念"①；而《北京2022年冬奥会和冬残奥会遗产战略计划》提出北京冬奥会目标之一是"惠及广大人民群众"，使得人本理念得以延续。因此，奥运遗产价值评估所关涉的指标选取、治理效果测评、成果转化情况反馈等都需要社会公众的广泛参与，充分调动社会公众的积极性与融入感，从而保障广大人民群众的话语权，树立全社会的奥运遗产观。再者，利用社会公众的反馈意见改进奥运遗产治理，形成"反馈、改进、再反馈、再改进"的双向螺旋式循环，促进奥运遗产价值评估趋于优化。

"三跨"即冬奥会遗产价值评估应秉承跨部门、跨领域与跨地域原则，明确奥运遗产价值评估中的各方主体责任。其中，跨部门在于调动奥运遗产工作所关涉多方主体力量，实现部门之间的联动。北京冬奥组委下设体育部、规划建设部、文化活动部、场馆管理部等23个部门，北京市、张家口市参与北京冬奥会遗产工作的政府机构包括两市及下辖区县的发展规划、城乡建设、体育、文化、商务、旅游、卫生、交通、通信、信息化等部门，而奥运遗产工作作为贯穿奥运周期的一项系统性工程，对奥运遗产价值评估也需要各个部门加以配合完成，通过部门之间的协同性、信息共享性，提高评估工作效率。跨领域在于根据奥运遗产内容体系所关涉的不同遗产领域，充分吸纳各领域专家辅助进行遗产价值评估工作。根据北京冬奥会遗产内容体系7项目标及35项遗产任务所涉及的体育、经济、社会、文化、环境、城市发展与区域发展等众多方面内容，进行奥运遗产价值评估时也应根据不同遗产领域采用相应的、适合的评估方法与评估指标。跨地域在于以奥运愿景为指引，实现奥运遗产价值评估的区域性协调与差异化发展。2022年北京冬奥会主要在北京、延庆、张家口三个赛区举办，冬奥组委除设置北京运行中心外，还分别在其他两地设置了延庆运行中心和张家口运行中心，三地发展基础不同，那么对各地所产生的奥运遗产价值的评估标准不可同一而论。

总体而言，在"一续二全三跨"的评估原则（见图4-2）中，"一续"是根本，其体现出的可持续性原则不仅是奥运遗产愿景的核心所在，也为奥运遗产价值评估奠定了基

① 冯惠玲，魏娜. 人文之光：人文奥运理念的深入诠释与伟大实践[M]. 北京：中国人民大学出版社，2011：3.

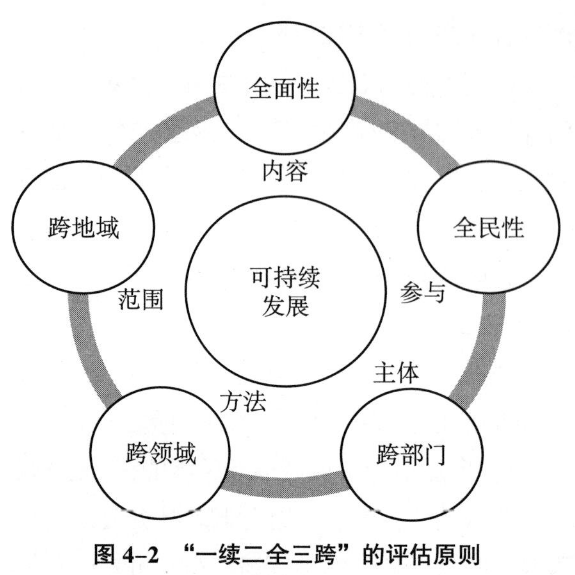


图 4-2 “一续二全三跨”的评估原则

调。“二全”中的全面性原则在于奥运遗产的评估内容全面，注重整体效应；全民性原则在于评估应“以社会公众为主”，确保民众参与，体现“中国特色”。“三跨”中的跨部门重在强调评估主体多元，各部门之间应协同合作；跨领域重在强调评估方法多样，应选取适合该领域遗产的评估方法；跨地域重在强调评估范围不限于一市一地，注重地区之间的联动性。而在设计构建北京冬奥会遗产价值评估方案时，应确保将“可持续性原则”贯穿于始终，充分发挥奥运遗产的最大价值。

## 4.3 北京冬奥会遗产价值评估方案建构

### 4.3.1 评估方法

2022 年北京冬奥会遗产价值评估方法的选取要适应评估目标，并以评估原则为指引。冬奥会遗产价值评估目标在于科学分析研究有关奥运遗产的各类信息和数据，逐年评估和衡量各项遗产工作、遗产计划和遗产项目的实施结果与社会效益，最重要的是评估奥运会举办对不同利益相关方的影响，即奥运会有形遗产与无形遗产所创造的价值大小。在评估中参考了伦敦文化、媒体与体育部门（DCMS）与拉夫伯勒大学（Loughborough University）联合为2012年伦敦奥运会遗产评估所提出的奥运遗产元评估框架（见图4-3）。此框架因其既着眼宏观又兼顾微观且可操作性强而备受国际奥委会认可。元评估在宏观层面进行数据评估、经济建模、空间维度（地方，区域，国家）上的初步研究；微观层面则使用多种技术进行项目级评估，运用关键绩效指标法（KPIs）衡量监测数据，以填补宏观层面的评估空白。具体而言，元评估的方法是利用一系列定量和定性研究法评估总结，并结合磋商（社会调查）获取各个关涉部门、民情等的遗产评估意见。此外，该框架还兼顾了逻辑链、额外性、反事实等多种情况。逻辑链用于显示遗产输入、输出和结果之间的因果关系，从而确定奥运与遗产间因果关系的明确性（见图 4-4）；额外性用来评估总遗产与净遗产之间的差异，从而评估遗产的真实价值，如奥运村除了在奥运期间供运动员居住外，还可在后奥运期间改装成酒店为当地带来经济价值，即上文所述附加性价值；反事实指在没有举办奥运会的情况下是否仍会进行类似的干预和投资，该指标可从备选方案、基准和基线三个层面评估，但由于其难以确定和预测①，而且没有涉及奥运遗产的价值评估，因此本书没有考虑反事实情况。

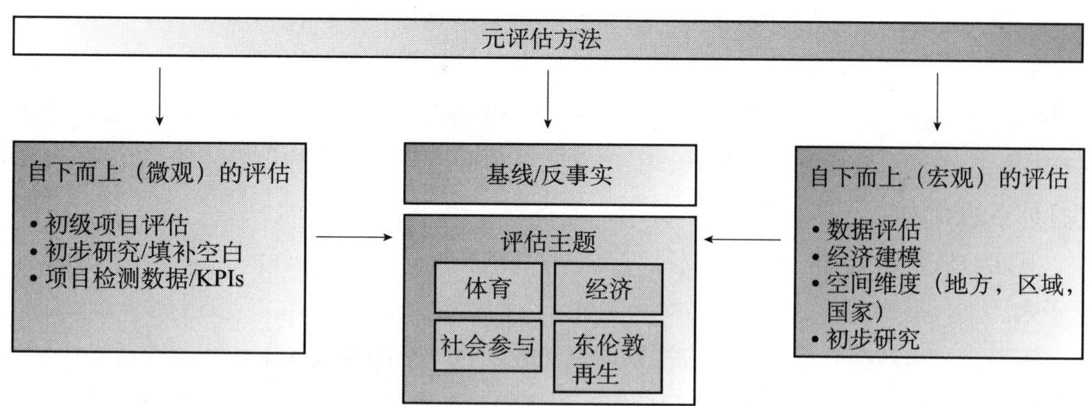


**图 4-3　元评估数据策略与框架**

资料来源：DCMS. Report 1：scope，research questions and data strategy: meta-evaluation of the impacts and legacy of the London 2012 Olympic Games and Paralympic Games[R/OL].[2020-02-06]. https://library.olympic.org/Default/digital-viewer/c-27991.

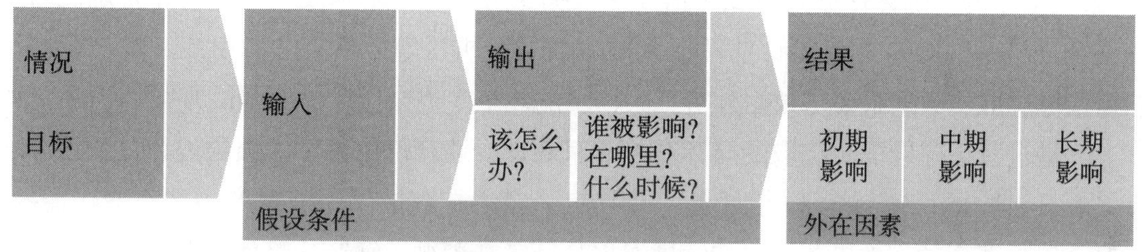


**图 4-4　逻辑链结构**

资料来源：DCMS. London 2012 Olympic and Paralympic Games impacts and legacy evaluation framework: final report[R/OL].[2020-02-06]. http://webarchive.nationalarchives.gov.uk/20110311000519/http://www.culture.gov.uk/images/publications/DCMS_Olympic_Evaluation_final_report.pdf.

针对以上评估目标与可参考的元评估框架，再结合“一续二全三跨”的评估原则，北京冬奥会遗产价值评估可选取以下评估方法：

第一，定性与定量结合分析法。定性分析法旨在宏观上给予北京冬奥会遗产价值评估政策指导，把握奥运遗产的形成规律与特有属性；定量分析法旨在微观上应用计量法推导总结各项奥运遗产的规律和趋势。奥运遗产既涉及文化、历史、文献等人文社会科学，又涉及建筑、水文、大气等自然科学，因此采用定性与定量结合分析法，有助于综合全面评估奥运遗产的各方面效益。

① DCMS. Report 1：scope，research questions and data strategy: meta-evaluation of the impacts and legacy of the London 2012 Olympic Games and Paralympic Games[R/OL].[2020-02-06]. https://library.olympic.org/Default/digital-viewer/c-27991.

第二，关键绩效指标法（KPIs）。KPIs是用于衡量工作人员工作绩效表现的综合性评估方法，可用于指导奥运遗产工作全周期内关键参数设置、取样、计算、分析等工作的开展，以服务于微观评估的具体分析，KPIs也是衡量奥运遗产工作流程绩效的有效方法。

第三，社会调查法。北京冬奥会遗产价值评估工作需要各方部门、社会力量的协调与合作。这些关涉部门既是数据收集的有利渠道，也是奥运遗产的受益方。对于难以计量的关键指标，可通过实地调研或访谈，获取北京冬奥会遗产于各方的积极影响，并验证评估指标体系的有效性。

第四，风险评估法。此法主要针对短期存在的奥运负面影响进行评估，及时更正，防患于未然。

第五，成本效益分析法。该方法系通过比较项目的全部投入成本和回收效益来评估项目价值的一种方法，主要运用于冬奥会遗产治理的成本效益对比，分析评估奥运遗产价值。

### 4.3.2 评估方案

北京冬奥会遗产价值评估方案的构建，重点在于根据北京冬奥会遗产内容体系，秉承"一续二全三跨"的评估原则，以"指标＋数据＋分析"为基本模式，并贯穿有定性与定量结合分析法、KPIs和风险评估法以及成本效益分析法等评估方法。由此，本书提出了包括指标选取、数据采集与数据分析三大模块的北京冬奥会遗产价值评估方案。

一是进行指标选取。选取的指标遵从北京冬奥会遗产价值评估的顶层设计，适用于北京冬奥会遗产的7项目标35项任务，并具有一定的扩容性以保证遗产的动态变化需要，以符合奥运遗产动态性更新、可持续性发展特征。在遵循《遗产战略计划》中所列评估建议的基础上，指标选取时要具有量化性、针对性、全面性。指标量化利于对遗产价值数据进行对比分析与计算，直观反映出遗产治理的前后变化。如冬奥会场馆建成之后，评估场馆运行的能流与废物流可转化为场馆每年在维护和运行过程中的电力消耗量与燃料消耗量，冬奥会结束后奥运场馆可作为共享的奥运遗产供公益或商业运营之用，并将隐性的影响转化为显性的金钱收益。指标的针对性即确定某指标适用的地区范围，避免指标泛化或指代错误。如环境指标中土地绿化所产生的环境遗产，调查范围涉及中国总体情况和京张地区，既不能将京张地区的森林覆盖率用于中国总体情况，也不可将其他地区的指标用于京张地区，以防混淆奥运遗产的区域性评估。指标的全面性即指标选取不能仅着重于金钱等显性收益，还需关注奥运遗产所带来的有关社会公众健康提升、冰雪文化普及、对残障人士关怀度提高等非金钱所能衡量的附加影响，可通过社会调查法获取，以保证奥运遗产价值评估的全面性，促使奥运遗产治理措施的不断优化。

二是进行数据采集。数据采集要注意数据的可靠性、适用性以及数据采集的时间跨度与连续性，统计口径的一致性。若时间跨度较大，某些动态性指标会遭受准确性影响。北京冬奥会的跨地区举办使京张地区交通运输情况以及奥运场馆到驻地的交通时间备受关注。为保障奥运会期间的交通服务，北京规划建设了连接北京、延庆、张家口三个赛区的高速铁路和高速公路，并进一步完善了北京市内基础交通，这种动态性的遗产价值评估首先要保证数据采集的定期性，保障交通设施从无到有的整体交通指标的完整采集，从而确保交通遗产的科学评估。此外，评估对象与评估指标之间并非一对一或一对多的固定对应关系，根据《北京 2022 年冬奥会和冬残奥会遗产战略计划》，区域发展遗产中的“京张地区生态环境”与“京张地区冰雪产业”同时属于环境遗产与经济遗产，对二者进行评估时，可将评估指标联动互用，保持各项遗产输入与输出间逻辑链条的一致性，这不仅有利于对冬奥会遗产价值进行综合性评估，也可充分发挥评估体系的督导作用，并确定所产生效应是否来自奥运遗产，为遗产治理提供方向。

三是进行数据分析。首先，采用 KPIs 法对核心指标、参数进行分析提炼，对宏观层面的奥运遗产价值评估提供足够的数据信息支持，并揭示 7 项奥运遗产治理现状。其次，采用定性分析法对北京冬奥会遗产从规划到治理再到评估的整体流程进行描述，对数据分析结果予以解释，丰富奥运遗产理论，并试图将评估经验推广应用至其他体育赛事。再次，基于可持续性发展原则，对北京冬奥会遗产指标数据进行前后对比分析，揭示奥运遗产价值的动态变化，对其可能产生的负面影响进行风险评估。如在奥运村建设过程中，对延庆地区生态环境定期监测，预测其建设是否符合生态理念，若预测不利，应及时调整建设策略，促进该地区环境遗产的良性发展，保证北京冬奥会遗产成果的充分落地。最后，还应注重运用成本效益分析法分析北京冬奥会遗产建设成本与效益的平衡问题，如新型冰雪运动场馆、奥运村等在后奥运时代是否能够经合理规划与科学运营产生效益，以防“赛场变荒地”。

北京冬奥会遗产将成为全面提升我国体育赛事各项能力的新引擎，将树立社会、经济、文化多维度、多层次发展的新标杆，将促成全面推动文化遗产体系形成的新动力。对北京冬奥会遗产价值的认知与评估，应以奥运遗产理论为基础，达到对北京、延庆、张家口三个赛区乃至全国奥运愿景的充分认知，秉承可持续发展理念，最大限度地增强奥运遗产生命活力，在后奥运时代充分发挥遗产价值，实现奥林匹克运动与城市和区域的共赢发展，为推动构建人类命运共同体做出积极贡献。北京冬奥会遗产价值评估方案的初步构想，以“指标 + 数据 + 分析”的形式，力图量化性、针对性、全面性地评估奥运会为全社会带来的巨大能量，希冀提升社会公众的奥运遗产意识，促进奥运遗产的有效传承，使北京成为名副其实的“双奥之城”。

# 第二篇　实践篇

# 北京奥运遗产传承实践

# 第5章
# 2008年北京奥运会遗产传承现状调查

2009 年 10 月 7 日，国际奥委会北京奥运协调委员会主席赫因·维尔布鲁根（Hein Verbruggen）对 2008 年北京奥运会遗产做出初步评价：各级政府的大力支持、开放的态度是北京奥运会成功的核心经验，并留下了丰富的奥运遗产。北京奥运会的成功经验可供后续奥运会借鉴与学习。历史证明，“国际奥委会委员当年做出把 2008 年奥运主办权交给北京的决定是非常正确的”[①]。本章将介绍2008 年北京奥运会各类遗产的传承现状，总结成绩、发现问题，以期为 2022 年北京奥冬奥会遗产传承提供参考与借鉴。

## 5.1 2008 年北京奥运会遗产概况

2008 年北京奥运会虽然只有短短 16 天，但在筹办、举办奥运期间，中国所付出的努力得到丰厚回报。北京奥运会秉承“人文、绿色、科技”办奥理念，并将其转化为各类奥运遗产使国民受益。依据奥运遗产分类，2008 年北京奥运会遗产主要包括体育型和超体育型 2 大类，共 10 种遗产类型。为传承这些奥运遗产，在北京奥运会筹备期间和举办之后一段时间，国家和北京市颁布了一系列相应的政策性文件（如表 5–1 所示），并产生了良好的效果。

**表5–1　涉及2008年北京奥运会遗产传承的部分相关政策文件**

| 遗产类型 | 政策文件名称 | 颁布机关 | 发布时间 | 主要内容 |
|---|---|---|---|---|
| 奥运体育遗产 | 《中共中央国务院关于进一步加强和改进新时期体育工作的意见》 | 中共中央、国务院 | 2002-07-22 | 充分认识体育在经济、社会发展中的重要地位和作用，规定新时期发展体育事业的指导思想、工作方针和总体要求，大力推进全民健身计划，全面实施竞技体育发展战略，继续深化体育体制改革，切实加强对体育工作的组织领导。 |

① 张哲，彭延媛．国际奥委会对北京奥运会遗产做出初步评价 [EB/OL].(2009-10-08)[2021-02-06].https://china.huanqiu.com/article/9CaKrnJmv5K.

续表

| 遗产类型 | 政策文件名称 | 颁布机关 | 发布时间 | 主要内容 |
| --- | --- | --- | --- | --- |
| 奥运体育遗产 | 《奥林匹克标志保护条例》 | 国务院 | 2002-02-04 | 规定了奥林匹克标志的内容、商业使用、侵权及惩处等。 |
| | 《反兴奋剂条例》 | 国务院 | 2004-01-13 | 对兴奋剂管理、反兴奋剂义务、兴奋剂检查与检测、法律责任的规定。 |
| | 《加强奥运场馆工程建设监督工作的通知》 | 北京市政府 | 2004-04-08 | 主要包括监督的总体目标、主体和对象、范围和内容、原则和方式、组织领导，保证奥运场馆工程建设优质、高效、顺利地进行。 |
| | 《北京市全民健身条例》 | 北京市人大常务委员会 | 2005-12-01 | 促进北京市全民健身活动开展，增强全民体质的条例规范。 |
| | 《北京市学校奥林匹克教育行动计划》 | 北京市教工委、北京市教委、北京奥组委 | 2005-12-06 | 提升北京市学校奥林匹克教育水平，形成具有北京特色的奥林匹克教育遗产。 |
| | 《“全民健身与奥运同行”系列活动实施意见》 | 国家体育总局 | 2006-11-27 | 主要规定了“全民健身与奥运同行”系列活动的指导思想、目的意义、活动原则、主要措施、工作要求、评比表彰等，为2008年北京奥运会营造了浓郁的全民健身氛围。 |
| | 《国务院办公厅关于进一步加强残疾人体育工作的意见》 | 国务院办公厅 | 2007-05-06 | 充分认识残疾人体育工作的重要意义，对残疾人群众性体育活动、队伍建设、社会环境、组织领导等进行规定。 |
| | 《关于加强青少年体育增强青少年体质的意见》 | 国务院 | 2007-05-07 | 高度重视青少年体育工作；要求认真落实加强青少年体育、增强青少年体质的各项措施；加强领导，齐抓共管，形成全社会支持青少年体育工作的合力。 |
| | 《国家体育总局关于继续深入开展全民健身与奥运同行活动的通知》 | 国家体育总局 | 2008-07-01 | 继续深入开展“全民健身与奥运同行”活动，为北京奥运会营造浓厚的全民健身氛围。 |
| | 《全民健身条例》 | 国务院 | 2009-08-30 | 专门针对全民健身工作的纲领性法律规范。 |

续表

| 遗产类型 | 政策文件名称 | 颁布机关 | 发布时间 | 主要内容 |
|---|---|---|---|---|
| 奥运体育遗产 | 《全民健身计划（2011—2015年）》 | 国务院 | 2011-02-15 | 对2011—2015年的全民健身事业发展提出目标任务，并制定了工作、保障措施。 |
| 奥运环境遗产 | 《第29届奥运会北京空气质量保障措施》 | 国家环保总局和北京等六省市 | 2007年 | 通过区域联动，在奥运会前实施环境综合治理，在奥运会举办期间采取临时污染减排措施。 |
| | 《北京奥运会残奥会期间极端不利气象条件下空气污染控制应急措施》 | 环境保护部、北京市政府、天津市政府、河北省政府 | 2008-07-28 | 关于北京奥运会残奥会期间极端不利气象条件下空气污染控制的一系列应急措施。 |
| 奥运健康遗产 | 《2008年北京奥运食品安全行动纲要》 | 北京市政府食品安全办公室 | 2005年9月 | 该纲要是确保首都及奥运会食品安全的纲领性文件，主要着力完善首都食品安全监督管理组织体系、食品安全监测网络体系、食品安全信用体系等三大体系；完善食用农产品生产，食品生产、加工、流通、消费等环节；强化食品安全法规和标准、动物源性食品安全监控、农产品市场升级改造、食品物流配送体系建设、突发食品安全事件应急处理等。 |
| | 《北京奥运会检验检疫工作合作备忘录》 | 国家质检总局、北京市政府、北京奥组委 | 2006-10-12 | 国家质检总局牵头成立“推动2008年北京奥运检验检疫工作协调小组”，建立合作机制，在简化通关手续、加强奥运食品安全等方面做好奥运会的各项检验检疫工作。 |
| | 《关于加强流通环节奥运食品安全监管工作的通知》 | 国家工商总局 | 2008-03-25 | 关于加强奥运会期间食品流通环节的安全监管工作的措施及组织保障。 |
| | 《关于做好北京奥运会食品、饮用水和公共场所卫生保障工作的通知》 | 卫生部 | 2008-03-25 | 关于切实做好奥运会食品、饮用水和公共场所卫生保障与化学中毒和放射性污染事件的医学应急准备工作的通知。 |

续表

| 遗产类型 | 政策文件名称 | 颁布机关 | 发布时间 | 主要内容 |
|---|---|---|---|---|
| 奥运健康遗产 | 《奥运期间动物卫生及动物产品安全监管工作方案》 | 农业部 | 2008-04-17 | 专门针对奥运会期间动物卫生及动物产品安全监管的工作规定。 |
| | 《进口供奥运食品检验检疫监督管理规定》 | 国家质检总局 | 2008-04-17 | 专门针对进口供奥运食品检验检疫的措施规定。 |
| | 《关于供港奥运食品及食用农产品检验检疫监督管理规定的公告》 | 国家质检总局 | 2008-06-26 | 专门针对供港奥运食品及食用农产品检验检疫监督管理规定的公告。 |
| 奥运科技遗产 | 《北京奥运行动规划》 | 北京奥组委 | 2002-07-13 | 以科技助奥运，以奥运促科技，保证奥运会的成功举办。 |
| | 《奥运科技（2008）行动计划》 | 科技部 | 2003-03-16 | 专门针对科技奥运实施的系列行动计划，包括总体目标、基本原则、重点任务、保障措施。 |
| 奥运文化遗产 | 《加强本市非物质文化遗产保护工作的意见》 | 北京市政府 | 2006-01-12 | 充分利用2008年奥运会展示北京丰富的文化底蕴和文化传统，加强非物质文化遗产保护工作。 |
| 奥运精神遗产 | 《关于进一步加强和改进志愿者工作的意见》 | 北京市政府 | 2009-10-02 | 要构建具有时代特征、体现中国特色、彰显首都特点的志愿者工作体系框架。要建立健全志愿者工作管理体系。 |
| 奥运社会遗产 | 《北京市无障碍设施建设管理规定》 | 北京市政府 | 2000-05-18 | 加强无障碍设施的建设和管理。 |
| | 《北京市无障碍设施建设和管理条例》 | 北京市政府 | 2004-04-01 | 为2008残疾人奥运会在北京举行做出相关保证，是国内第一部以立法的形式为无障碍建设和管理提供依据与标准的地方性法律。 |
| | 《无障碍环境建设条例》 | 国务院 | 2012-06-28 | 为了创造无障碍环境，保障残疾人等社会成员平等参与社会生活。 |

续表

| 遗产类型 | 政策文件名称 | 颁布机关 | 发布时间 | 主要内容 |
| --- | --- | --- | --- | --- |
| 奥运文献遗产 | 《第29届奥运会组委会关于筹办和举办奥运会期间文物和档案管理的意见》 | 北京奥组委 | 2003年 | 对奥运档案所有权及后续各相关单位的分工进行了规定，后续形成了规范化的奥运档案管理制度。 |
| | 《北京市城市建设档案管理办法》 | 北京市政府 | 2003-08-04 | 主要从管理体制、城建档案的接收范围、保障移交的措施以及城建档案保管、利用和管理等方面做出规定。 |
| 奥运经济遗产 | 《关于进一步加快旅游业发展的通知》 | 北京市政府 | 2001-10-16 | 以北京申奥成功为动力，加速发展北京市旅游业，有效整合“行、游、住、食、购、娱”等要素，完善旅游产业体系。 |
| | 《关于第29届奥运会税收政策问题的通知》 | 财政部、国家税务总局、海关总署 | 2003-01-22 | 对北京奥运会税收优惠政策的立法宗旨做了明确规定，涵盖两个层面的目标：一是近期目标，即“顺利举办”北京奥运会；二是远期目标，即“支持发展奥林匹克运动”。 |
| | 《关于明确北京地方特色印花税票式样的通知》 | 国家税务总局 | 2005-04-12 | 配合宣传北京2008年奥运会明确北京地方特色印花税票式样。 |
| | 《北京市商业服务业迎奥运三年行动计划（2005年7月—2008年7月）》 | 北京市商务局 | 2005年7月 | 整合商业布局，优化大型商场消费环境，提升北京市商业服务业发展水平。 |
| | 《关于加强奥运会、残奥会期间纳税服务工作的通知》 | 国家税务总局 | 2008-06-27 | 为成功举办第29届奥运会和第13届残奥会创造良好的税收环境，加强奥运会、残奥会期间纳税服务工作。 |
| | 《关于促进首都金融业发展的意见》 | 北京市政府 | 2008-04-30 | 为奥运会提供立体化、高质量的金融服务。在奥运会后继续巩固奥运金融服务成果，编制多语言宣传出版物，开展对奥运支付环境、奥运金融产品和服务的系列宣传活动。 |

续表

| 遗产类型 | 政策文件名称 | 颁布机关 | 发布时间 | 主要内容 |
| --- | --- | --- | --- | --- |
| 奥运效益遗产 | 《关于加强新时期体育工作建设国际化体育中心城市的意见》 | 北京市委、市政府 | 2003-07-16 | 提出了要把北京市建设成为国际化体育中心城市的发展要求。 |
| | 《北京市主体功能区规划》 | 北京市政府 | 2012-07-25 | 明确了北京的发展定位，提出了区域发展要求。 |

### 5.1.1 体育型遗产

体育型遗产专指体育遗产。2008 年北京奥运会体育遗产主要指在 2008 年北京奥运会申办、筹办、举办过程中遗留下来的，与奥林匹克运动相关的，具有体育属性并且作用于体育领域的物质财富和精神财富的总和。体育遗产在有形与无形兼备的基础上，既包含基础性公共体育服务的体育场馆与设施，又有公共体育服务的运动相关知识、全民运动目标以及一系列与全民健身相关的发展战略和计划等作为知识普及性、制度性和政策性体育公共服务[①]。

基础性公共体育服务场馆与设施中，诞生了一系列地标性建筑物，为北京市增添了新的奥林匹克运动名片和象征，创造了地域经典。在筹办 2008 年北京奥运之时，奥运场馆的外形设计、布局规划、功能建设以及运作方式在满足北京奥运会赛事利用需求的基础上充分考虑到城市发展规划与市民生活需求，为赛后的继续利用做了平稳铺垫。被誉为新建筑奇迹的国家体育场“鸟巢”，其赛后功能定位为“国际国内体育比赛和文化 / 娱乐活动中心”。虽然赛后的旅游热逐年下降，但其旅游服务及衍生行业、品牌无形资产综合开发、承接各类大型活动三大业务板块仍然活跃。截至 2018 年，“鸟巢”年均举办 15 场大型活动[②]，参观总人数超过 3 500 万，已经连续多年实现盈利，目前年收入达 2.5 亿元以上[③]。国家游泳中心“水立方”坚持“社会效益为首，经济效益为本”的理念，在奥运会结束后，不断发展文化创意产业，组织艺术文化大型活动，用 4 年的时间将场馆利用率由 54% 提

① 农若雯，杜颖．试论 2022 冬奥会体育遗产对群众体育公共服务供给的积极影响 [C]//2016 年全国体育社会科学年会论文集．2016.

② 鸟巢印记 [EB/OL].（2019-01-01）[2021-01-20].http://n-s.cn/shownews.jsp?type1=12.

③ 顾阳．京奥十年：鸟巢年收入过亿背后的“绿色营销” [EB/OL].(2018-08-08)[2021-02-27].http://www.xinhuanet.com/energy/2018-08/08/c_1123240831.htm.

升到了 78%[①]，形成了“艺术水立方”“梦幻水立方”等文化、演出品牌，并向公共体育型场馆转型。奥运场馆设施的建设，使北京的大型体育场馆设施达到世界先进水平，为国际化体育中心城市的建设打下了坚实的物质基础[②]。此外，五棵松体育馆、顺义奥林匹克水上公园等综合性功能的场馆在旅游、承办赛事和商业演出方面都得到了积极开发。2009 年 11 月 1 日，结束了奥运主新闻中心、国际广播中心和体育场馆身份的国家会议中心正式营业。从 2014 年 APEC 领导人会议、杭州 G20 峰会，到 2017 年厦门金砖国家领导人会晤、“一带一路”国际合作高峰论坛……国家会议中心不但是中国最大的大型会议中心，也是最繁忙的会议中心[③]。

体育公共服务中，在广大人民群众喜迎北京奥运的热情高涨之际，为促进全民体育意识和健身意识的提高，国家体育局于 2006 年在全国组织开展了“全民健身与奥运同行”系列活动[④]。该活动不仅为北京奥运会成功举办营造了浓郁的全民健身氛围，使全民健身与北京奥运相映生辉，还实现了人文奥运的办赛理念。2009 年 9 月，国务院通过的《全民健身条例》将每年的 8 月 8 日定为“全民健身日”，并指出“地方人民政府应当定期举办本行政区域的群众体育比赛活动”[⑤]。党的十九大更明确提出“广泛开展全民健身活动，加快推进体育强国建设”。从 2011 年始，国务院面向各地区、各民族、各年龄层人群，以及残疾人群体每 5 年印发一份《全民建设计划》，传播全民参与、平等参与的北京奥运精神和以人为本的人文理念。其中，《全民健身计划（2011—2015 年）》中明确提出“以城市街道和居住社区公共体育设施建设为重点，不断改善社区居民体育健身环境和条件，提供基本公共服务”[⑥]；《全民健身计划（2016—2020年）》要求“将体育文化融入体育健身的全周期和全过程，以举办体育赛事活动为抓手，大力宣传运动项目文化，弘扬奥林匹克精神和中华体育精神，挖掘传承传统体育文化，发挥区域特色文化遗产的作用”[⑦]。国务院2019

---

① 侯隽，宋雪莲. 北京奥运场馆商业运营：呈现另一个“无与伦比”[J]. 中国经济周刊，2012（36）：42-46.

② 王晓微，于静，邱招义. 奥运场馆赛后利用对北京建设世界体育中心城市影响的研究 [J]. 北京体育大学学报，2014，37（11）：43-48.

③ 国家会议中心. 总经理致词 [EB/OL].（2009-11-01）[2021-01-20].https://www.cnccchina.com/About/Zhici.aspx.

④ 国家体育总局. 关于下发《“全民健身与奥运同行”系列活动实施意见》的通知 [EB/OL].(2006-11-29)[2021-01-20]. http://www.sport.gov.cn/n16/n41308/n41323/n41345/n41426/n42527/n42647/171200.html.

⑤ 中央政府门户网站 . 中华人民共和国国务院令第 560 号 [EB/OL].(2009-09-06)[2021-01-20].http://www.gov.cn/zwgk/2009-09/06/content_1410533.htm.

⑥ 中央政府门户网站. 国务院关于印发全民健身计划（2011—2015 年）的通知 [EB/OL].(2011-02-24)[2021-01-20].http://www.gov.cn/zwgk/2011-02/24/content_1809557.htm.

⑦ 中央政府门户网站. 国务院关于印发全民健身计划（2016—2020 年）的通知 [EB/OL].(2016-06-23)[2021-01-20].http://www.gov.cn/zhengce/content/2016-06/23/content_5084564.htm.

年印发《体育强国建设纲要》，将“大力推动全民健身与全民健康深度融合”作为指导思想[①]。一系列政策文件的颁布，充分体现出中国借助2008年北京奥运会的宝贵体育遗产，关注国民个人身心健康成长、促进我国公共体育事业发展，逐步实现体育强国的奋斗目标。

### 5.1.2 超体育型遗产

一届成功的奥运会不仅是体育风采的展现，更是国际形象、产业经济的快速提升，传统文化、精神价值的广泛传播。超体育型遗产作为2008年北京奥运会的衍生遗产，种类众多、内容丰富。鉴于奥运遗产与“绿色、人文、科技”的办奥理念一脉相承，是理念转化为现实的具体实践，本部分在超体育型遗产中依据三大办奥理念，特进行以下分类，绿色奥运遗产（涵盖环境遗产、健康遗产）、科技奥运遗产（特指科技遗产）、人文奥运遗产（涵盖文化遗产、精神遗产、社会遗产、文献遗产）、总体奥运效益（涵盖经济遗产、效益遗产），以期全面覆盖2008年北京奥运会产生的遗产类型。

#### 5.1.2.1 绿色奥运遗产

绿色奥运是在2008年北京奥运会上提出来的三大理念之首，“是指奥运会及其奥林匹克运动的开展应以对自然环境的最小破坏为目的，注重可更新能源的利用，水资源的保护，废物利用和管理；保护人类适宜的空气、水和土壤；保护古建筑等自然和文化环境的社会活动方式”[②]。秉持绿色奥运的办奥理念，产生了奥运环境遗产和奥运健康遗产。

**第一，奥运环境遗产**。在绿色奥运理念的指导下，北京市从环保意识宣传、奥运场馆建设、环境措施推行等方面着手，为2008年奥运会打造了一个舒适友好的竞赛环境。2007年初，由北京大学申办的“中国大学生环境教育基地”项目致力于开展生态文明教育，借助形式多样的宣传、实践活动，从节能减排、减少塑料袋使用等具体目标入手，普及绿色奥运理念[③]。为圆满兑现申奥空气质量，北京市政府做出了一系列硬举措：实施了包括燃煤锅炉清洁能源改造治理、更新淘汰公共交通工具、调整搬迁污染企业等160多项大气污染控制措施；在《第29届奥运会北京空气质量保障措施》的推动下与天津、河北、山西、内蒙古、山东进行区域联动；奥运期间实施包括黄标车禁行、机动车限行、重点污

---

① 国务院办公厅．国务院办公厅关于印发体育强国建设纲要的通知 [EB/OL].(2019-09-02)[2021-01-20]. http://www.gov.cn/zhengce/content/2019-09/02/content_5426485.htm.

② 肖焕禹，陈玉忠．奥林匹克运动与人类社会和谐发展的新理念探析：解读北京奥运三大主题 [J]．上海体育学院学报，2003（1）：10-14.

③ 北京大学新闻中心．【“北大与奥运”系列专题之八】人文奥运、科技奥运、绿色奥运 [EB/OL].(2008-08-06)[2021-01-20].http://pkunews.pku.edu.cn/xwzh/2008-08/06/content_126459.htm.

染企业停产限产减排、施工工地停止重污染作业等严格的污染控制措施[①]。《2008年北京市环境状况公报》显示，2008年北京市环境保护投资达到265.7亿元，占当年地区生产总值的2.53%[②]。十年中的各项长短期措施和上百亿元的资金投入，让市民真切感受到了环境的改善，也让北京成为国内治理环境的城市典范。奥运结束后，生态文明建设和生态环境保护工作持续受到高度重视，各种有效的环保措施仍在继续。《首都环境建设规划纲要（2009年—2012年）》将巩固环境建设成果作为首个主要任务[③]。2008年9月和2010年4月，北京市政府先后发布了《北京市第十五阶段控制大气污染措施》[④]《北京市第十六阶段控制大气污染措施》[⑤]以巩固环保措施，进一步促进首都生态文明建设。2015年新《环保法》中，首次以法律的形式规定6月5日为环境日。以“践行绿色生活”为首届环境日主题，旨在提升人们对“生活方式绿色化”的认识和理解，化理念为行动[⑥]。在超常规的大气治理措施和力度下，“十三五”时期是迄今为止北京市大气污染治理成效最明显的五年[⑦]。

**第二，奥运健康遗产**。奥运健康遗产由北京奥组委在2002年11月国际奥组委举办的国际遗产研讨会上首次提出，指通过奥运会的举办，提高举办城市乃至整个国家的人口健康理念，从而提升全民身体素质，可看作2008年北京奥运会遗产的一大特色。梁万年、傅鸿鹏等认为，“健康遗产概念的提出，使奥运会在公共卫生领域内的影响不再仅仅局限于体育本身所带来的正面或负面健康影响，更使得健康促进和卫生系统建设工作成为奥运筹办过程中的重要组成部分”[⑧]。奥运强调人本主义精神，“公共卫生事业作为维护公民的基本健康权利、促进社会公平的社会子系统，其潜在的精神理念与奥运会精神是密切一致的”[⑨]。

---

① 中央政府门户网站．北京奥运会、残奥会机动车临时交通管理措施通告 [EB/OL].(2008-06-27)[2021-01-20].http://www.gov.cn/govweb/gzdt/2008-06/27/content_1029078.htm；中央政府门户网站．北京市通告奥运会残奥会期间空气质量保障措施 [EB/OL].(2008-04-14)[2021-01-20].http://www.gov.cn/gzdt/2008-04/14/content_944028.htm.

② 北京市生态环境局．2008年北京市环境状况公报 [R/OL].(2009-06-05)[2021-01-20].http://sthjj.beijing.gov.cn/bjhrb/resource/cms/2018/04/2018042409503329302.pdf.

③ 北京市人民政府．北京市政府公报 2008 第24期（总第216期）[R/OL].(2009-01-05)[2021-01-20].http://www.beijing.gov.cn/zhengce/zfgb/lsgb/201905/W020191202533118233128.pdf.

④ 中央政府门户网站．北京市人民政府发布第十五阶段控制大气污染措施 [EB/OL].(2008-09-28)[2021-01-20].http://www.gov.cn/gzdt/2008-09/28/content_1108399.htm.

⑤ 北京日报．北京市人民政府关于发布本市第十六阶段控制大气污染措施的通告 [EB/OL].(2010-04-21)[2021-01-20].http://zt.bjwmb.gov.cn/dtbjwxx/dtbj/t20100421_293951.htm.

⑥ 北京市生态环境局．绿色生活 助力申奥 [EB/OL].(2015-06-05)[2021-01-20].http://sthjj.beijing.gov.cn/bjhrb/index/xxgk69/zfxxgk43/fdzdgknr2/xwfb/607608/index.html.

⑦ 北京市生态环境局．“十三五”期间北京市空气质量持续明显改善 PM2.5 年均浓度首次实现“30+”[EB/OL].（2021-01-18）[2021-01-20].http://sthjj.beijing.gov.cn/bjhrb/index/xxgk69/zfxxgk43/fdzdgknr2/xwfb/10922860/index.html.

⑧ 梁万年，傅鸿鹏，李春雨，等．奥运健康遗产的概念和理论基础研究 [J]．中国卫生经济，2006（11）：12-15.

⑨ 梁万年，傅鸿鹏，李春雨，等．奥运健康遗产的概念和理论基础研究 [J]．中国卫生经济，2006（11）：12-15.

奥运健康遗产的产生与治理依托于公共卫生管理，其保护、开发与利用有利于民众个人健康理念的转变和提升、卫生服务设施的健全、生活环境的改善。例如，自 2001 年起，北京市建立了人群健康状况信息发布体系，每年以市政府名义发布北京市人群健康状况；组织 1 000 余位专家撰写出版《健康大百科》系列科普丛书；在《北京日报》《北京晚报》等报刊建立专栏；通过微博、微信、手机短信发布健康新闻和知识等①。奥运健康遗产还与其他奥运遗产（如文化遗产、社会遗产、体育遗产、环境遗产、经济遗产等）相互关联，共促良性发展。

#### 5.1.2.2 科技奥运遗产

科技奥运作为办奥理念之一，贯穿于 2008 年北京奥运会的各个阶段，即“在比赛场馆、奥运村建设以及通讯、交通和日常使用的设备方面，运用当代的高新技术、网络技术、宽带技术、环境技术、节能节水技术等，还包括运动员日常训练和奥运会竞赛的高科技介入等”②，是举办“有特色、高水平”奥运会的坚实保障。

科技奥运遗产特指科技遗产。2008 年北京奥运会在筹办、举办期间运用了多种科学技术支持、辅助各项工作的开展。体育场馆方面，国家体育场作为当时世界上规模最大、用钢量最多、技术含量最高、结构最为复杂、施工难度空前的超大型钢结构工程，首次采用了“鸟巢”式新型建筑空间结构形式，多项技术堪称世界第一。信息服务方面，运行“多语言综合信息服务网络系统”，基本实现了通过电话、互联网、移动设备、信息咨询台等多种方式为 300 多万名奥运会注册人员、国内外观众和旅游者提供相关奥运赛事和城市服务的多语言综合信息服务，使北京市的公众信息服务水平和国际化形象得到极大提升。安全保障方面，提出奥运体育场馆火灾安全性能化评估方法，该方法已应用到国家体育场、国家游泳中心、国家体育馆、五棵松文化体育中心篮球馆、老山自行车馆、北京国家大剧院、北京华贸中心商厦等国家重点工程的风险评估和消防性能化设计中③。科学技术在 2008 年北京奥运会的成功应用，必然带动科学技术进一步研究与开发，促使科技遗产为 2022 年北京冬奥会持续助力。

#### 5.1.2.3 人文奥运遗产

人文奥运理念是奥林匹克历史上的一大创举。人文奥运是以人为本的奥运，它契合“将身体活动、艺术和精神融为一体而趋向一个完整的人”的奥林匹克精神，向世界传达“和平、和谐、和爱、和美”的美好理念。三大办奥理念中，人文奥运遗产内涵最为丰富，

---

① 北京市卫计委. 继承奥运遗产 建设健康北京 [J]. 人口与计划生育，2014（4）：6.

② 肖焕禹，陈玉忠. 奥林匹克运动与人类社会和谐发展的新理念探析：解读北京奥运三大主题 [J]. 上海体育学院学报，2003（1）：10-14.

③ 赵弘，刘宪杰，李依浓. 从“科技奥运”到“科技北京”[J]. 经济研究导刊，2009（32）：192-194.

寓意最为深远。

**第一，奥运文化遗产**。“人文奥运是文化奥运，就是将奥林匹克运动的文化内涵突出地显现出来，寓奥运于多样的文化形式和浓厚的文化氛围之中，通过奥运与中外优秀文化的充分融合，使奥运的全过程及其每一个细节都体现出高雅的文化追求，并努力促进不同文化之间的平等交流。”[①]作为一个拥有丰厚文化积淀与内涵的国家，中国以现代方式表达古老传统，将中国传统元素巧妙地融入了奥运，“十六天展现五千年”。2008 年北京奥运会文化遗产“蕴含着中华民族特有的精神价值、道德观念、思维想象和创造空间，是对于理解北京奥运会历史和文化不可或缺的，同时也是奥林匹克和中国面向未来的文化建设的基础。它不仅体现出奥林匹克运动深远的历史文化传承，也体现着中华民族丰富的想象力和创造力，以及对奥林匹克运动的文化贡献，是全人类的文明瑰宝”[②]。奥运期间，为在有限的时间和空间中集中向来自五大洲的宾客阐示浩瀚的中华文明，首都博物馆精心设计了文物展览《中国记忆——5 000 年文明瑰宝展》，调集了全国 26 个省、自治区、直辖市 55 家博物馆的 169 件镇馆之宝，按历史顺序分为“曙光初照”“礼乐安邦”“盛事华章”“古典终结”4 个部分，以文物珍宝向国人和世界勾勒出源远流长、神奇瑰丽、博大精深、历久弥新的中华文明史[③]。气势恢宏、大气磅礴的奥运会开闭幕式交融了具有两千多年历史的奥林匹克运动与五千多年传承的灿烂中华文化，受到了国内外的如潮好评。《中国印·舞动的北京》、祥云火炬、吉祥物福娃、奥运制服等将中国传统艺术形式、图纹、人与自然和谐相处理念与运动结合起来，代表了中华民族丰富的历史文化，传递了团结、友谊、和平的奥林匹克精神和以人为本、和谐共生的人文精神。为创造出具有东方智慧和东方韵味的奥运会视觉形象，2003 年，“北京 2008——奥林匹克设计大会”宣布启动北京 2008 年奥运会形象与景观工程[④]。人文奥运融合了“自强不息”“厚德载物”的文化精髓，奥运吉祥物福娃的外在形式和内在意蕴向世人展现了中国人民对和平、友谊、进步与和谐世界的向往，祥云火炬代表了“渊源共生，和谐共融”的文化意象，“同一个世界，同一个梦想”传达了“天人合一”“以和为贵”的文化追求。在以各种形式传播中华优秀文化的同时，北京奥运还促使公众反复审视、不断思考本国的文化传统，越来越多的人开始重视和汲取中华传统文化中的养分，将其融入现代社会的方方面面。

**第二，奥运精神遗产**。奥运会不仅是一场热闹非凡的国际体育盛事，同时还是一个面

---

① 冯惠玲. 人文奥运：从理念阐释到时间推进 [J]. 前线，2007（2）：19-21.

② 王成，田雨普，谭琳. 北京奥运会文化遗产的基本理论研究 [J]. 西安体育学院学报，2011，28（3）：309-312.

③ 中国文明网. 看在北京：首都博物馆：中国记忆：五千年文明瑰宝展 [EB/OL].(2008-07-28)[2021-01-20].http://www.godpp.gov.cn/wmzh/2008-07/28/content_13952785.htm.

④ 新华网. 北京 2008 年奥运会形象与景观工程正式启动 [EB/OL].(2002-07-03)[2021-01-30].http://news.sina.com.cn/e/2002-07-03/1844624420.html.

向世界的文化展示平台。举办国的文化特性、独特精神面貌、民族性格与价值观念等都能在奥运会中得到体现。2008 年北京奥运会为中国乃至世界留下了一笔宝贵的精神遗产。其中包括相互理解、友谊、团结和公平竞争的奥林匹克精神，以中国传统文化为基础的人文精神，以爱国主义为核心的民族精神，以无私奉献为宗旨的志愿精神，以及以改革创新为重心的时代精神[①]。胡锦涛同志在北京奥运会残奥会总结表彰大会上的讲话中指出，“要大力弘扬北京奥运会、残奥会培育的崇高精神，使之成为推动我国各项事业发展的强大精神动力”[②]。这里以志愿服务精神为例。在这场志愿者人数最多、规模最大的盛会中，170 万志愿者以热情的态度、优质的服务及无私的奉献，为奥运会的成功举办提供了强有力保障，同时赢得了全世界的赞誉[③]。“勇于担当、团结协作、微笑自信、不断超越”的北京奥运志愿精神[④]发扬至今，极大提高了全社会对志愿服务的关注度和支持度。2009 年，北京市颁布《关于进一步加强和改进志愿者工作的意见》和《关于进一步弘扬奥运精神建立和完善学生志愿服务长效机制的意见》。在社会热潮和政策保障背景下，志愿者队伍组建和服务项目开发等工作进行得如火如荼[⑤]，志愿服务走向常态化。“志愿者的微笑就是北京最好的名片”这一深入人心的理念，在 2012 年广州亚运会、2014 年南京青奥会成功移植，奥运志愿服务精神再次为我国志愿服务花园孕育芬芳。于中华儿女而言，2008 年北京奥运会是唤醒传统文化、激活民族精神的一个契机[⑥]。对精神遗产的保护与开发、利用与传承，有利于这些精神逐渐内化至个人的价值体系中，体现在日常行为实践当中。

**第三，奥运社会遗产**。2008 年奥运为北京留下了无形却意义非凡的宝贵社会遗产。我国通过丰富的社会活动和各类实践，将意识化的社会遗产落实到具体层面，使其得以永久存在[⑦]。首先，为迎接奥运，我国自 2003 年开始共举办了六次“北京 2008”奥林匹克文化节。丰富多彩的文化节以文艺汇演、艺术展览、学术研讨会、群众体育活动等多样的形式先后在北京、青岛、秦皇岛等地展开。文化节的成功举办促进了以人为本的“人文奥运”理念、“相互理解、友谊、团结和公平竞争”奥林匹克精神在我国社会更为广泛深入

① 陈作松，林俊，陈潜，等．对北京奥运精神遗产的质性研究 [J]．成都体育学院学报，2011，37（2）：11-15.

② 新华社．胡锦涛在北京奥运会残奥会总结表彰大会上的讲话 [EB/OL].(2008-09-29)[2021-01-20].http://www.gov.cn/ldhd/2008-09/29/content_1109754.htm.

③ 王建新．“志愿者的微笑是北京最好的名片”：记北京奥运会、残奥会志愿者工作 [N]．人民日报，2008-08-05.

④ 张晓红，李凌．论北京奥运志愿精神与社会主义核心价值体系 [J]．西南民族大学学报（人文社科版），2009，30（9）：231-234.

⑤ 王粤．北京奥运 提升北京志愿服务水平 [J]．北京观察，2009（8）：50-51.

⑥ 林俊，陈作松．2008 北京奥运会精神遗产的传承机制 [J]．体育科学研究，2012，16（6）：14-19，58.

⑦ 孙葆丽，宋晨翔，杜颖，等．温哥华冬奥会遗产工作研究及启示 [J]．北京体育大学学报，2017，40（10）：1-8.

地传播。其次，2005 年中共北京市教工委、北京市教委、北京奥组委新闻宣传部联合推出《北京市学校奥林匹克教育行动计划》①，该计划为健全青少年身心、增强青少年体魄以及培养奥林匹克专门人才提供了有效途径。再次，2008 年北京残奥会的举办同时带动了中国社会对残疾人和残疾人事业更多的关注和支持。2000 年，北京市人民政府颁发《北京市无障碍设施建设管理规定》以加强无障碍设施的建设和管理②。奥运筹办期间，国内在残疾人康复工程、公益项目、就业制度等方面出台新政策、新举措。2008 年，全国人大常委会通过了残疾人保障法修订案，批准我国加入残疾人权利公约。奥运会后，全北京乃至全国人民对残疾人的生活和保障关注度持续“升温”。2012 年国务院公布《无障碍环境建设条例》③，2019年北京市人民政府又下达了关于印发《北京市进一步促进无障碍环境建设2019—2021年行动方案》的通知④。这些均为残疾人事业的发展提供了有力的政治保障、法制保障和理论支撑，为残疾人事业的发展打下了坚实的基础⑤。2008 年北京奥运会展现了残奥运动员不屈不挠的顽强拼搏精神，提升了全社会助残意识，促进了残健共融，使残疾人可以更充分地融入社会生活。

**第四，奥运文献遗产**。2008 年北京奥运会在申办、筹办、举办过程中，产生了“数量惊人、形式多样、内容丰富的文献。这些文献汇集起来，形成文献资源，留传下来即是文献遗产”⑥。奥运文献遗产真实地记录了北京奥运会的历史，蕴藏着丰富的奥林匹克知识和人文价值，对于传承中华文化具有重要意义。一方面，早在 2003 年，北京奥组委便发布了《第 29 届奥运会组委会关于筹办和举办奥运会期间文物和档案管理的意见》，对奥运档案所有权及后续各相关单位的分工进行了规定。后续形成的规范化的奥运档案管理制度，有效避免或解决了档案工作前端的诸多问题，因而较为全面地收集了各相关机构所产生的奥运文献遗产。截至 2011 年，北京市档案馆共接收奥运纸质档案 25 万卷，照片档案 38.4 万张（含数码照片），录音录像档案 1.3 万盘（张），电影胶片 79 盘，各类系统数

---

① 中国政府门户网站．北京推出《北京市学校奥林匹克教育行动计划》[EB/OL].(2005-12-06)[2021-01-20].http://www.gov.cn/jrzg/2005-12/06/content_119402.htm.

② 北京市人民政府．北京市无障碍设施建设管理规定 [EB/OL].(2000-05-18)[2021-01-20].http://www.beijing.gov.cn/zhengce/gfxwj/201905/t20190522_56487.tml.

③ 中央政府门户网站．中华人民共和国国务院令第 622 号 [EB/OL].(2012-07-10)[2021-01-20].http://www.gov.cn/zwgk/2012-07/10/content_2179864.htm.

④ 北京市人民政府．北京市人民政府办公厅关于印发《北京市进一步促进无障碍环境建设 2019—2021 年行动方案》的通知 [EB/OL].(2019-11-22)[2021-01-20]. http://www.beijing.gov.cn/zhengce/zfwj/zfwj2016/bgtwj/201911/t20191122_518306.html.

⑤ 中国残疾人事业发展研究会．2008 年中国残疾人事业发展统计公报 [R/OL].(2019-01-28)[2021-01-30].http://www.cdpf.org.cn/ztzl/special/CDRS/yjzc/200904/t20090423_267792.html.

⑥ 徐拥军．北京奥运会文献遗产的保护与传承 [J]．中国档案，2008（1）：32-33.

据、电子文件1 TB，实物1.5万件，资料1万册[①]，以及200余件各国代表团赠送给奥运村村长的礼品档案等[②]。北京奥运博物馆则主要保留了与2008年北京奥运会相关的文物珍品，8万余件展品让公众有机会重温奥运记忆，其中包含申奥帛雕、奥运会各国国旗、2008年北京奥运会会旗、《百年奥运，中华圆梦》画册等[③]。中国奥林匹克博物馆也藏有部分2008年北京奥运会文献遗产，该馆响应国际奥林匹克博物馆的号召，发起了《中国奥运人语录》项目，以采访视频的形式记录下了我国优秀奥运人的事迹[④]，并以人物为专题汇总了部分与奥运人相关的网址链接，这些均是珍贵的奥运文献遗产。另一方面，主题丰富、形式多样的奥运专题活动将奥运文献遗产中蕴藏的信息资源进行了组织加工，以公众喜闻乐见的方式呈现，扩展了奥运文化、奥运精神的辐射范围，较大地发挥了奥运文献遗产的价值。其中，最具代表性的是奥运文献遗产专题展览。例如，首都图书馆自2005年便开始制作奥运文化系列展览，深入北京各社会机构乃至全国多个城市巡展，截至2008年3月底，该展览共计巡展200余场，受众超过20万人次[⑤]；再如，北京市档案馆于2012年主办"青少年与奥运"展览，展示了青少年积极参与奥运会会徽征集的设计稿、吉祥物、歌曲征集作品、奥运绘画以及参与赛事和志愿者活动等方面的实物和资料，融入了奥运知识，寓教于乐[⑥]。

#### 5.1.2.4 总体奥运效益

这里的总体奥运效益更偏向于经济效益。奥运会是否盈利一直为社会公众津津乐道。的确，奥运会盈利与否是一个国家衡量是否举办奥运会的核心因素。据《经济学人》（*The Economist*）报道，1960年以后的奥运会基本都是超成本运作，平均支出比预期超179%。其中尤以1976年蒙特利尔奥运会的亏损最为突出，亏损高达24多亿美元。同时也造成无人敢申办奥运的局面，1984年夏季奥运会仅有洛杉矶提出申办[⑦]。而洛杉矶奥运会确实开了商业运作的先河，留下了大量的经济遗产，创造了巨大效益。2008年北京奥运会通过对各类遗产的合理规划，也留下了珍贵的经济遗产、效益遗产，提高了经济运行效率与

① 李云波．第29届北京奥运会档案工作[J]．中国档案，2011（7）：22-23.

② 朱肖璟．大型体育赛事档案的人文价值[J]．少林与太极（中州体育），2011（11）：61-62.

③ 北京奥运博物馆．精彩图集[EB/OL].(2020-02-10)[2020-03-19].http://www.bjaybwg.com/pages/qita/imgPage.html.

④ 中国体育博物馆，中国奥林匹克博物馆．中国奥运人语录[EB/OL].(2020-03-10)[2020-03-19].http://www.olympic.cn/museum/yulu/yuluym/.

⑤ 首都图书馆．首都图书馆奥运文化系列展览"应邀"展各地[EB/OL].(2012-08-03)[2020-03-22].https://www.clcn.net.cn/news/default/detail?id=381.

⑥ 中华人民共和国国家档案局．"青少年与奥运"展亮相北京市档案馆[EB/OL].(2012-08-03)[2020-03-22].http://www.saac.gov.cn/daj/c100166/201208/c2e723e0c7284ba2b650625794910306.shtml.

⑦ 刘雨濛．从经济的角度看，办奥运会到底值不值得[J]．检察风云，2016（17）：7.

质量。

**第一，奥运经济遗产**。借助奥运遗产的资源优势和奥运会创造的商机，2008 年北京奥运会主要从刺激投资、扩大消费、增加就业三个方面拉动经济增长。首先，奥运会的成功举办带动城市品牌和国家品牌升级，增强了海内外投资者对中国经济的信心，放大了奥运投资效应。有关数据显示，2004 至 2008 年间，奥运因素共拉动北京 GDP 增长 1 055 亿元。在奥运会举办年，北京市地区生产总值首次突破 1 万亿元，比 2007 年增长 9%。在奥运会因素带动下，北京于“十一五”期间率先建立了服务经济主导的产业结构，经济增长模式逐步向消费主导型转变①。作为奥运经济中最为重要的组成部分之一，旅游观光所带来的经济效益也在北京奥运中得到了充分挖掘。其他行业如建筑业、制造业、商业、传媒业、文化产业均得到了极大提升。其次，受奥运会影响，“北京体育休闲旅游客源市场有巨大的发展潜力。北京经济实力雄厚，市民购买力强劲，人均消费水平较高，消费增速位于京、津、沪、穗、渝五城市之首。有研究数据显示，2008 年虽然受到金融危机的影响，但北京市民的出游热情依然强劲。说明北京居民已将旅游和健身作为人们精神生活更高层次的享受，正在成为居民的主要休闲方式”②。再次，“受奥运会运行费用拉动，2006 年至 2008 年将新增就业岗位分别为 9 868、14 632、203 479 个。其中，第三产业劳动力的增加最明显，其增加量约占劳动力总增加量的 86%，除体育、文艺及广播电影电视业外，服务业的就业需求也很大，第二产业中仍然是对制造业的拉动最为显著”③。总体上，奥运会的举办给中国提供了新的经济增长点，创造了全新的发展环境，整体保持良好发展势头。

**第二，奥运效益遗产**。2008 年北京奥运会向世界展现了一个兼具现代气息和古都风韵的国际城市形象，为北京的社会、经济、文化和体育事业注入了新活力。首先，北京市进行了大规模的基础设施投资，实施了一批北京奥运会重点配套工程，城市硬件水平借奥运会的“发展快车”得到大幅度提高。首都机场三期扩建工程于 2007 年竣工，新建的 T3 航站楼使首都机场的年客运容量增加了 2 400 万人次④。2008 年，京津高速公路第二通道及京津城际轨道正式运营通车，促进了环渤海经济一体化进程⑤。奥运前投入使用的五条地铁新线、一条公路新环线（六环）等基础设施，进一步改善了城市交通体系，不仅更好地服务于奥运，更是大大方便了市民出行，为北京未来发展奠定基础⑥。其次，为进一步明确奥

---

① 陈峰．大型国际体育赛事对现代城市建设的影响效应 [J]．体育与科学，2011，32（4）：60-65.

② 佚名 . 2009 年北京研究综述 [J]．北京社会科学，2010（1）：81-93.

③ 刘嘉．奥运经济与北京就业的实证分析 [C]// 北京学研究文集 2007．北京：同心出版社，2009：15.

④ 杨宇，吴唯佳．发展模式转型：北京奥运会对城市发展的长期影响 [J]．北京规划建设，2012（3）：49-55.

⑤ 中国公路网．京津高速公路第二通道将正式通车 [EB/OL].(2008-06-23)[2021-01-20].http://www.chinahighway.com/news/2008/261356.php.

⑥ 中国政府门户网站．北京市五条地铁新线将在 2008 年奥运会前开通运营 [EB/OL].( 2005-11-15)[2021-01-20].http://www.gov.cn/jrzg/2005-11/15/content_98329.htm.

林匹克中心区的功能定位，促使赛后效益最大化，2002 年编制的《北京市城市总体规划（2004—2020）》中将奥林匹克中心区设为“两轴—两带—多中心”城市空间结构的中心之一；2003 年发布《关于加强新时期体育工作建设国际化体育中心城市的意见》，其中提出了要把北京市建设成为国际化体育中心城市的发展要求[①]；2017 年编制的《北京城市总体规划（2016 年—2035 年）》要求“完善奥林匹克中心区国际交往、国家体育文化功能，依托奥林匹克森林公园、北部森林公园等增加生态空间”[②]。一系列的政策要求发布，促使奥林匹克中心迅速崛起，大奥运经济圈的辐射范围将随着时间推移越来越大。

## 5.2 2008 年北京奥运会遗产传承成果

### 5.2.1 围绕三大办奥理念，着力解决城市问题

“绿色奥运”“科技奥运”“人文奥运”不仅是 2008 年北京奥运会的筹办理念，更是依据北京市的城市问题而生。首先，“绿色奥运”是北京在紧紧围绕空气质量和保障城市环境安全的背景下确定的办奥宗旨，不仅与北京市空气质量改善，建设绿色、和谐、永续的生存环境愿景融为一体，也体现了奥运会可持续发展的共享共治理念，并形成了一种全新的体育发展思维模式——生态体育，这将作为人类特有的一种社会文化范畴对社会文明有所促进和引导[③]。其次，“科技奥运”是提升我国创新能力、彰显我国科技实力的聚合。“科技奥运对创新能力的提升，必然会有力地促进我国科技产业的快速发展，从而为打造我国优势科技产业、提升国际竞争力提供有力的支持。”[④]科技精准地辅助北京奥运会筹办、举办等各项工作高效进行；北京也借助科技奥运的契机，进一步向人们普及了科学知识，提高了科技创新能力和社会发展水平，使北京奥运会成为展示高新技术成果和创新实力的窗口[⑤]。最后，“人文奥运”是奥林匹克精神、文化与中国传统文化、民族精神融合而成的价值集合。唐明认为，人文奥运暗喻了当时奥运“人文危机”的病源——造成兴奋剂、幕后操纵等深层次的内源冲突，并将“治愈良方”指向了求善讲德、尚礼遵伦的东方文化，实现奥林匹克之真向道德之善的转化、向体育本位性和人文性的回归[⑥]。从而也向国际社会大

① 北京市人民政府．北京市政府公报 2003 第 16 期（总第 88 期）[R/OL].(2003-08-25)[2021-01-20].http://www.beijing.gov.cn/zhengce/zfgb/lsgb/201905/W020191129330286007658.pdf.

② 北京市人民政府．北京城市总体规划 (2016 年—2035 年 )[EB/OL](2017-09-29)[2021-01-20].http://www.beijing.gov.cn/gongkai/guihua/wngh/cqgh/201907/t20190701_100008.html.

③ 李琪，刘伟．从社会学视角看北京“绿色奥运”[J]．四川职业技术学院学报，2009，19（2）：16-18.

④ 2009 年北京研究综述 [J]．北京社会科学，2010（1）：81-93.

⑤ 王肖栋，李雪．北京奥运文化遗产及其传承的研究 [J]．内江科技，2009，30（2）：47.

⑥ 唐明．人文奥运的后现代评析 [J]．湖北体育科技，2009，28（6）：638-640.

力弘扬了中国“仁、义、礼、智、信”的传统文化。

### 5.2.2 设立监督委员会，确保奥运遗产建设工作顺利进行

2002 年 1 月 26 日，北京奥组委在筹办 2008 年奥运会时设置奥运会监督委员会，委员由监察部、审计署、财政部、建设部、国家计委、国家体育总局、北京市监察局、北京市审计局等有关部门的相关负责人员及北京市人大代表、政协委员、市政府特约检察员担任。监督委员会的设立，一是从体制、制度、机制上预防腐败现象发生，促使奥组委工作人员廉洁、高效地履行职责，并及时向国际、国内社会公布奥运筹办信息，接受公众监督，打造奥运会“阳光工程”，确保奥运会从筹办到举办整个过程的廉洁、干净；二是有效协调、处理各个部门之间的关系，协助解决有关部门工作中的问题，做到监督到位而不越位。“监督委员会对整个奥运会筹办工作进行了有效监督，包括对奥组委的筹办工作和奥运场馆工程建设工作进行监督，同时协调督促有关部门建立健全规章制度并监督制度的落实等，从而保证了北京奥运会筹备工作的顺利进行。”① 这是奥运会历史上的一大创举，也为 2010 年广州亚运会、2011 年深圳世界大学生运动会的筹备工作所借鉴。

### 5.2.3 奥运遗产数字化程度高，实现内部的便捷利用

遗产数字化是信息时代发展的产物，相较传统的实体遗产而言，数字化遗产占存储空间小，易于传输与备份，借助计算机技术还能实现信息的便捷检索与利用，所以在奥运遗产传承的过程中，档案部门也顺应时代潮流，开展了数字化的工作。奥运档案具有重要的凭证价值、参考价值、知识价值和记忆价值，为充分实现奥运档案的重要价值，北京市档案馆进行了奥运档案数字化的建设。一方面，北京市档案馆目前已完成绝大部分 2008 年北京奥运会纸质档案的数字化；另一方面，为提升奥运档案的管理利用效率，北京市档案馆还在其数字档案馆系统中建立了奥运专题档案数据库，已经录入了包括文书档案、科技档案、照片档案、光盘档案在内的 80 万条记录。前期的奥运档案数字化工作为后续的档案利用奠定了良好的基础。当前，2022 年北京冬奥会正在火热筹办中，依托奥运档案的数字化成果，2008 年奥运档案所承载的办赛经验发挥了重要作用。早在 2017 年北京市档案馆便开通了政务内网和安全邮件系统，面向相关查档单位如北京冬奥组委开设“查档绿色通道”，及数字档案综合管理与利用系统，相关单位通过政务内网便能完成档案的利用请求，实现了不用进馆也能调阅奥运档案的便利。目前为 2022 年冬奥组委共传输文件 6 200 余件共计 2 万余页，调阅的档案数量达 6 万件之多②。

① 邵玉辉．2008 年北京奥运会无形遗产保护和开发研究 [D]．北京：北京体育大学，2011：67.

② 根据北京市档案馆及北京冬奥组委实地调研资料整理而成。

## 5.3　2008 年北京奥运会遗产传承现存问题

目前，在各方共同努力下，2008 年北京奥运会遗产传承已取得上述诸多成果，令人欣慰，但也仍然存在一些问题，值得有关部门加强研究并予以改进。

### 5.3.1　奥运遗产规划不平衡

整体上，我国更重视体育、经济方面遗产的传承，对文化、文献方面遗产关注不足。首先，奥运文化遗产的传承方面意识浅薄、经验不足。在管理体制方面，存在着多头管理、条块分割、利益分配机制等弊端，这就使得在对北京奥运遗产的保护和开发过程中存在无序、低效、破坏以及有法不依、名为开发实则破坏等现象。加之对奥运会无形遗产的保护和开发是在北京奥运会的申办成功后才起步，经验严重不足。所以需要采取积极措施加强对奥运遗产的保护和开发，促进我国各项事业可持续发展[①]。其次，奥运文献遗产是申办、筹办、举办北京奥运会各项活动过程中以及赛后，与奥运会有关的各种组织、机构和个人形成的具有保存价值的历史记录，具有重要的历史、知识和参考价值。奥运档案是奥运文献遗产的重要组成部分，在奥运档案管理上仍存在思想认识欠高度、奥运档案收集不全面、奥运档案数据库待建设、奥运档案利用较封闭、奥运档案研究尚未开展等问题。实践中，档案部门和北京冬奥组委对奥运档案的认知尚处于较低层次，仍将奥运档案视为官方所有、为官方所用之物，而缺乏共享、开放的理念，这与奥林匹克精神中的“大众参与”理念相悖，也不符合习近平总书记提出的“共享办奥”“开放办奥”的精神。

### 5.3.2　奥运环境遗产的持续性有待加强

经过一系列的环境治理措施，奥运期间的空气质量有了显著提高。享受过高水平的环境质量后，民众更渴望“奥运蓝”能成为生活的日常，对环境质量滑坡的容忍度大大降低。遗憾的是，统计数据证明“奥运蓝”没有如期望般持续下去。奥运年后，各大气污染物浓度不降反升（见图 5–1）。2012 年 12 月 3 日至 2013 年 1 月 18 日，北京经历了有 PM2.5 监测数据以来最为严重的空气污染[②]。

① 李开云，叶波．北京奥运会遗产保护与开发研究 [J]．体育科技文献通报，2008（2）：106-109.

② 绿色和平．呼吸不能承受之重：北京 PM2.5 中重金属浓度检测结果 [EB/OL].(2013-04-25)[2021-01-20]. https://www.greenpeace.org.cn/bj-pm25-heavy-metal-test/.

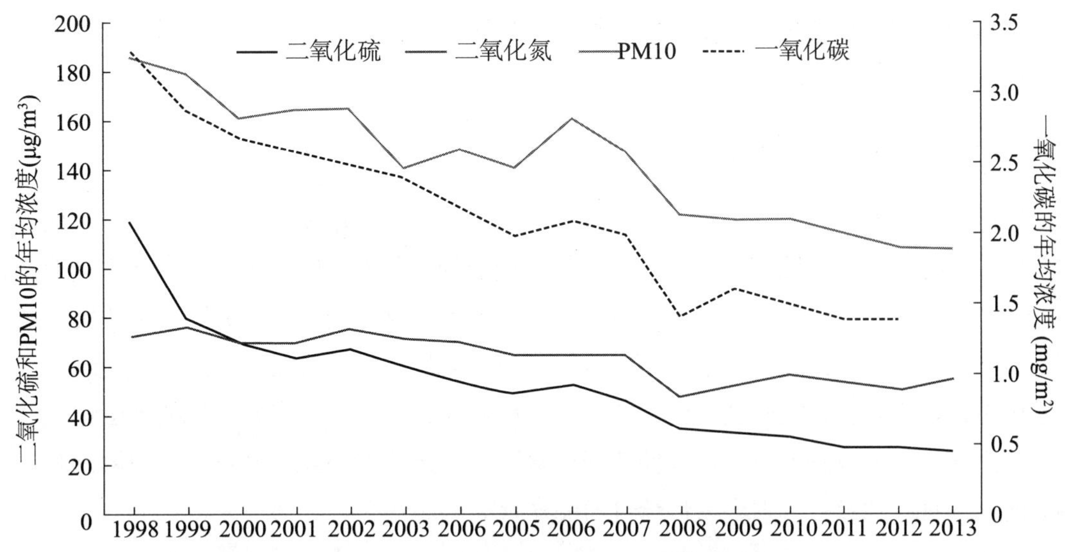


**图 5-1　北京 1998—2013 年主要大气污染物年均浓度变化趋势**

资料来源：国际处，宣教处．北京空气污染治理历程1998—2013报告摘要[EB/OL]. (2015-11-09)[2021-01-20]. http://sthjj.beijing.gov.cn/bjhrb/resource/cms/oldfile/bjepb/resource/cms/2015/11/2015110910325555462.pdf.

为进一步改善空气质量，“十三五”期间，北京市委市政府以超常规的措施和力度治理大气污染，空气质量虽有明显改善，但应清醒认识到，区域污染物排放总量仍超过环境容量，北京市大气治理成效还不稳固。尤其是 2021 年 3 月，北京又遭遇十年来最严重的沙尘暴。“十四五”时期将以精准治污、科学治污、依法治污，深入推进“一微克”行动和区域联防联控联治为重点工作思路，深入打好污染防治攻坚战，推进空气质量持续改善①。

### 5.3.3 “多中心”城市空间结构规划并未落到实处

北京市规划委主任黄艳在北京市十四届人大二次会议分组讨论会指出，“2004 版总规虽然已经确定了两轴两带多中心的城市空间，但在实际过程中，城市人口、功能在中心城过度集聚的状况没有根本性改变”。截至 2014 年，北京市 73% 的就业，90% 的优质医疗、教育资源仍然集中在中心城内，约 80% 的机动车和 70% 的小客车出行量集中在六环以内地区。2017 年，北京市发布并实施《北京城市总体规划 (2016 年—2035 年 )》，将“依托奥林匹克森林公园、北部森林公园等增加生态空间”②。除此之外，政府还需要加快建设与

① 北京市生态环境局．“十三五”期间北京市空气质量持续明显改善 PM2.5 年均浓度首次实现“30+”[EB/OL].（2021-01-18）[2021-01-20].http://sthjj.beijing.gov.cn/bjhrb/index/xxgk69/zfxxgk43/fdzdgknr2/xwfb/10922860/index.html.

② 北京市人民政府．北京城市总体规划 (2016 年—2035 年 )[EB/OL].(2017-09-29)[2021-01-20].http://www.beijing.gov.cn/gongkai/guihua/wngh/cqgh/201907/t20190701_100008.html.

天津市、河北省等地的重大基础设施对接，建立区域一体化的交通网络，以最大限度地保护奥运会带来的城市空间效益。

### 5.3.4 奥运遗产治理水平较低

奥运会是亿万人民关注、千万人民参与的大事。除了奥申委、奥组委、政府机构、事业单位外，许多企业、民间组织、个人都是奥运会的参与者、亲历者。以奥运文献遗产为例，在奥运会申办、筹办、举办过程中产生了大量的非官方记录，形成了丰富的民间奥运文献遗产。这些民间奥运文献遗产可以从侧面与微观层面上更鲜活、更生动地记录、反映奥运历史，与官方奥运文献遗产相互印证、交相辉印，共同形成多元立体的奥运记忆。而且普通民众自己形成的档案，可以使普通民众更容易产生参与感、共鸣感、归属感和认同感。而纯粹官方的叙事，则容易带给普通民众疏离感。

### 5.3.5 奥运遗产辐射范围较小

从上述各类奥运遗产传承概况介绍可知，2008 年北京奥运会遗产的各项活动基本围绕北京市进行。“首先，几乎所有跟北京奥运会有关的政府官员、科研人员、专家学者都集中在北京；其次，几乎所有关于北京奥运会遗产的研究、课题都是针对北京市，而不是全国范围内，有的研究也仅仅是涉及到 2008 年奥运会分赛场所在城市或者北京周边地区。”[①] 各项城市基础建设均位于北京北部，“政府 1 800 亿元城市基础设施建设投资的大部分也将集中在北城，尤其是亚北地区，这将使目前基础设施良好的北部地区好上加好，尤其是亚北地区将脱胎换骨，而本已落后的南城面临与北部进一步拉大差距的局面”[②]。可见，2008 年北京奥运会遗产产生的各项效益主要集中于北京市或其北部地区，并未上升到整个国家层面。

---

① 邵玉辉．2008 年北京奥运会无形遗产保护和开发研究 [D]．北京：北京体育大学，2011：68-69.

② 罗高波．往届奥运会举办成功经验以及对城市发展的启示 [M]// 金元浦．创意产业：奥运经济与城市发展．北京：中国戏剧出版社，2007：84.

# 第6章
# 国外奥运会遗产传承经验借鉴

近年来，随着社会进步、民众遗产保护意识增强、奥运遗产价值日益显现，奥运遗产传承成为国际奥委会、奥运会举办城市和国家的重点工作。国外多个奥运举办城市和国家响应国际奥委会的号召，结合自身具体情况，充分发挥主观能动性，开展了各具特色的奥运遗产传承工作。这些国外奥运遗产传承的经验，可为北京2022年冬奥会遗产工作提供有益的借鉴和启示。

## 6.1 国外历届奥运会遗产传承概况

### 6.1.1 2000年悉尼奥运会遗产传承概况

悉尼的环保设施及工作是2000年悉尼奥运会最重要和国际公认的遗产之一。悉尼建立了澳大利亚第一个城市水循环系统，每年可节约8.5亿升饮用水。奥运场馆和奥运村的方方面面均使用环保材料。同时，奥运会改造了城市周围的区域：总共清理了160公顷的水道，开垦了180公顷的工业荒地，并将其部分改造为濒危物种的栖息地①。澳大利亚所有18个用于举办2000年悉尼奥运会的专用场馆仍在使用，并为该地区提供各种体育、文化、娱乐、娱乐和休闲活动。在悉尼奥运的有形遗产中，奥林匹克公园的保护与利用引人注目，2020年4月的人流量达到了33.6万②。事实上，早期的奥林匹克公园并未得到有效开发，2005年的游客量不到2003年的一半③。悉尼奥林匹克公园管理局（SOPA）及研究者们不断探索、尝试，最终成功打造出将体育、商业开发和环保意识相结合的商业模式，

① The International Olympic Committee. Sydney 2000: games of environmental responsibility and inclusion[EB/OL].(2020-11-20)[2021-02-15].https://www.olympic.org/news/olympic-legacy/sydney-2000/sydney-2000-games-of-environmental-responsibility-and-inclusion.

② The International Olympic Committee. Olympic venues overview [EB/OL].(2020-11-20)[2021-02-15].https://www.olympic.org/news/olympic-legacy/sydney-2000/olympic-venues-overview.

③ The International Olympic Committee. Olympic Park [EB/OL].(2020-11-20)[2021-02-15].https://www.olympic.org/news/olympic-legacy/sydney-2000/olympic-park.

使得公园以其繁荣的世界级体育、娱乐和商业设施群而闻名[①]。除了奥运场馆开发模式的成功，2000 年悉尼“鼓励土著人民参与”的目标也留下了巨大的社会和政治遗产。土著居民虽仅占澳大利亚人口的 2% 左右，但其遗产同样发挥着增强澳大利亚民族认同的重要作用。在土著问题备受全球关注的背景下，澳大利亚总理保罗·基廷（Paul John Keating）1992 年在悉尼雷德芬公园的演讲中对破坏原住民生活进行了反思。2000 年奥运开幕式上，土著运动员凯茜·弗里曼（Cathy Freeman）点燃奥运圣火，在国人心目中象征着澳大利亚种族关系光明的未来[②]。奥运结束后，澳大利亚对土著问题的关注还在继续。2008 年，时任总理陆克文正式向澳大利亚的“被偷走的一代”（Australia’s Stolen Generations）道歉。该国目前每年举办的 130 多个土著艺术和文化节，多数于 2000 年悉尼奥运会之后推出。其中最引人注目的是每年吸引多达 26 000 人的雅宾节（Yabun Festival），它由奥运会期间创建的“土著大使馆”演变而来，以引起对土著问题的关注[③]。除了侧重于土著人民的融合问题，悉尼奥运会还为社会弱势群体提供各类支持和帮助，如实行低价门票政策，为长期失业者提供就业培训机会，制定保护流浪者的协定，等等。虽然并非所有举措都获得了令人满意的效果，但这些支持对加强弱势群体的身份和权利意识产生了积极影响[④]。悉尼奥运会还为未来的奥运主办城市留下了宝贵的奥运经验。1998 年，国际奥委会建立了知识转让（TOK）系统，使未来的组委会能够从历届东道主获得的经验中受益[⑤]。悉尼奥运相关经验在 2002 年冬奥会和 2004 年奥运上均得到了应用。在政府资助下，澳大利亚商业俱乐部（BCA）利用奥运知识产生新效益。BCA 模式不仅在后来的澳大利亚的重大体育赛事（如 2003 年橄榄球世界杯和 2006 年英联邦运动会）中得到重复使用，还实现了澳大利亚专业知识在 2008 年北京奥运会上的首次海外推广[⑥]。

---

① DAVIDSON M，MCNEILL D.The redevelopment of Olympic sites: examining the legacy of Sydney Olympic Park[J].Urban studies,2012, 49(8):1625-1641.

② LEANNE W. Cathy Freeman and Australia’s indigenous heritage: a new beginning for an old nation at the Sydney 2000 Olympic Games[J]. International journal of heritage studies, 2013,19(2):153-170.

③ The International Olympic Committee. Aboriginal culture inclusion [EB/OL].(2020-11-20)[2021-02-15]. https://www.olympic.org/news/olympic-legacy/sydney-2000/aboriginal-culture-inclusion.

④ LYNN M.An Olympic legacy for all? the non-infrastructural outcomes of the Olympic Games for socially excluded groups (Atlanta 1996-Beijing 2008)[J]. Tourism management,2012,33(2): 361-370.

⑤ The International Olympic Committee. Advances in Olympic Games management [EB/OL].(2020-11-20)[2021-02-15].https://www.olympic.org/news/olympic-legacy/sydney-2000/advances-in-olympic-games-management.

⑥ The International Olympic Committee. Business Club Australia [EB/OL].(2020-11-20)[2021-02-15].https://www.olympic.org/news/olympic-legacy/sydney-2000/business-club-australia.

### 6.1.2　2002 年盐湖城冬奥会遗产传承概况

为了延续 2002 年冬奥会的积极影响，犹他州奥林匹克遗产基金会（UOLF）和犹他州体育委员会（USC）于 2002 年成立，负责管理奥运设施（如奥运场馆），促进体育事业发展①。截至 2020 年，所有盐湖城冬奥会的运动场地仍在使用。如为举办跳台滑雪、雪橇等奥运项目而建的犹他州奥林匹克公园不仅是官方的美国奥林匹克训练基地，还于冬奥会后为公众开设了高山滑梯等运动项目、冒险课程及博物馆等公共景点。犹他州奥林匹克椭圆形球场成了公众进行速度滑冰、花样滑冰、冰球、冰壶和跑步等活动的体育娱乐中心②。成立于 1961 年的索尔科谷北欧中心的体育功能也在奥运会的助推下，得到了进一步发展③。截至 2018 年，每年索尔科谷北欧中心、犹他州奥林匹克椭圆形球场和犹他州奥林匹克公园的参观人数已超过 140 万人次④。显而易见，2002 年冬奥会不仅使得盐湖城成了美国冬季运动的中心，更激励并引领了人们选择健康、积极的生活方式，培养“全民体育”文化。除了带来宝贵的体育遗产，2002 年盐湖城冬奥会还是首次采用实时疫情和疾病监测（RODS）技术⑤的冬季奥运会。自此之后，先进的实时健康监测系统得到了改进，并用于其他重大体育赛事，如 2003 年橄榄球世界杯、2006 年和 2010 年国际足联世界杯、2006 年都灵冬奥会、2010 年温哥华冬奥会以及 2012 年伦敦奥运会。筹办奥运期间，盐湖城实施了一系列城市基础设施建设工程，如加设滑雪场所及设备、全面改造高速公路系统以及更换拥有 150 年历史的城市公用设施。据估计，奥运会在 1998—2002 年的五年期间贡献了犹他州就业增长的 20%。奥运会结束后，尽管就业增长没有继续，但奥运会缓解了犹他州人在国家经济衰退时期受到的冲击⑥。对于美国公民来说，奥运会成为坚韧的象征，因为盐湖城冬奥会帮助治愈了一个受到恐怖袭击产生创伤的国家，极大地鼓舞了民心。

---

① OFIR W. Educational Olympic legacy: the public use of sport facilities after the games[C/OL].[2021-02-15]. http://ifhyb9e443ff91d4e4cacsfppuvxcbfkfc6p0p.fcfg.libproxy.ruc.edu.cn/files/data/article/49/1494/article_49_1494_pdf_100.pdf.

② The International Olympic Committee. The Utah Olympic Oval [EB/OL].(2020-10-22)[2021-02-15].https://www.olympic.org/news/olympic-legacy/salt-lake-city-2002/the-utah-olympic-oval.

③ The International Olympic Committee. Soldier Hollow Nordic Centre [EB/OL].(2020-10-22)[2021-02-15]. https://www.olympic.org/news/olympic-legacy/salt-lake-city-2002/soldier-hollow-nordic-centre.

④ The International Olympic Committee. Utah Olympic Park [EB/OL].(2020-10-22)[2021-02-15].https://www.olympic.org/news/olympic-legacy/salt-lake-city-2002/utah-olympic-park.

⑤ 一种数字公共卫生监测系统。

⑥ The International Olympic Committee. Economic impact [EB/OL].(2020-10-22)[2021-02-15].https://www.olympic.org/news/olympic-legacy/salt-lake-city-2002/economic-impact.

### 6.1.3 2004 年雅典奥运会遗产传承概况

希腊是古代奥林匹克运动会的发源地，是 1896 年现代首届奥林匹克运动会的主办国，因此 2004 年的雅典奥运会自然地受到了更多的关注，被赋予了更深刻的意义。本届奥运会的主要遗产涉及教育、旅游、城市和体育基础设施等领域。其中《2004 年雅典奥林匹克教育方案》是奥运会最具创新性的遗产之一。筹办期间，雅典教育部与来自各领域的 100 多名国际学者和研究人员合作，编制了《2004 年雅典奥林匹克教育方案》，将教育与体育相联系，突出强调奥林匹克精神的人文和道德层面[①]。该方案除了注重小学和中学教育，还设置了奥林匹克硕士学位课程，以促进有关奥林匹克哲学和教育、奥运会组织和管理、大型体育赛事及涉及奥林匹克和体育研究等一般性问题的研究[②]。在 2004 年雅典奥运会新建的 22 个体育场馆中，有 14 个仍在使用中，例如，国际广播中心成为雅典最受欢迎的购物中心之一、奥林匹克和媒体村成为私人住宅。其他 8 个奥运场馆没有得到充分的开发利用。在旅游和城市基础设施方面，奥运会为雅典创造了持久效益。一是加快了雅典历史中心的改造：增设人行道、修复纪念碑、连接考古遗址与城市、重建历史悠久的市中心的街道和广场，并翻修了新古典主义风格的建筑[③]。二是扩大了雅典交通系统的发展：开通新地铁线路及郊区铁路、建设新公交站点、使用低污染汽车等等。这些举措显著地缓解了交通拥堵、减少了空气污染，从而改善了当地居民的生活质量[④]。在奥运会的催化下，文化遗产的重建和基础设施的完善奠定了雅典旅游业蓬勃发展的前提。但由于缺乏战略规划和管理，这些潜力未得到完全开发[⑤]。在 2015 年进行的一项关于雅典奥运会影响的民意调查中，80.3% 的希腊人认为奥运会提高了民族自信心和自豪感，74.3% 的受访者认为奥运会极大促进了希腊旅游业的发展，超过 50% 的人认为奥运会促进了国家体育事业和志愿者运动的发展[⑥]。

---

① The International Olympic Committee. Education programme [EB/OL].(2019-11-04)[2021-02-15].https://www.olympic.org/news/olympic-legacy/athens-2004/education-programme.

② The International Olympic Committee. Olympic master's programme [EB/OL].(2019-11-02)[2021-02-15].https://www.olympic.org/news/olympic-legacy/athens-2004/olympic-master-s-programme.

③ The International Olympic Committee. A boost for tourism [EB/OL].(2019-10-30)[2021-02-15].https://www.olympic.org/news/olympic-legacy/athens-2004/a-boost-for-tourism.

④ GEORGIADIS K, THEODORIKAKOS P.The Olympic Games of Athens: 10 years later[J].Sport in society, 2016,19(6):817-827.

⑤ BOUKAS N, ZIAKAS V, BOUSTRAS G.Olympic legacy and cultural tourism: exploring the facets of Athens' Olympic heritage[J]. International journal of heritage studies, 2013, 19(2): 203-228.

⑥ GEORGIADIS K, THEODORIKAKOS P. The Olympic Games of Athens: 10 years later[J].Sport in society, 2016,19(6):817-827.

### 6.1.4　2006 年都灵冬奥会遗产传承概况

都灵冬奥会是第一个支持手机、网络、高清电视直播报道的奥运会。奥运广播机构更加充分地利用了卫星和数字平台，全球专用覆盖时间达到 16 300 小时，比 2002 年盐湖城冬奥会期间创下的 10 416 小时覆盖时间的纪录增加了 56%，为观众提供了更多接触奥运的机会。都灵冬奥会还使用了 400 台高清摄像机拍摄。这些先进而广泛的技术运用，促使都灵冬奥会观看人数达到 31 亿人，比 2002 年盐湖城冬奥会多了 10 亿[①]。多样的传播途径和良好的传播效果为 2006 年冬奥会遗产愿景的核心——促进都灵的休闲和文化旅游，提供了展示平台。一直以来，尽管拥有丰富的景点，都灵却因汽车工业的强势发展而被贴上了“工业”的城市标签。在 2006 年奥运会之前，休闲和文化旅游仅占都灵游客总数的 20%。为了打造良好的旅游城市形象，都灵当局确定了两大主要战略方向：宣传和市民。相关组织一边增加宣传和教育活动，在国外主要城市进行系列路演，一边通过免费培训和奥运志愿项目“都灵和你”（“Torino & You”）提高居民热情，保证游客体验[②]。2008年，休闲和文化旅游占比在2006年基础上翻了一番[③]。2010年，都灵游客数量已发展到 600 万人次，这使得都灵成为继罗马、佛罗伦萨和威尼斯之后的意大利第四大旅游城市[④]。都灵大学研究中心奥林匹克和大型活动研究观测站（Olympics and Mega Events Research Observatory）的调查显示，都灵市民对城市新形象和知名度感到满意和自豪，相信奥运会能够产生持久的积极影响，对城市未来的发展表现出自信乐观的态度[⑤]。都灵奥组委（TOROC）还为与奥运密切相关的环境方面建立标准，包括水、自然灾害预防、场地安全、景观美化、惰性材料（包括废物）、可持续运输等。为奥运开发和制定的环境体系和计划，使都灵奥组委成为第一个同时获得 ISO 14001 国际环境标准认证和 EMAS 认证的奥组委[⑥]。冬奥会后，都灵的主要奥运场馆继续举办多项体育和文化活动，

---

① The International Olympic Committee. New technologies in broadcasting the Games [EB/OL].(2020-10-21)[2021-02-17].https://www.olympic.org/news/olympic-legacy/torino-2006/new-technologies-in-broadcasting-the-games.

② BOTTERO M, SACERDOTTI L, MAURO S.Turin 2006 Olympic Winter Games: impacts and legacies from a tourism perspective[J]. Journal of tourism and cultural change，2012, 10(2): 202-217.

③ The International Olympic Committee. A new tourism appeal for Turin [EB/OL].(2020-10-22)[2021-02-17]. https://www.olympic.org/news/olympic-legacy/torino-2006/a-new-tourism-appeal-for-turin.

④ The International Olympic Committee. Torino 2006: Transforming the perception of a city [EB/OL]. (2020-10-22) [2021-02-17].https://www.olympic.org/news/olympic-legacy/torino-2006/torino-2006-transforming-the-perception-of-a-city.

⑤ PIERVINCENZO B,CHITO G. The 2006 Olympic Winter Games and the tourism revival of an ancient city[J]. Journal of sport & tourism, 2011, 16(4): 303-321.

⑥ The International Olympic Committee. Environmental pioneers [EB/OL].(2020-10-21)[2021-02-17].https://www.olympic.org/news/olympic-legacy/torino-2006/environmental-pioneers.

包括8个会前翻新使用的场馆和2个新建的场馆。另外2个新建场馆（滑道中心和跳台滑雪场地）则面临开发挑战。2015年，都灵被评为欧洲体育之都[①]。

### 6.1.5 2010年温哥华冬奥会遗产传承概况

温哥华是奥林匹克历史上第一个提出“创造遗产”构想的奥运主办城市。为实现该理念，申办奥运期间，温哥华设立了名为2010 Legacies Now的专门遗产管理机构——一个致力于体育、健康生活、文化、环境、志愿活动等方面的非营利组织。该机构后来演变成名为LIFT Philanthropy Partners（LIFT）的国家非营利组织，旨在帮助加拿大各地此类组织的可持续发展以及有效发挥对社会卫生、教育等领域的影响[②]。温哥华冬奥会还是加拿大历史上第一次由全国各地土著人民与政府及私营部门合作主办的一项大型国际活动。在奥运会基础设施规划和建设的初期，温哥华奥组委就与加拿大的四个土著民族——莫斯奎蒙（Musqueam）、特斯勒尔–奥图斯（Tsleil-Waututh）、斯卡米什（Squamish）、利瓦特（Lil'Wat）结成伙伴关系。冬奥会后，四个民族联合成立协会，为土著人民在区域和国家层面建立进一步伙伴关系奠定了基础[③]。土著民族的参与使奥运色彩更加多元，如出现在奥林匹克速度滑冰椭圆形球场中的土著艺术品为景点增加了耐人寻味的吸引力[④]。冬奥会促进了不列颠哥伦比亚省国际旅游业的增长。加拿大旅游委员会表示，温哥华的旅游业在冬奥会后几个月增长了7.2%。截至2018年，温哥华市的旅游人数已连续6年增长[⑤]。用于温哥华冬奥会的13个比赛场馆中，有6个场馆仍在使用，为该地区提供各种体育、文化和社区活动。例如里士满奥林匹克椭圆形球场成了一个国际体育、健康、文化和社区娱乐中心，2018年的游客量达到100万[⑥]。温哥华奥林匹克/残奥会中心被改造为多功能社区娱乐中心，是儿童、家庭和社区成员的聚集地，目前被称为希尔克雷斯特公园/纳特贝利体育

① The International Olympic Committee. Olympic venues overview [EB/OL].(2020-10-21)[2021-02-17].https://www.olympic.org/news/olympic-legacy/torino-2006/olympic-venues-overview.

② The International Olympic Committee. Agency for social change[EB/OL].(2020-01-27)[2021-02-17].https://www.olympic.org/news/olympic-legacy/vancouver-2010/agency-for-social-change.

③ The International Olympic Committee.Indigenous culture and inclusion[EB/OL].(2020-01-28)[2021-02-17].https://www.olympic.org/news/olympic-legacy/vancouver-2010/aboriginal-culture-inclusion.

④ SILVER J, MELETIS A, VADI P.Complex context: aboriginal participation in hosting the Vancouver 2010 Winter Olympic and Paralympic Games[J]. Leisure studies, 2012, 31(3): 291-308.

⑤ The International Olympic Committee.Promoting tourism[EB/OL].(2020-01-25)[2021-02-17].https://www.olympic.org/news/olympic-legacy/vancouver-2010/promoting-tourism.

⑥ The International Olympic Committee. The Richmond Olympic Oval [EB/OL].(2020-01-17)[2021-02-17].https://www.olympic.org/news/olympic-legacy/vancouver-2010/the-richmond-olympic-oval.

场，每年接待超过 200 万游客[①]。

### 6.1.6　2012 年伦敦奥运会遗产传承概况

2012 年的奥运会为伦敦乃至世界留下了意义深远的遗产。显而易见，伦敦奥运会促使该城市完成了规模巨大的改造工程——开发奥林匹克公园、再造伦敦东区，改变了伦敦东区长期贫困、不健康的发展局面。在奥运会结束后的 5 年里，公园周围的 6 个行政区创造了约 11 万个工作岗位，岗位增长速度是 2013 年预测的 3 倍多[②]。对于未来的奥运主办国而言，2012 年奥运会留下了一个宝贵的理念："设计遗产"（design legacy）——在奥运会前对遗产做出清晰的规划。2008 年至 2011 年间，英国政府陆续出台了 3 份关于奥运会和残奥会的遗产计划，希望奥运会能为伦敦留下体育、健康、社会等方面的积极影响。然而，一些事实证明了规划在实施阶段存在不足。例如奥运会没能很好地提高英国民众的体育参与率，在举办奥运的基础上还需要更为具体的政策扶持、资金投资和公民倡议来提高群众的体育参与[③]。另外，志愿者遗产的可持续性并不高，虽然政府颁布了"2012 年奥运会大使计划"（The 2012 Olympic Ambassador Programmes）以便更好地服务于游客和比赛场馆，但伦敦奥运会遗产计划并未很好地规划志愿者遗产，残疾人遗产计划因经费有限和媒体关注度短暂等因素没有得到很好的实现[④]。政府和相关遗产机构颁布了《奥林匹克公园文献遗产战略》以期为伦敦东区的文化创意企业提供发展的支持和机会，也由于本地的支持力度和沟通协商的紧密程度的不足导致许多企业错失了奥运会带来的机遇[⑤]。但总的来说，伦敦奥运会遗产计划的颁布及实施是瑕不掩瑜的，它不仅使伦敦成为第一个于奥运会前颁布奥运遗产行动计划的主办城市，更在世界范围内为奥运遗产的有效保护、开发与利用提供了国际经验。伦敦奥运会后，所有奥运主办城市均被要求在申办文件中提交奥运遗产计划。

---

① The International Olympic Committee. Vancouver Olympic/Paralympic Centre [EB/OL].(2020-01-16)[2021-02-17].https://www.olympic.org/news/olympic-legacy/vancouver-2010/vancouver-olympic/paralympic-centre.

② The International Olympic Committee. World Cities Day 2020: the power of sport to build healthier, more sustainable urban communities [EB/OL].(2020-10-30)[2021-02-17].https://www.olympic.org/news/world-cities-day-2020-the-power-of-sport-to-build-healthier-more-sustainable-urban-communities.

③ WEED M，COREN E，FIORE J.The Olympic Games and raising sport participation: a systematic review of evidence and an interrogation of policy for a demonstration effect[J]. European sport management quarterly, 2015, 15(2): 195-226.

④ NICHOLS G, RALSTON R, HOLMES K.The 2012 Olympic Ambassadors and sustainable tourism legacy[J]. Journal of sustainable tourism, 2017, 25(11): 1513-1528.

⑤ ILARIA P, MICHAEL B.The London 2012 cultural programme: a consideration of Olympic impacts and legacies for small creative organisations in east London[J]. Tourism management, 2016（54）: 344-355.

### 6.1.7 2014 年索契冬奥会遗产传承概况

在索契的奥运申办书中，关于遗产的内容有整整一章。俄罗斯期望借冬奥会向世界展示国家的新面貌，并借冬季运动的发展促使索契成为全球性的全年度假胜地。为实现目标，政府投入了大量资金——公共资金占到冬奥会的 96.5%，是历届奥运会中公共资金比例最高的一届。冬奥会后，索契出现了一系列问题——大规模的建设致使酒店业产能过剩，投资者拖欠国家贷款，受到了国际媒体和国民的质疑。酒店不得不借助折扣以及政府对航班的补贴来提高入住率[①]。尽管索契在 2015 年举办了 220 多场大型活动，其中有 179 项体育赛事（60 多项国际赛事），共吸引 160 多万观众，随后三年又分别举办了 229、308、330 场活动[②]，但仍未达到资金投入阶段期望达到的预期成果。抛开财政支出上存在的问题，索契冬奥会在其他方面仍有积极影响。2013 年，俄罗斯第一个环境建设国家标准开始生效，这是奥运会筹备工作的遗产，促进了俄罗斯的可持续发展[③]。2014 年索契冬奥会在儿童中提倡健康生活方式。组委会与学校进行合作，每周为孩子们增加一小时的体育练习时间。冬奥会还鼓励进行体育活动，数据显示，2016 年有 42.6% 的索契市民定期参加体育活动，比冬奥会前增加 35.7 个百分点[④]。所有为 2014 年索契冬奥会建造的 12 个体育场馆仍在使用，服务于体育、文化、教育、旅游和娱乐等多种功能。2015 年，在奥运会期间举办冰球比赛的体育场变成了天狼星学院（Sirius Academy）——为俄罗斯的天才儿童提供体育、科学和艺术领域的发展机会[⑤]。为协助奥运会的顺利进行，俄罗斯在全国建立了 17 个志愿者中心，以便持续招募和委托志愿者参与重大活动，如 2018 年世界杯。除了体育赛事，志愿者还参与社会和环境活动[⑥]。

### 6.1.8 2016 年里约奥运会遗产传承概况

奥运会前 7 年，里约在公共服务、教育、卫生和社会发展等领域取得了不同程度的进

---

① MARTIN M. After Sochi 2014: costs and impacts of Russia's Olympic Games[J]. Eurasian geography and economics, 2014, 55(6): 628-655.

② The International Olympic Committee. Tourism all year round[EB/OL].(2019-11-08)[2021-02-17].https://www.olympic.org/news/olympic-legacy/sochi-2014/more-energy-to-sochi.

③ The International Olympic Committee. Environment and development of SKI resorts [EB/OL].(2019-11-05)[2021-02-17].https://www.olympic.org/news/olympic-legacy/sochi-2014/environment-and-development-of-ski-resorts.

④ The International Olympic Committee. Sport in schools [EB/OL].(2019-11-04)[2021-02-17].https://www.olympic.org/news/olympic-legacy/sochi-2014/sport-in-schools.

⑤ The International Olympic Committee. Venues overview [EB/OL].(2019-11-02)[2021-02-17].https://www.olympic.org/news/olympic-legacy/sochi-2014/overview.

⑥ The International Olympic Committee. Encouraging the volunteer movement [EB/OL].(2019-11-09)[2021-02-17].https://www.olympic.org/news/olympic-legacy/sochi-2014/encouraging-the-volunteer-movement.

展。据估计，为奥运会建造旅馆和其他基础设施需要大约 16 000 名工作人员在新建筑和住宅工作，从而创造培训和就业机会。增加就业机会所带来的经济增长占当地经济增长总量的 82%。最贫穷的 5% 的人的收入增长了 29.3%，而最富有的 5% 的人的收入增长了 19.96%。奥运会的举办使得巴西旅游业的纪录在 2016 年创下新高：660 万外国游客，比上一年增长了 4.8%。2016 年旅游业收入总额为 62 亿美元，同比增长 6.2%。在环境遗产方面，巴西和其他拉丁美洲国家实施了节能和低碳技术，减少了 220 万吨碳排放，并展示了在农业工业中实现低碳生产的可行性。为创造一个干净良好的奥运环境，巴西建立了一个新的废物处理中心，每天处理 9 000 吨废物，同时在里约西部建立了 10 个新的废水处理站和管道总长度为 2 100 公里的收集系统。奥运会期间，共有 1 100 吨废物被回收，为拾荒者创造了收入[①]。运动员森林（Athletes' Forest）倡议也是里约奥运会的环保措施之一。各国运动员在奥运会开幕式中携带的共 1 万多棵树种将被人工种植，形成运动员森林。该倡议属于再造林计划的一部分，旨在恢复约 230 公顷的大西洋沿岸森林[②]。奥运会后，奥运场馆根据使用协议采用了不同的处理办法：临时设施被拆除或被转移以重新调整用途，一些公共资助的设施成为永久性体育场所，一些私人资助的设施则在会后归为私人所有。2017 年 1 月，里约奥林匹克公园正式向公众开放[③]。截至 2019 年 6 月，该场馆已举办 200 多场活动，吸引了约 80 万名观众[④]。

### 6.1.9 2018 年平昌冬奥会遗产传承概况

为确保平昌 2018 年冬奥会的遗产得以持续，韩国文化、体育和旅游部及江原道省当局利用冬奥会的盈余成立了平昌 2018 遗产基金会（Pyeongchang 2018 Legacy Foundation）。该基金会侧重于发展包括冬季运动在内的青少年体育活动，并负责管理三个奥运场馆。平昌基金会主席柳承敏（国际奥委会驻韩国委员）表示，基金会“致力于继续发展体育项目，确保每个韩国人都记住这些奥运会的成功”。在该届奥运会中，精神遗产引人注目，如日本滑冰运动员小平奈绪以微弱优势战胜韩国选手后立即与其拥抱，被人们广为称道。因此，除了支持平昌冬奥会的体育型遗产，基金会还致力于保护超体育型遗产：为来自韩

① The International Olympic Committee. Olympic Games Rio 2016–environmental legacy [EB/OL].(2017-03-16)[2021-02-17].https://www.olympic.org/news/olympic-games-rio-2016-environmental-legacy.

② The International Olympic Committee. Rio 2016 Athletes' Forest begins to take root [EB/OL].(2019-10-14)[2021-02-17].https://www.olympic.org/news/rio-2016-athletes-forest-begins-to-take-root.

③ The International Olympic Committee. Olympic Games Rio 2016–sports venues [EB/OL].(2017-03-16)[2021-02-17].https://www.olympic.org/news/olympic-games-rio-2016-sports-venues.

④ The International Olympic Committee.Three years on，Rio 2016 venues keep the Olympic spirit alive [EB/OL].(2019-08-03)[2021-02-17].https://www.olympic.org/news/three-years-on-rio-2016-venues-keep-the-olympic-spirit-alive.

国和日本的速滑运动员颁发一个奖项，以表彰他们相互理解、友谊、团结和公平竞争的奥林匹克精神。基金会还侧重于向全国青年传播奥林匹克价值观的教育方案[①]。另外，韩国还为两个平昌奥运场馆制定了遗产计划：国际广播中心将改建为韩国国家图书馆的国家档案馆，平昌 2018 年奥组委总部将用作冬季运动训练中心[②]。

## 6.2 国外奥运遗产传承的经验

国外历届奥运会均产生了丰富的奥运遗产，探索出了一些奥运遗产传承的经验，总结如下：

### 6.2.1 提前规划奥运遗产

2000 年的悉尼奥运会虽然备受赞誉，但由于缺乏遗产计划，悉尼奥林匹克公园在随后两年没有足够的大型文体活动吸引人流，备受冷落。为此，悉尼奥林匹克公园管理局倡导住宅化和商业化等遗产利用手段，为公园注入新活力。由此可以看出奥运遗产计划制定及灵活调整的重要性[③]。为了成功申奥并留下可持续利用的奥运遗产，英国政府总结历届奥运会和残奥会的经验教训——“早做计划”（the need to plan things early），于 2008 年 3 月 30 日发布文件《我们对 2012 年的承诺：英国将如何从奥运会和残奥会中受益》（*Our Promise for 2012: How the UK Will Benefit from the Olympic Games and Paralympic Games*），在体育强国、东部改造、青年激励、奥林匹克公园可持续发展、国家形象建设五大方面做出承诺[④]，并先后于 2008 年和 2011 年出台了《政府奥运行政遗产行动计划：充分利用 2012 年伦敦奥运会》（*Government Olympic Executive Legacy Action Plan—Before，During and After：Making the Most of the London 2012 Games*）[⑤]和《伦敦 2012：残疾人遗产计划》（*London 2012: A Legacy for Disabled People*）[⑥]。尽管奥运遗产越来越受到国际奥委会及奥

① The International Olympic Committee. Legacy of Pyeongchang 2018 continues to grow [EB/OL].(2020-02-09)[2021-02-17].https://www.olympic.org/news/legacy-of-pyeongchang-2018-continues-to-grow.

② The International Olympic Committee.Pyeongchang 2018 Legacy foundation opens its doors[EB/OL].(2019-05-30)[2021-02-15].https://www.olympic.org/news/pyeongchang-2018-legacy-foundation-opens-its-doors.

③ 卡什曼，杨清琼．奥运会及其遗产：悉尼奥运会的经验教训 [J]．体育文化导刊，2007（12）：35-38.

④ Department for Culture，Media and Sport.Our promise for 2012: how the UK will benefit from the Olympic Games and Paralympic Games [R/OL].(2008-03-30)[2021-02-05].https://assets.publishing.service.gov.uk/government/uploads/system/uploads/attachment_data/file/77719/Ourpromise2012.pdf.

⑤ JOWELL T. Before,during and after：making the most of the London 2012 Games[R/OL].[2021-02-05].http://www.culture.gov.uk/images/publications/2012LegacyActionPlan.pdf.

⑥ 豆丁网 .London 2012: a legacy for disabled people[R/OL].https://www.docin.com/p-420139500.html.

运举办方的重视，但在2012年之前，没有一个举办城市于奥运会前颁布针对奥运遗产的行动计划，这是伦敦奥运会的一个创举。两份计划的深远价值不仅作用于此届奥运会，更有意义的在于让世界看到了让奥运遗产保护、开发、利用口号落地的实现路径，并为未来奥运遗产计划的制定提供经验。2010年12月，英国文化、媒体与体育部公布了《2012伦敦奥运会和残奥会遗产计划》（*Plans for the Legacy from the 2012 Olympic and Paralympic Games*），以此表示其举办一届成功并拥有丰富遗产的奥运会之决心及信心，并根据实际情况对计划做出年度性的更新[①]。

### 6.2.2　吸引多方机构合作参与

面对体量庞大、形式多样、内涵丰富的奥运文献遗产，档案馆、图书馆和博物馆仅凭自身有限的人力资源与技术水平，难以充分实现奥运文献遗产的数字化管理与价值开发。英国与美国均选择通过跨机构合作的方式解决这一难题。2012年伦敦奥运会的“The Olympic and Paralympics Record”项目的开展由英国国家档案馆，英国博物馆、图书馆与档案馆委员会，英国文化、媒体与体育部共同牵头进行规划，地方当局小组则在项目执行与地方事务调节的过程中发挥了重要作用，不同层级、不同组织通力合作，推进项目的顺利进行。在奥运文献遗产信息处理、开发方面，伦敦奥组委则选择与专业的英国伦敦遗产开发公司（London Legacy Development Corporation，LLDC）合作。LLDC是一家成立于2012年的上市公司，其组建的目的是对伦敦奥运会所留下的奥运遗产进行管理和开发[②]。LLDC的信息服务团队在伦敦奥运会后，对于奥运会所产生的奥运文献遗产信息资源进行了统一的整合和进一步的加工处理，旨在创建一个包含标准、技术以及流程的整体框架以实现对于数据、信息和知识的有效管理，从而为利用者提供全面、可靠的奥运数据。在此过程当中，LLDC的信息服务团队对于6个不同来源的大量数据进行了无效数据清洗和去重工作，并对其存储格式进行了统一，实现了数据的全面格式化处理，以方便后期的利用。与此同时，LLDC的信息服务团队还把实体奥运遗产开发和利用的相关资料进行了收集，并纳入到了最终的信息结构体系当中[③]。这些工作为后续奥运文献遗产的开发利用奠定了良好基础。美国全国广播公司（National Broadcasting Company，NBC）则选择通过外包的方式，与著名磁带库外包商Spectra Logic合作，对其在里约奥运会的报道以及过程中采

---

① Department for Culture，Media and Sport.Plans for the legacy from the 2012 Olympic and Paralympic Games [R/OL].[2021-02-05].https://assets.publishing.service.gov.uk/government/uploads/system/uploads/attachment_data/file/78105/201210_Legacy_Publication.pdf.

② 伦敦遗产开发公司官方网站．公司介绍 [EB/OL].(2005-05-24)[2019-10-30].https://www.queenelizabetholympicpark.co.uk/our-story/the-legacy-corporation.

③ BUDZAK D. The organization of organizational knowledge[J]. Business information review, 2013, 30(4):183-190.

集到的音频、视频数据进行了收集和整理，并提供了检索服务[①]，更好地实现多媒体数字文献遗产的收集与利用。

### 6.2.3 重视用户的互动体验

体育遗产可以被认为是奥运遗产中最直观的有形遗产之一，它同时是旅游业创收的重要支柱。为充分挖掘体育遗产，使奥运会发挥更加深远的影响，历届奥运举办城市对体育遗产进行了不同的开发利用，主要包括体育与旅游的结合、体育博物馆和名人堂的宣传、体育场馆的改造、体育赛事及运动奇幻营的举办等[②]。1996 年亚特兰大奥运会后，萨瓦纳奥运支持委员会联合学院提出“后奥运体育旅游计划”（Post-Olympic Sports Tourism Plan），其中包括奥林匹克纪念碑—奥运名人堂和体育培训两大旅游项目，为宣传城市文化底蕴和青少年身心健康发展做出贡献[③]。卡尔加里奥林匹克名人堂和博物馆的互动体验项目——运动奇幻营（Sport Fantasy Camps）也颇具特色。通过体验一小段运动员的生活，学员们可以对运动员所需的天赋和努力，以及奉献、毅力和牺牲精神有更深入的理解[④]。虽然无法真正复刻运动员日常训练的艰难与困苦，但此类活动的教育性质仍不容小觑。温哥华奥运会后，里士满奥林匹克椭圆速滑馆成功由奥运场馆转型为能同时满足多种群众需求的社区体育中心，是该届奥运会场馆中唯一仍在盈利的场馆。其中的里士满奥运体验博物馆更是借助高科技含量的运动模拟器，模拟还原皮划艇、雪橇等运动。这些运动项目在增加游玩乐趣与激情的同时拉近了体验者与奥运赛事的距离，完成了一次穿越时空的科技互动，创造了可观的经济收益和文化效益[⑤]。

### 6.2.4 向社会公众高度开放

西方发达国家文化服务工作起步较早，制度较为完善，文献遗产开放实践工作也较为成熟。其对于价值珍贵、作用广泛的奥运文献遗产也采取了高度开放的工作策略。悉尼奥组委在奥运会结束后将奥运文献遗产资源转化为两种产品，以实现奥运文献遗产资源的长

① NBC. Olympics selects Spectra Logic to provide video archive services for production of 2016 Olympic Games in Rio; Spectra Logic to enable NBC Olympics to preserve and retrieve all video footage captured during its coverage of the Rio Olympics[EB/OL].(2016-04-12)[2019-10-30].https://bi.gale.com/global/article/GALE%7CA449217287?u=cnruc.

② WATERTON E, WATSON S. The palgrave handbook of contemporary heritage research[M]. London:Palgrave Macmillan, 2015: 248-262.

③ KEBER M. Bronze sliver gold:Savannah lasting legacy[M]. Gerogia:Savannah Design Press, 1996: 30-32.

④ RAMSHAW G, GAMMON S. On home ground? Twickenham Stadium tours and the construction of sport heritage [J]. Journal of heritage tourism, 2010: 5(2): 87-102.

⑤ 孙葆丽，宋晨翔，杜颖，等．温哥华冬奥会遗产工作研究及启示 [J]．北京体育大学学报，2017，40（10）：1-8.

期有效利用，从而服务于更广泛的受众群体。一是将专有技术知识数据库中的内容转化为网页 CD 形式，并将其作为知识遗产以 500 万澳元的价格出售给国际奥委会，为后续的奥运工作提供参考；二是将规划和文件数据库中的相关内容以光盘格式转化为独立的信息产品，保存于新南威尔士州图书馆，供公众查阅利用①。英国则通过在线数字化档案网站“The Record”将奥运档案数字化成果有序组织，完整地呈现在公众面前。其中主要包含的奥运记录内容分为英国国家档案馆所收藏的 1896 年以来历届夏季奥运会的部分记录，以及 2012 年伦敦奥运会全周期内开展的丰富的体育和文化活动记录。前者在展示形式上是按照每届夏季奥运会的举办时间进行划分的，主要包括应届奥运会简介、收录的档案展示、档案馆其他奥运会资源以及奥运会相关其他网站等四个部分。后者是按照信息资源主题来进行划分的，主要包括体育、文化、历史、学习、社区、媒体、遗产和商业等八个选项，每个选项下都可以查看存档详情。同时，除了框架导航形式的查询服务以外，该网站还设置有搜索框可以为读者提供以关键词为基础的全站查询。为便于公众更好地查阅这些奥运档案，“The Record”项目网站还提供了详细的查询指南，其中包括在英国国家档案馆进行相关信息查询的方法和途径，以及针对外部其他相关信息获取的渠道和链接。这项工作卓有成效，为公众利用档案提供了极大的便利，在 2019 年 5 月，“项目网站一周内的日均访问电脑数量（IP）达到 15 200 次，将同一台电脑多次浏览的数量（PV）加入的访问量达到日均 66 880 次”②。伦敦大英图书馆则通过“2012 奥运收藏展”向公众免费开放大量奥运文献遗产，本次展览的展品主要来自个人集邮收藏品，涵盖邮票、明信片、信函、节目单和地图等，它们呈现了奥运会的变迁历史，也有个人参与记述奥运的故事，生动直观地反映了奥运会是如何改变着人们的生活的③。此外，日本奥林匹克博物馆在 2020 年东京奥运会开始前便已建设完成，并于 2019 年 9 月开馆，馆内展示奖牌、圣火传递火炬等诸多珍贵的奥运文献遗产，并设有历届奥运会开幕式的设施体验区、介绍选手卓越身体素质的专区等，内容丰富多彩。截至 2019 年 12 月中旬，该馆参观人次已达 15 万，影响非凡④。

---

① HALBWIRTH S, TOOHEY K. The Olympic Games and knowledge management: a case study of the Sydney organising committee of the Olympic Games[J]. European sport management quarterly, 2001, 1（2）: 91-111.

② 林玲，郑宇萌．奥运会遗产的数字化收集整理与利用：以伦敦奥运会数字化档案为例 [J]．湖北体育科技，2019，38（8）：664-669，678.

③ 华奥星空．夏季 2012 奥运收藏展在伦敦大英图书馆免费开放 [EB/OL].(2012-07-25)[2020-03-30]. http://2012.sina.com.cn/hx/other/2012-07-25/161618809.shtml.

④ 客观日本．东京奥运博物馆参观盛况持续 安保陷入困境 [EB/OL].(2020-01-07)[2020-03-30]. https://www.keguanjp.com/kgjp_gongtong/pt20200107000024.html.

## 6.3 对 2022 年北京冬奥会遗产传承的启示

他山之石，可以攻玉。国外奥运遗产管理的经验可为我国 2022 年北京冬奥会以及其他重大体育赛事遗产管理提供借鉴和参考。

### 6.3.1 提高奥运遗产赛后利用率

古语有云，“兵马未动，粮草先行”。对奥运遗产的建设及管理提前制定计划非常重要。2017 至 2018 年，国际奥委会相继出台《遗产战略方针》和《奥林匹克 2020 议程：奥运会新规范》（*Olympic Agenda 2020 Olympic Games:The New Norm*），其中的“国际奥委会遗产战略方针”板块建议奥运举办国（地）制定高层遗产计划及行动计划，明确未来的资金来源和主动沟通战略①。由此可见官方组织对遗产保护计划的肯定与重视。悉尼奥运会“亡羊补牢”的前车之鉴及伦敦奥运会的成功经验即是遗产计划价值最生动的证明。面对奥运后遗产继承和设施利用问题，奥组委需要克服局限性，秉持可持续发展等理念，提前建立包括目标、手段、保障措施等内容的遗产计划，力求做到系统全面、合理可行、灵活可变。同时，奥运遗产计划应与主办城市的长期规划相一致，谋求奥运价值的长远释放，将奥运遗产打造成面向公民的文化体育综合体，为公众利益服务。

### 6.3.2 推动多方协同治理奥运遗产

奥运会的申办、筹办和举办涉及众多的机构，包括国际奥委会、举办国奥组委、国际单项体育协会、举办国和举办城市各级政府机构、新闻媒体、供应商、赞助商、民间团体等等。相应地，奥运文献遗产的形成主体也众多。通过多方协同合作的形式，加强与各相关机构之间的沟通联系，互通有无，合作建设奥运文献遗产信息资源集成平台，便能有效打破不同机构间的壁垒，充分整合奥运文献遗产资源，推动资源共享。而面对内容丰富、形式多样、数量惊人的奥运文献遗产，不同机构合理发挥各自的人员、技术、资源优势，可提高奥运文献遗产信息资源管理效率，充分挖掘其中蕴含的历史文化价值，推动文献遗产服务工作质量的提升。英国伦敦奥运会“The Record”项目之所以能取得成功并产生如此大的影响力，离不开体育界、传媒界、相关公共文化组织及其他专业机构的支持。相关部门应拓展视野，在合作中实现共赢与长效发展。

### 6.3.3 重视开发互动体验型项目

北京 2001 年申奥成功后，关于奥运场馆开发利用及体育旅游经济的讨论便日益增多。

---

① International Olympic Committee.Olympic agenda 2020 Olympic Games:the new norm[Z].Pyeongchang:the International Olympic Comettee, 2018: 3-10.

政府和企业对体育旅游资源也进行了一定程度的开发，目前以举办体育文化赛事、开放观光游览、转型为群众运动中心为主。为了丰富奥运旅游产品的供给层次，突出旅游项目特色，我国可借鉴萨瓦纳、卡尔加里、里士满三地的做法，详细评估自身资源优势，以奥运场馆为物质基础，结合体育运动及地方区域特色，借助科技等手段打造体验式、参与式的体育旅游资源，达到体育遗产良性的持续发展。

### 6.3.4　强化奥运遗产开放利用

奥运遗产具有长远价值：一方面可为后续奥运会筹办与举办工作提供经验借鉴，另一方面可在体育文化服务、社会记忆构建等方面发挥重要作用。针对奥运文献遗产：加拿大、英国、日本等国的不同机构依托奥运文献遗产，以主题展览的形式重现奥运盛会，帮助公众了解奥运史上的重要人物，在宣传奥运文化的同时也扩大了自身的影响力。而澳大利亚在对奥运文献遗产信息资源进行处理后，提供给不同受众，在实现奥运遗产价值延续的同时，也为公众提供了接触、了解奥运文献遗产的良好契机。文献遗产开放利用是实现其价值的重要前提。对于价值巨大的奥运会文献遗产，档案馆、图书馆和博物馆等应以开放的心态应对社会公众的需求，加快推进奥运会文献遗产开放利用，为民服务，切实履行公共文化服务职能。

# 第7章
# 2022年北京冬奥会遗产传承的意义和计划

现代奥林匹克运动的历史就是一个高扬奥运精神、彰显人文价值的宏伟历程。随着奥运会在不同城市的穿梭，每次停留都是奥运精神与人文深度的累积与更新，从而转化为奥运遗产，使一国一地乃至整个奥林匹克运动受益。本章从奥运精神、人文价值等奥林匹克运动的重要内核出发，阐释 2022 年北京冬奥会遗产传承的意义；立足于《北京 2022 年冬奥会和冬残奥会遗产战略计划》，简述 2022 年北京冬奥会的遗产愿景，并介绍各项目标遗产工作的具体实施情况，通过众多实例将奥运遗产的传承意义具象化。

## 7.1 2022 年北京冬奥会遗产传承的意义

### 7.1.1 对奥运精神传承的重要意义

#### 7.1.1.1 奥运精神概述

《奥林匹克宪章》指出："体育运动是一项人权。每个人都必须有可能在不受任何歧视的情况下，本着奥林匹克精神从事体育运动，即以友谊、团结和公平竞争的精神相互理解。"[①]奥运精神是奥运会举办原则、理念、宗旨的体现，从古代奥运会到现代奥运会，奥运精神内涵得到不断的丰富、完善和发展。近些年还提出了奥运精神遗产的概念，它与奥运精神存在怎样的关系，这是本部分的具体研究内容。

奥运精神最初由皮埃尔·德·顾拜旦（Le baron Pierre De Coubertin）提出，他通过对古代奥运会的考察再结合现代奥运会的复兴，认为奥林匹克精神是人类吸收古代传统构筑未来的力量之一，它"是人类追求强健的肌肉所需要，强健的肌肉是欢乐、活力、镇静和纯洁的源泉。奥林匹克精神必将以现代产业发展所赋予的各种形式为地位最低下的公民所享受，这就是完整、民主的奥林匹克精神"[②]。顾拜旦倡导的奥运精神在于"大众参与"，即

① IOC.Olymplic charter[R]. Lausanne: International Olympic Committee, 2015: 13.

② 顾拜旦．奥林匹克精神 [J]．发现，2008（9）：1.

“地位最低下的公民”也能享受。并“在1919年就提出了‘一切体育为大众’的口号，号召全民体育、终身体育，强调‘参加比取胜更重要’。他说‘生活中重要的不是凯旋而是奋斗，其精髓不是为了获胜而是使人变得更勇敢、更健壮、更谨慎和更落落大方’”[①]。随着现代奥林匹克运动兴起与普及，奥运精神一方面吸收民主、自由、竞争、拼搏、开拓、进取、重视个体、尊重科学的西方文化精神，另一方面又包容与接纳各国文化精髓，成为各国文明与文化集萃、对话与交往的论坛，成为全球文化多样性与差异性互补共存的平台。目前，公平竞争、互相理解、友谊团结是对奥运精神的经典诠释。例如，在2004年雅典奥运会上，阿富汗短跑选手罗比娜·杰拉里（Robina Gerary）与柔道选手弗里巴·拉萨耶（Friba Lasaye）成为阿富汗史上第一批参加奥运会的女运动员。

从最初的“大众参与”到“公平竞争、互相理解、友谊团结”，奥运会倡导平等、公平、公正的理念，而这种人与人之间的交往或参与不应只体现在体育运动中，由于奥运会举办牵涉众多，奥运精神也在向经济、文化、环境、健康等其他领域渗透、交融，是对各阶层各领域中人与人“公平竞争、互相理解、友谊团结”的有力引导，是从大众参与到全民参与的时代转变。

#### 7.1.1.2　奥运精神与奥运精神遗产的关系

历时1 169年的古代奥运会不仅形成了竞技运动组织模式，也为人类留下了一笔宝贵的精神文化财富，形成了和平友谊、拼搏奋进、公平竞争、追求人的和谐发展的“古代奥林匹克精神”，其形成离不开以古希腊为主的西方文化熏陶和人们渴望和平的强烈愿望，离不开宗教习俗、教育制度以及人们价值观和审美观的互相作用，更离不开社会制度对奥林匹克精神形成、发展的控制、导向和调节作用[②]。因此，受到不同主办国人文、价值、制度等的作用与融合，奥运精神内涵进一步充实与丰富，更是形成了每届独有的奥运精神遗产，赋予奥运精神新的时代内涵。

以2008年北京奥运会为例。胡锦涛同志认为，2008年北京奥运会精神遗产包含三个方面：“一是弘扬团结、友谊、和平的奥林匹克精神；二是实践绿色奥运、科技奥运、人文奥运理念；三是促进世界各国文化的相互交流、相互借鉴。‘我们更加珍惜北京奥运会留给我们的精神遗产，并努力使之发扬光大’。”[③]依此，程登富、崔雪梅总结了北京奥运精神遗产的三个特点：第一，完整性，北京奥运精神遗产体系涵盖了奥林匹克精神、“绿色奥运、科技奥运、人文奥运”理念、各国文化交流，是一个名副其实的宏大理论建构；第

① 李一宁．奥林匹克运动与奥运精神 [J]．体育与科学，2008，29（1）：1-2.

② 林俊，陈作松．2008 年北京奥运会精神遗产的传承机制 [J]．体育科学研究，2012，16（6）：14-19，58.

③ 中国新闻网．胡锦涛：北京奥运会的精神遗产更持久更宝贵 [EB/OL].(2008-08-01)[2020-03-21]. http://www.chinanews.com/olympic/news/2008/08-01/1332944.shtml.

二，独创性，北京奥运实施“绿色奥运、科技奥运、人文奥运”三个理念，这三个理念是奥林匹克运动的创新，为中国乃至世界留下独特的奥运精神遗产；第三，严谨性，在融入“更快、更高、更强”西方语境下的奥运精神后，也植入了中国人的哲学思想，唱响了中国的人文精神，丰富了奥运精神的内涵①。林俊、陈作松等人通过质性研究，梳理出北京奥运精神体系（见图 7–1），并认为“北京奥运以其丰富的内涵，完美诠释了奥林匹克精神，丰富了奥林匹克价值体系，其中国人文与民族精神是对以西方文化为主体的奥林匹克精神的补充，体现了奥林匹克精神的多元文化交融互补性”②。而2022年北京冬奥会将继承这一精神体系并将其发扬光大。

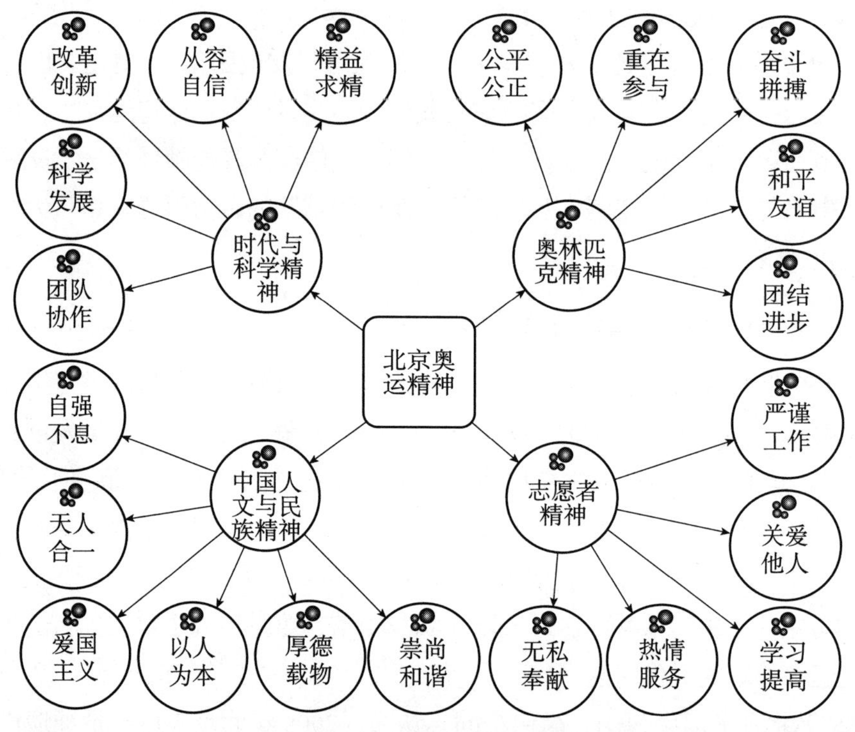


**图 7–1　2008 年北京奥运会精神体系**

资料来源：林俊，陈作松，翁慧婷，等．北京奥运精神遗产质性研究[J]．武汉体育学院学报，2011，45（8）：5-14.

通过奥运精神与北京奥运精神遗产的关系阐释，可见北京奥运精神遗产立足于奥运精神而生，但又与北京文化相融从而超越奥运精神，但同时也扩充奥运精神内涵。因此，奥运精神遗产于奥运精神而言既是继承与融合，也是超越与发展。奥运精神遗产具有较强的

① 程登富，崔雪梅．北京奥运精神遗产的哲学思考与孔子思想解析 [J]．北京体育大学学报，2010，33（22）：10-14.

② 林俊，陈作松，翁慧婷，等．北京奥运精神遗产质性研究 [J]．武汉体育学院学报，2011，45（8）：5-14.

专指性、特殊性，它既依附于奥林匹克运动，又融于主办国城市文化之中，更独立于其他奥运主办国的奥运精神，仅属于主办国及其民众的奥运愿景；而奥运精神则具有较强的包容性、多元性，正是因为“公平竞争、互相理解、友谊团结”的奥运精神本质，多种文明、文化、制度才得以在此相互调节与融合，促使奥运精神历久弥新。

#### 7.1.1.3 2022年北京冬奥会精神遗产内涵

2022年北京冬奥会精神就是伴随着北京冬奥会的产生而产生，在筹办过程中经过文化、制度融合而发展，在北京奥运会结束之后仍然存在的无形的影响物，是中华民族的宝贵财富。北京在申办冬奥之初就曾立下愿景，“通过最大限度地利用北京现有的场馆促进冬季运动的发展，并加快北京北部山区冬季户外运动的发展”①。此愿景凝聚在2022年北京冬奥会的赛事理念中，凸显北京冬奥会精神。从赛事理念的嬗变中可以看出2022年北京冬奥会精神遗产内涵在于两个方面：一是对2008年北京奥运会精神遗产的继承与弘扬，二是针对北京冬奥会精神遗产的诠释与创新。

首先，针对前者，2022年北京冬奥会在申办之初就已确定其申办理念：“以运动员为中心、可持续发展、节俭办赛”②。主要体现在三个方面：第一，奥运志愿服务精神的继承。“以运动员为中心”的申办理念表明要进一步提高志愿服务水平，可继承2008年志愿者精神中的“严谨工作、关爱他人、学习提高、热情服务、无私奉献”，并践行《北京2022年冬奥会和冬残奥会遗产战略计划》中提出的“培养志愿服务人才队伍，形成可传承与借鉴的冰雪运动志愿服务规范与标准”。第二，中国传统文化的持续发扬。以“自强不息”“厚德载物”等为精髓的孔子思想和中国人文思想也可继续作为“中国特色”融于2022年北京冬奥会精神之中，提升中国古文明的传播力度。第三，2008年奥运场馆的复用。据北京冬奥组委规划建设总体规划处处长桂琳介绍，北京冬奥会尽可能利用了2008年的奥运遗产，如“水立方”将举行冰壶和轮椅冰壶的比赛，采用可转化的钢架支撑系统来进行冰面的建设，形成临时的冰面系统，免于成为建筑垃圾。每一个场馆建设，不仅考虑北京2022年会怎么样，同时也会考虑到这个比赛项目能借助场馆建设，有更广阔的发展前景③。可见，2022年北京冬奥会充分继承了2008年北京奥运会的可持续发展理念，并将其运用于实践。

---

① IOC. XXIV Olympic Winter Games 2022 working group report[R/OL].(2014-05-09)[2020-03-22]. https://stillmed.olympic.org/media/Document%20Library/OlympicOrg/Documents/Host-City-Elections/XXIV-OWG-2022/Working-Group-Report-for-the-XXIV-Olympic-Winter-Games-2022.pdf#_ga=2.124064783.42928054.1584842517-571776881.1572101354.

② 徐子齐，孙葆丽，董小燕. 北京2022年冬奥会赛事理念从申办到筹办嬗变探究[J]. 体育文化导刊，2018（6）：25-29.

③ 吴为. 北京冬奥会尽可能利用了2008年的奥运遗产[N]. 新京报，2021-01-11.

其次，针对后者，2022 年北京冬奥会在进入筹办期时理念得以转变：要坚持绿色办奥、共享办奥、开放办奥、廉洁办奥，确保把北京冬奥会办成一届精彩、非凡、卓越的奥运盛会①。申办理念到筹办理念的变化一则展现奥运会的筹办是对奥运精神规划的落实，二则展现奥运精神的动态性发展与创新，更是对奥运精神的全新阐释。其中绿色办奥突出了可持续发展观。例如“冰丝带”国家速滑馆的建设。国家速滑馆是世界上首个采用二氧化碳跨临界直冷制冰技术的冬奥速滑场馆。该技术是目前世界上最先进环保的制冰技术，碳排放趋近于零，制冰能效大幅提升。共享办奥是大众参与的高级形式。共享办奥不仅在于全民参与加入奥运会的筹办，更在于享受奥运会带来的愿景，如交通运输的完善、城市基础设施的健全、区域发展的平衡等。开放办奥则是奥运精神包容性的应有之义。从“一带一路”到“人类命运共同体”的提出，中国一直秉持开放、包容的心态推动中西方文明交融，为了更好地让众多游客在冬奥会期间体会到奥运的开放精神，展示中国良好形象，再一次对《公共场所双语标识英文译法》进行更新与完善，缓解个别用语的混乱状况②。廉洁办奥，即“严格预算管理，控制办奥成本，强化过程监督，让冬奥会像冰雪一样纯洁干净”③，是中国自2014年以来加强反腐倡廉过程中的关键一环，也是针对近年来不断攀高的奥运会筹办成本对国际奥林匹克运动造成的负面影响，响应《奥林匹克 2020 议程》，契合国际奥委会对未来奥运会发展方针的关键规划。

总之，2022 年北京冬奥会从奖牌、奥运火炬、吉祥物等的设计，到开闭幕式晚会的呈现，再到奥运会举办的整体规划，都是展现奥运精神遗产、提升中国文化软实力的绝佳机遇，这既是对奥运精神内涵的扩充与丰富，也是中国文明古老与现代碰撞的精彩呈现。

#### 7.1.1.4　2022 年北京冬奥会遗产对奥运精神的传承

2022 年北京冬奥会遗产是奥运精神的传承载体。作为载体，2022 年北京冬奥会遗产对奥运精神的传承有如下表现：

**第一，大力传播中国文化，促进国民自省。**“中国传统文化源远流长，博大精深，历经五千余年，造就了丰富的传统文化与人文资源。北京奥运精神是中西文化的融合，既体现了以西方文化为主的奥林匹克精神，也体现了中国传统的人文精神和民族精神”④。而此

---

① 新华网 . 习近平对办好北京冬奥会作出重要指示 [EB/OL].(2015-11-24)[2020-03-22]. http://news.xinhuanet.com/politics/2015-11/24/c_1117249109.htm.

② 王迪．2022 年北京冬奥会语言环境建设情况分析和改善对策：以 2008 年北京夏季奥运会为启示 [J]. 四川体育科学，2016，35（5）：9-12.

③ 新华网．习近平对办好北京冬奥会作出重要指示 [EB/OL].(2015-11-24)[2020-03-22]. http://news.xinhuanet.com/politics/2015-11/24/c_1117249109.htm.

④ 林俊，陈作松．2008 年北京奥运会精神遗产的传承机制 [J]．体育科学研究，2012，16（6）：14-19，58.

精神全部注入到了奖牌、奥运火炬、吉祥物等的设计理念，开闭幕式晚会的节目呈现创意，奥运会的整体规划原则、愿景之中。北京冬奥会将全面收集、征集相关文字、音频、视频材料，以及奥运故事，建立2022年北京奥运记忆数据库。利用数据库整合、规范、集中的优势将2022年北京冬奥会精神进行广泛的传播与宣扬，增强国民的自我认知与民族自信心。“北京奥运会全方位贯穿了‘中国元素’，现代性的中国元素，在新的自我认定下，中国被动适应与融合西方的心理逐渐消失了，越来越体现强有力的自信心。”①通过国民自省可以提高我国文化软实力，冲破西方话语体系，进一步促进世界文明包容、共享与开放。

**第二，科学宣传奥运精神，提升全民参与奥运意识**。奥运会的影响力远远超过一般类型的展览和文化活动。随着奥林匹克运动在世界范围内的开展，人们渐渐认识到奥运会过后所留下的不仅是体育场馆等有形的物质遗产和以此延伸的国际奥委会具有的权力遗产，它还会给全社会带来一种隐形的、潜移默化的影响，这种影响包括了奥林匹克精神的传递，奥运会举办城市及其所在国家乃至国家和地区间的和平与发展，全民奥运参与意识的提升，奥林匹克文化的传播与传承，等等。《奥林匹克2020议程》中所界定的“可持续性”“鼓励参与”“体育与文化融合”等也内含了奥林匹克运动对人的自身发展的人文关怀，以及对社会全面进步的价值取向。因此，作为奥运精神遗产的记录载体，奥运遗产的开发利用对于传播奥林匹克运动和奥林匹克精神、提升全民奥运参与意识、发展奥林匹克文化等具有重要的社会意义。

**第三，整合教育素材，促进奥林匹克学发展**。《奥林匹克宪章》规定，一国奥组委的使命和职责之一就是“在本国，特别是在体育和教育领域，通过在各级学校、体育机构和大学推广奥林匹克教育方案，促进奥林匹克的基本原则和价值观的传播，以及鼓励建立奥林匹克教育机构，如国家奥林匹克学院、奥林匹克博物馆和其他与奥林匹克运动有关的项目，包括文化项目”②。“我们要把奥林匹克精神世世代代传承和发扬下去，使奥运圣火在人们心中永不熄灭，使人类的宝贵遗产为振兴中华和提高国民素质服务，重要的途径就是继续坚持奥林匹克教育。”③我们应将北京冬奥会精神的弘扬与传承寓于奥林匹克知识体系之中，通过课堂、体育运动、社会实践等进行“活态”传承，将奥运精神融入学生的学习生活之中，形成常态。例如，2004年雅典奥运会结束后，增加了“奥林匹克活动的组织与管理”的国际硕士课程，从2009年举办至2016年，已有来自不同国家的72名学生参加

① 程登富，崔雪梅，北京奥运精神遗产的哲学思考与孔子思想解析[J]．北京体育大学学报，2010，33（22）：10-14.

② IOC.Olympic charter[R]. Lausanne: International Olympic Committee, 2015: 61.

③ 孔繁敏．人文奥运遗产与“人文北京”建设[J]．北京联合大学学报（人文社会科学版），2009，7（4）：21-23.

该计划[1]，其在促进奥林匹克知识传播的同时，也有力地向世界推广了本国举办经验、文明制度和奥运精神。

## 7.1.2 对人文价值传承的重要意义

### 7.1.2.1 奥运遗产人文价值的内涵

价值强调的是一种效用属性。人文价值是指关于人文主义、人本主义的效用特性。奥林匹克运动全面、深刻地体现着人文价值。从彰显公平公正的赛程设置、体现便利性原则的场馆建设再到充盈激情奋进的赛事活动，人这一主体被前所未有地放置在了体育运动的中心，公正、平等、民主等价值观在奥林匹克运动发展过程中不断被彰显。北京奥运会成功举办最为重大的意义和最为重要的经验，就是彰显了以人为本、和而不同的核心价值，使之超越具体的国家、民族、种族、宗教和文化形态，最大限度地促进人类的相遇、共识和信任。对优雅、尊严、卓越、自我突破和全面发展的追求，是社会主义理想、科学发展观和奥林匹克精神对“人本”的共同理解和奉持；对平等、开放、多样、包容与和谐的追求，既是中国文化一以贯之的精神，也是当下所谓现代、后现代社会东西方应当协力建设的意义世界[2]。

探寻奥运人文价值的关键即在于挖掘各类与奥运相关的事物在发展演进过程中所彰显出的对人的关注和重视。奥运遗产是这种奥运人文价值的集中体现。过去，人们更多地关注有形的场馆建筑、体育设施、市政设计、城市景观、旅游开发等相关事物、活动中人文价值的体现，例如，城市建筑中的人性化设计，体育设施对残疾人参与运动的考虑，人与自然、环境的和谐，等等。现在，人们开始越来越多地关注基于奥运会实现的无形的思想创新、文化特色、健康理念、志愿服务、全球声誉、举办经验、民族自豪感、世界融入感和奥运全周期过程中的集体记忆等，而这些往往都可以通过各类文献，如档案、图书、报刊等记载、传播。借助文献公众可以更具象地感知奥运遗产蕴含的人文价值。因此，此部分主要阐述奥运文献遗产之于人文价值的意义及其实现。

奥运文献遗产的人文价值具体体现于历史记录、科学研究、工作参考和集体记忆等方面。历史记录价值，即奥运文献遗产真实记录了与奥运会相关的事件、人物的历史，是体育、社会、文化、城市等方面的珍贵史料。科学研究价值，即奥运文献遗产可为研究体育产业发展、城市与区域发展、大型集体活动组织、青少年教育、环境保护、文化传播理论提供重要的素材。工作参考价值，例如北京奥组委形成的各种工作方案，作为档案被移交保存于北京市档案馆，为后来广州亚运会、深圳大运会、南京青奥会等大型国际性赛事活

① GEORGIADIS K，THEODORIKAKOS P. The Olympic Games of Athens: 10 years later[J]. Sport in society, 2016, 19(6): 817-827.

② 冯惠玲．北京奥运的人文价值 [M]．北京：中国人民大学出版社，2010.

动筹办、举办提供了直接的经验借鉴①。集体记忆价值，即奥运文献遗产是记录、保存、传播奥运会举办城市和国家民众关于奥运盛会美好记忆的载体和媒介。例如，在庆祝中华人民共和国成立70周年大会上群众游行的“圆梦奥运”方阵，展示了2008年北京奥运会的会徽、火炬、吉祥物以及各种图片、视频，让全体国人重温了北京奥运记忆。这一记忆已经成为激发中华民族自豪感、激励中国人民继续奋斗的精神动力。总之，奥运文献遗产因其文献记录载体的内容丰富性、范围广泛性、利用便捷性和在宏大历史叙事背景下的“书写”特性，相较于其他类型奥运遗产，其人文价值更为内敛、深沉和持久。

#### 7.1.2.2　奥运遗产人文价值的二维属性

奥运文献遗产的人文价值可理解为对构建人文社会的积极性。人文社会亦是具有丰富内涵的概念。总的来说，人文社会就是关注人、重视人并促进人的全面发展的社会，也就自然而然涉及经济、政治、文化、社会和生态的融合发展，因此人文社会应当是对经济发达、政治民主、文化繁荣、社会和谐、生态良好的社会形态的一种总称。奥运文献遗产人文价值所体现的对构建人文社会的积极性就可进一步理解为对构建这样一种社会的正向推动作用。例如如何发挥奥运文献遗产的经济价值，如何通过奥运文献遗产的共享开放推动政务信息共享开放工作，如何利用奥运文献遗产文本内容创造奥运文化作品，以及如何充分发挥奥运文献遗产在历史记录、科学研究、工作参考和集体记忆等方面的价值。具体理解奥运文献遗产人文价值，可从内容和载体两个维度加以思考，即奥运遗产人文价值的二维属性。

内容维度是奥运文献遗产人文价值的基本维度。奥运文献遗产所记录的关于奥运盛会的点点滴滴，本就是最为珍贵的一类文化财富，其内容反映的就是奥林匹克运动对人文社会全面、深刻的推动作用。内容维度的奥运文献遗产人文价值的核心就是形成了奥运促进人文社会发展的“记忆全景”。在社会记忆、文化记忆理论看来，人们可以借助各种外化的媒介感知孕育其中的历史文化，实现与过往记忆的现时互动。在这种意义上，记忆媒介便扮演了串联过去与现在的中介作用。档案、图书、报刊等文献因其相对鲜明的结构化特色和易于感知的表达优势而成为一类重要的记忆媒介。“我们记忆什么与我们如何记忆是直接相关的，即记忆的内容和记忆的载体、媒介和技术方式是密切联系在一起的。”“包括档案在内的文献记录是被人类普遍认可的一种记忆形式。”②米歇尔·福柯（Michel Foucault）也说：“历史是上千年的和集体的记忆的明证，这种记忆依赖于物质的文献以重新获得对自己的过去事情的新鲜感。”③奥运文献遗产就为我们提供了记忆的可能，通过文

① 据本课题组调研北京奥运城市发展促进会资料整理。

② 蔡娜．重大事件档案管理机制研究 [D]．北京：中国人民大学，2011：16.

③ 福柯．知识考古学 [M]．谢强，马月，译．北京：生活·读书·新知三联书店，2003：6.

献去描述、还原奥运全周期，形成奥运记忆。

除内容维度，奥运文献遗产还有载体维度的人文价值。除了将奥运文献遗产本身视为一种奥运遗产外，奥运文献遗产发挥的另一大作用即是“记录遗产的遗产”，在某种意义上，奥运文献遗产因可通过文献记录的形式表达所有奥运相关事物的部分或全部信息，可认为奥运文献遗产是具有最为丰富内涵的奥运遗产。但与之而来的问题便是与奥运相关的事物数量浩如烟海、内容庞杂繁复，奥运遗产始终只能是奥运相关事物的“一部分”，是最能反映奥林匹克运动发展、最能体现奥林匹克精神的那一部分。从奥运相关事物到奥运遗产再转化为文献化表达的奥运文献遗产，其是一个选择过程，即奥运文献遗产的形成是能动建构的结果，是一种社会性的建档行为。正如档案学者所言：“档案馆对社会记忆予以选择性保存”,“档案工作是建构社会记忆的受控选择机制”①。文献本质上是一种记录产物，记录作为一种叙事手段，其“被建构”的色彩较之其他载体更为鲜明，被“遗忘”的是多数，被留存的始终是少数，问题的关键就在于“遗忘”或留存的标准是什么？笔者认为，人文价值就是确定能否转化为奥运文献遗产的核心价值尺度，即要认识到哪些奥运事物对构建人文社会有积极作用，需要进行文献化表达如建档、立著等，从而转化为奥运文献遗产。

#### 7.1.2.3 2022 年北京冬奥会遗产对人文价值的传承

2022 年北京冬奥会遗产对人文价值的传承是多元的，若单从奥运文献遗产来说，其实质是要推进奥运文献遗产的开发利用。而奥运文献遗产的开发利用是一项庞大复杂的系统工程，当前应从以下方面突破：

**第一，树立共享、开放理念。**2022 年北京冬奥会筹办期间的“四个办奥”理念中的倡导“共享办奥”，即积极调动社会力量参与办奥，提高城市管理水平和社会文明程度，加快冰雪运动发展和普及，使广大人民群众受益；倡导“开放办奥”，即借鉴北京奥运会和其他国家办赛经验，弘扬奥林匹克精神，加强中外体育交流，推动东西文明交融，展示中国良好形象②。共享、开放是办奥的根本遵循，也是奥运文献遗产保护与传承的根本遵循，共享、开放的办奥理念更是直接而生动地体现了非凡的奥运人文价值。

2008 年北京奥运会圆满举办之后，北京市档案馆共接收奥运纸质档案 25 万卷，照片档案 38.4 万张（含数码照片），录音录像档案 1.3 万盘（张），电影胶片 79 盘，各类系统数据、电子文件 1TB，实物 1.5 万件，资料 1 万册③。这些档案可谓一个内容丰富、价值巨

① 徐拥军．档案记忆观：社会学与档案学的双向审视 [J]. 求索，2017（7）：159-166.

② 新华社．习近平对办好北京冬奥会作出重要指示 [EB/OL].（2015-11-24）[2020-03-22].http://news.xinhuanet.com/politics/2015-11/24/c_1117249109.htm.

③ 李云波．第 29 届北京奥运会档案工作 [J]．中国档案，2011（7）：22-23.

大的历史和知识宝库。但是，受传统观念影响和落后制度限约，目前这些北京奥运档案只限官方机构利用，而尚未向社会公众开放，因而没有充分发挥其价值。因而，实现奥运文献遗产人文价值首先要求档案馆、图书馆、博物馆等各类奥运文献收藏机构树立共享、开放理念，让社会民众共同享有奥运文献，有途径、有条件共同参与奥运文献的保护与传承，能免费、便捷地共享利用奥运文献。这样，才能使奥运文献遗产真正惠及人民、泽及后代。

**第二，拓展开发利用途径**。相较于赛事场馆等在奥运后仍长期使用的有形奥运遗产，在后奥运时代，奥运文献遗产的直接现实效用相对较小。如何提升奥运文献遗产的“曝光度”和“使用率”是彰显奥运文献遗产人文价值的要义。

实际上，《北京 2022 冬奥会和冬残奥会遗产战略计划》已明确地提出了奥运文献遗产开发的基本途径——筹办知识转移（transfer of knowledge，TOK）和档案管理。TOK 是指“科学规范收集、整理、留存与运用好北京冬奥会筹办信息与知识遗产，总结各业务领域办赛经验，建设冬奥博物馆，研究设立奥林匹克学院，做好知识传承与转移，为未来中国大型赛事和奥运会筹办提供宝贵的智力财富”；档案管理是指“通过筹办工作，科学收集、整理、归纳和留存好北京冬奥会文字档案和实物档案，形成丰厚完整的文字和实物档案遗产，充分发挥其赛后利用、传承和借鉴作用”。以 TOK 为主体的“奥运知识管理”（OGKM）是国际奥委会的指定项目，要求每一届奥运会组委会在办完奥运会后按照清单内容把相关的程序文件（如流程、规范、制度）、形成的办赛经验、实物（奖牌、火炬）等提交给国际奥委会，以供下届奥运会举办城市参考和学习①。因此，记载办赛经验的各类奥运文献遗产在知识和经验的传承中深度体现了普惠、友好、互助等价值，实现了人文价值的传承。TOK 涉及的文献遗产是经过选择的部分文献，是国际奥委会的“规定动作”；而档案管理所涉及的文献遗产则是奥运会的全程记载，即留存关于奥运会的所有文字、图片、音频、视频、实物档案，形成完整的档案遗产，充分发挥赛后借鉴、利用和传承作用，持续发挥奥运会对经济社会发展的促进作用，深度体现奥运文献遗产给全社会带来的长效、深厚的人文价值。

除了上述的筹办知识转移和档案管理两类基本途径外，更广范围层面的社会化传播是奥运文献遗产人文价值实现的关键举措。例如，实施“奥运记忆”工程，构建专题性的奥运数字资源库；加强奥运档案编研工作，围绕奥运人物、事件、比赛等推出更多奥运主题的文献汇编和专题研究成果；基于奥运文献遗产，开发内含奥运人文价值元素的文学作品、影视作品；寻访奥运工程建设者的奋斗历程、挖掘奥运参赛者的拼搏故事，形成励志教育作品；基于各类奥运文献，深度挖掘奥运文化，开发各类奥运文创产品，如明信片、

① 据本课题组调研北京冬奥组委遗产处资料整理。

书签、帆布袋等。

**第三，利用先进信息技术**。信息时代，除了常规的提供查阅、编辑出版、文创开发等手段，要更好地实现奥运文献遗产的人文价值就必须充分运用新兴信息技术，更大范围、更为便捷地实现奥运文献遗产的共享和开放。建议基于2022年北京冬奥会中的各类奥运文献遗产，利用数字手段可视化呈现奥运盛况，并构建永续利用的奥运记忆数字资源库，提供长期的在线免费开放利用，促进奥运国家记忆的形成和发展，深度体现奥运文献遗产推动建构社会记忆的人文价值。如新华社基于历史资料，建立了包含历届奥运会举办地及各项目成绩信息的反映百年奥运项目全览的数据库，并做到了可视化呈现①。网易、搜狐等媒体也利用奥运历史资料构建了包含运动员、运动队、项目、场馆等丰富要素的奥运资料库，供社会公众在线浏览②。

**第四，整合社会各界力量**。奥运文献遗产来源广泛、形式多样，要真正实现奥运文献遗产的人文价值就必须充实开发利用力量，让奥运文献遗产人文价值能从社会中更好地被挖掘出来，能在社会中更好地被体现出来。从此时至2022年北京冬奥会结束之后，要鼓励高校、企事业单位和社会公众参与奥运文献遗产形成、收集、利用乃至编研的全过程，形成全社会开发利用奥运文献遗产的良好氛围，让奥运文献遗产的人文价值得到最大限度的体现。英国是奥运遗产研究的先行国家之一，伦敦大学学院、曼彻斯特城市大学、拉夫伯勒大学等高校的学者已发表了相当数量的关于奥运遗产的研究文章，并且普遍关注的是体育与人的关系，探索奥运如何与体育发展、城市规划、环境治理、市政形象等议题交互融合，如奥运遗产对英国国民体质健康水平的影响等③。近年来，也可看到有民间人士收藏奥运会开闭幕式媒体手册等奥运文献遗产，民间体育收藏文化不断发展。

## 7.2 2022年北京冬奥会遗产传承的计划

### 7.2.1《北京2022年冬奥会和冬残奥会遗产战略计划》内容概述

为充分贯彻“绿色、共享、开放、廉洁”的办奥理念，践行《奥林匹克2020议程》和《奥林匹克2020议程：奥运会新规范》，北京冬奥组委于2019年2月19日发布《北京

① 新华社．百年奥运项目全览[EB/OL].（2016-08-08）[2019-10-10].http://www.xinhuanet.com//video/sjxw/2016-08/08/c_129212585.htm.

② 网易奥运．奥运资料库[EB/OL].（2016-09-12）[2019-10-10]. http://info.2012.163.com/match/olympic/；搜狐体育．搜狐里约奥运报道专题[EB/OL].（2016-09-12）[2019-10-10]. http://2016.sohu.com/2016aoyuninfo/.

③ 史国生，范妤婧，吕季东．奥运遗产研究前沿与热点分析[J]．成都体育学院学报，2018，44（6）：68-73.

2022年冬奥会和冬残奥会遗产战略计划》，该计划主要涵盖指导思想和目标、重点任务、实施步骤、保障措施等4个方面内容，并“依据国际奥委会、国际残奥委会和申办承诺的相关要求，围绕北京冬奥会筹办工作实际，结合主办城市发展目标和京津冀协同发展国家战略编制。通过筹办北京冬奥会，努力创造体育、经济、社会、文化、环境、城市发展和区域发展7方面35个领域的丰厚遗产，为主办城市和区域长远发展留下宝贵财富，惠及广大人民群众，实现奥林匹克运动与城市、区域发展的双赢”①。国际奥委会第一副主席小萨马兰奇通过视频祝贺并表示：“期待北京2022年冬奥会后丰厚的奥运遗产，将激励更多人参与冰雪运动。同时，通过高效的筹办工作，遗产项目赛后可持续发展，这些都是无形遗产。而延庆和张家口赛区的新建场馆等有形遗产，将极大促进冰雪运动发展，新建的京张高铁将有史以来第一次连通奥林匹克赛场，也将连通整个世界，这些将都是使我们长期受益的重要遗产。”②

首先，《北京2022年冬奥会和冬残奥会遗产战略计划》中的7项遗产目标（见图7–2），分别是体育遗产、经济遗产、社会遗产、文化遗产、环境遗产、城市发展遗产以及区域发展遗产，后又具体分解为35项遗产任务（见图7–3），构成了北京冬奥会遗产内容体系。而2013年国际奥委会编写的《奥林匹克遗产手册》将奥运遗产框架划分为5项，分别是体育遗产、社会遗产、环境遗产、城市遗产以及经济遗产。两者对比可发现，北京冬奥会遗产的规划多出了文化遗产与区域发展遗产。据《奥林匹克遗产手册》，国际奥委会设定的社会遗产实质上是文化、社会和政治遗产的总和③。北京冬奥组委将文化遗产单独列出则是要突出中华文明，以借助奥运会提升中国文化软实力，促进开放多元的世界文化与中国优秀文化交融。而区域发展遗产则是由北京冬奥会跨区域举办的特殊性决定，再一次凸显中国特色。由此，北京冬奥组委规划的遗产框架与国际奥委会的规定既相互一致，又根据中国实际有所延展。北京冬奥组委规划的7项遗产目标、35项遗产任务均是在筹办和举办冬奥会期间形成的、具有积极影响的、物质形态与非物质形态的人类财富。7项遗产的创造，涉及政治、经济、文化、科技、民生等各个领域的提升与发展，既全面反映了北京2022年的奥运愿景，又符合奥运遗产的可扩展原则，这也说明随着各界奥运会遗产实践的加深与推广，奥运遗产的价值必然会得到更为丰富的认知。

---

① 北京2022年冬奥会和冬残奥会组织委员会.《北京2022年冬奥会和冬残奥会遗产战略计划》正式发布[EB/OL].(2019-02-19)[2021-02-11].https://www.beijing2022.cn/a/20190219/009160.htm.

② 北京2022年冬奥会和冬残奥会组织委员会.《北京2022年冬奥会和冬残奥会遗产战略计划》正式发布[EB/OL].(2019-02-19)[2021-02-11].https://www.beijing2022.cn/a/20190219/009160.htm.

③ International Olympic Committee. Olympic legacy[R]. Lausanne: International Olympic Committee, 2013: 24.

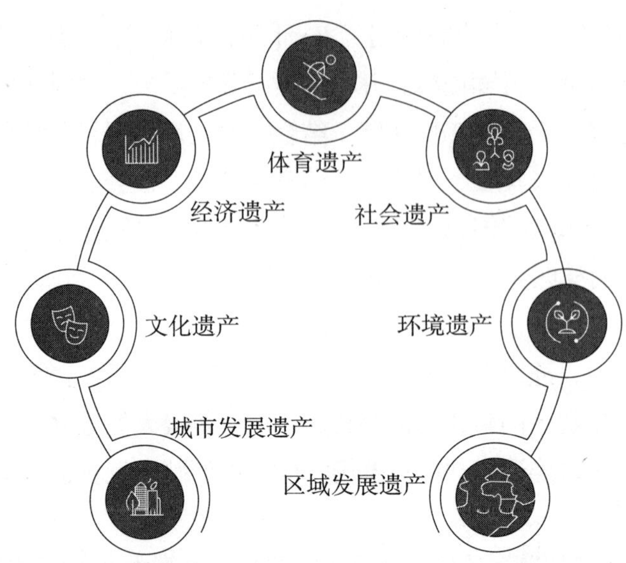


**图 7–2　北京冬奥会遗产目标类型**

资料来源：北京冬奥组委总体策划部．北京2022年冬奥会和冬残奥会遗产战略计划[R/OL].(2019-02-19)[2021-02-13].http://mat1.gtimg.com/bj2022/beijing2022/yichanzhanluejihua.pdf.

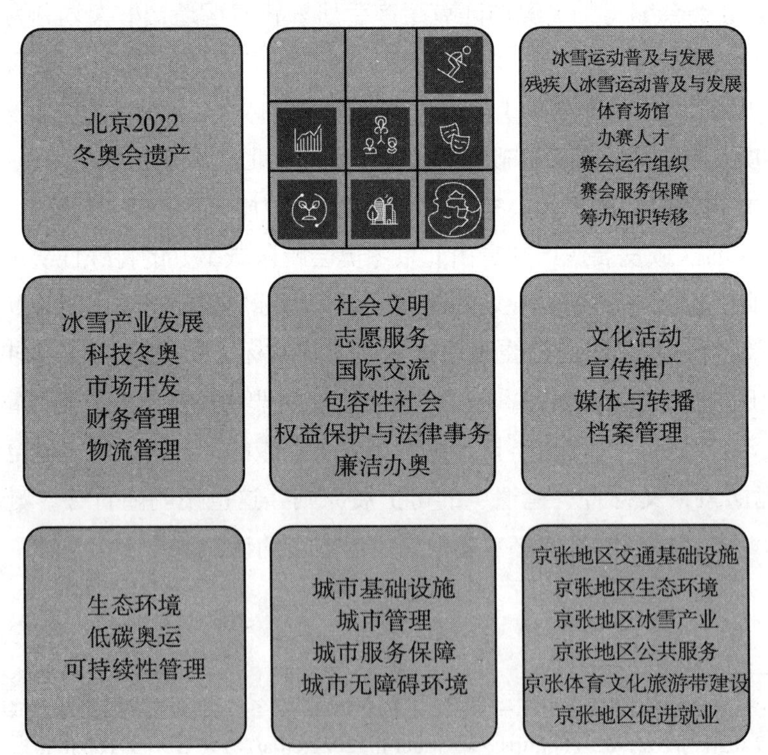


**图 7–3　北京冬奥会遗产内容体系**

资料来源：　北京冬奥组委总体策划部．北京2022年冬奥会和冬残奥会遗产战略计划[R/OL].(2019-02-19)[2021-02-13].http://mat1.gtimg.com/bj2022/beijing2022/yichanzhanluejihua.pdf.

其次，《北京2022年冬奥会和冬残奥会遗产战略计划》规定遗产工作实施步骤从2017年至2023年（见图7–4），时间上贯穿冬奥会周期，符合国际奥委会发布的《遗产战略计划》要求。并从组织、机制、宣传、监督等各个方面加强保障。其中，组织工作上设立北京2022年冬奥会和冬残奥会遗产协调工作委员会（见图7–5），“由北京冬奥组委、中央和国家有关部门、北京市和河北省有关单位各一名司局级领导担任委员，统筹推动主办城市和地区遗产相关工作。设立遗产协调工作委员会办公室，组织协调各方面遗产工作的实施。由北京冬奥组委各部门牵头，中央和地方有关部门为支持与配合部门，组建遗产专项工作组，具体落实遗产重点任务，组建由专家库和协作机构组成的外部支持团队，提供专家咨询和遗产项目评估与总结”[①]。随着工作的具体开展，该委员会可灵活增加成员单位，具备一定的扩展性。此外，为响应“廉洁办奥”的号召，达成“纯洁的冰雪，激情的约会”的冬奥会愿景，《北京2022年冬奥会和冬残奥会遗产战略计划》还设置统筹协调、协同联动、检查监督的工作机制，将奥运遗产列入北京冬奥会监督考核等系列保障措施中。北京市纪委监委向北京冬奥组委派出监察专员，并成立监察专员办公室，与北京市冬奥会监督工作领导小组办公室合署办公，专门负责冬奥监督检查工作。监察专员可列席北京冬奥组委以及市2022年冬奥会工程建设指挥部重要会议，及时掌握冬奥筹办工作进展情况。建立起监察专员办公室统筹协调，市纪委监委机关部室、区纪委监委、派驻机构、巡视机构、企业纪委协同配合的冬奥监督工作体系。各相关区纪委监委、派驻纪检监察组、企业纪检监察部门每月向监察专员办公室报送冬奥筹办、监督工作情况信息，实现了纪律监督、监察监督、派驻监督、巡视监督在冬奥监督工作中的全覆盖。河北省纪委监委与北京市纪委监委建立协同监督机制，制定了《关于建设2022年北京冬奥会、冬残奥会筹办工作的协同监督工作机制》，明确定期沟通、问题线索移送、联合监督检查、审查调查协作配合、组织保障五项合作机制。张家口市纪委监委与延庆区纪委监委共同出台《关于建立冬奥会筹办监督协同合作工作办法》[②]。三地形成监督合力，共同强化2022年北京冬奥会遗产在空间上的统筹以及各项工作责任的落实，确保各项遗产工作稳步推进。

① 北京冬奥组委总体策划部.北京2022年冬奥会和冬残奥会遗产战略计划[R/OL].(2019-02-19)[2021-02-13].http://mat1.gtimg.com/bj2022/beijing2022/yichanzhanluejihua.pdf.

② 田国垒.“让冬奥会像冰雪一样纯洁干净”[N].中国纪检监察报，2019-01-03.

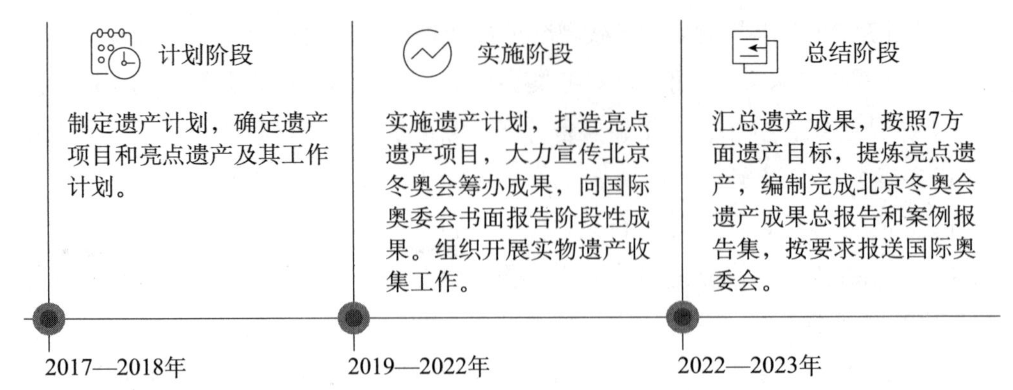


**图 7–4　北京 2022 遗产工作实施步骤**

资料来源：吴东．一图读懂《北京2022年冬奥会和冬残奥会遗产战略计划》[EB/OL].(2019-02-20)[2020-02-13]. http://ie.bjd.com.cn/5b165687a010550e5ddc0e6a/contentApp/5b16573ae4b02a9fe2d558f9/AP5c6c835ae4b04c0f0a51536d.html?isshare=1.

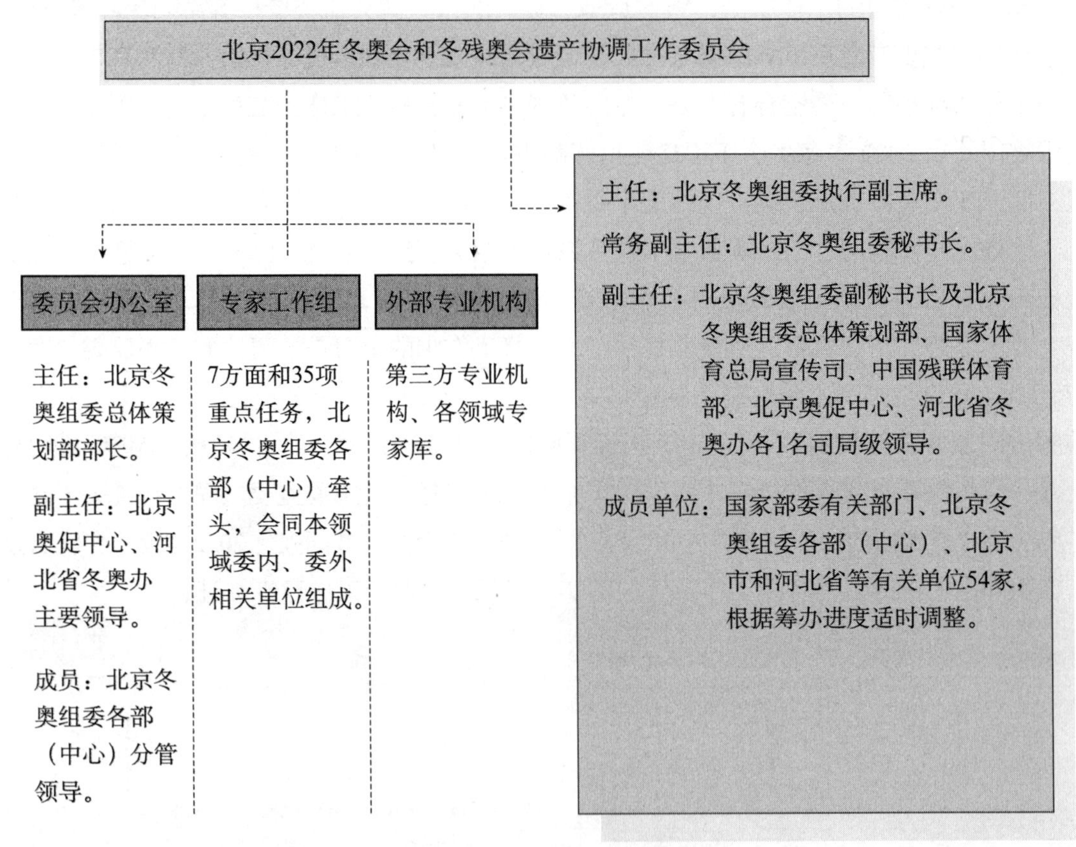


**图 7–5　北京 2022 遗产工作组织保障**

资料来源： 吴东.一图读懂《北京2022年冬奥会和冬残奥会遗产战略计划》[EB/OL].(2019-02-20)[2020-02-13]. http://ie.bjd.com.cn/5b165687a010550e5ddc0e6a/contentApp/5b16573ae4b02a9fe2d558f9/AP5c6c835ae4b04c0f0a51536d.html?isshare=1.

### 7.2.2 《北京 2022 年冬奥会和冬残奥会遗产战略计划》实施进展

2019 年 5 月 16 日，为助力《北京 2022 年冬奥会和冬残奥会遗产战略计划》的启动和实施，推动北京与张家口城市建设及京津冀协同发展，在国家体育总局、北京冬奥组委指导下，由北京体育大学和光明日报社联合主办了第二届冬奥文化前沿论坛。北京体育大学党委书记、校长曹卫东在论坛上表示，“北京 2022 年冬奥会已进入倒计时，各项筹备工作正紧锣密鼓推进，此次论坛不仅是一次学术交流的盛会，更是落实《北京 2022 年冬奥会和冬残奥会遗产战略计划》提出的 7 大战略目标、让冬奥会和冬残奥会真正为主办城市和区域长远发展留下宝贵财富并长久惠及人民群众的生动实践”①。自《北京2022年冬奥会和冬残奥会遗产战略计划》发布两年以来，7 大目标遗产工作均稳步推进，35 个重点任务正在逐个攻破。以下具体介绍各项目标遗产实施情况：

#### 7.2.2.1　体育遗产

体育政策上，国家体育总局联合其他部门发布并实施《冰雪运动发展规划（2016—2025 年）》《全国冰雪场地设施建设规划（2016—2022 年）》《群众冬季运动推广普及计划（2016—2020 年）》《冬残奥项目振兴计划》《北京 2022 年冬奥会和冬残奥会人才行动计划》等多项政策，在普及冬季体育运动知识和项目、推动大众（包括残疾人）冰雪体育事业发展方面起到了积极的制度激励作用，有助于实现“带动三亿人参与冰雪运动”的战略目标。

冬奥场馆设施上，自《北京 2022 年冬奥会和冬残奥会遗产战略计划》发布实施以来，各地冬奥场馆建设规划、赛后运用都有了具体安排。例如，延庆赛区将利用国家高山滑雪中心、国家雪车雪橇中心和延庆冬奥村这 3 个新建场馆联合推动大众滑雪道建设，打造山地体育公园。春夏秋三季作为户外拓展训练中心，发展山地自行车、登山攀岩、徒步、滑草等户外项目；冬季开展滑雪项目，大力发展大众体育事业。张家口赛区利用“三场一村”（国家跳台滑雪中心、国家越野滑雪中心、国家冬季两项中心、张家口冬奥村）建设奥林匹克公园，同时依托奥运资源，打造“世界级旅游目的地”②。目前三大赛区由建设阶段转入测试就绪阶段。各竞赛场馆的场馆运行团队已经全部组建完毕，并驻场办公。

筹办知识转移上，冬奥博物馆于 2020 年 6 月 24 日在崇礼主城区正式开工建设，规划总建筑面积 24 035 平方米，将采用博物馆、图书馆“两馆合一”的建筑方式，并设立图

---

① 人民网 . 第二届冬奥文化前沿论坛圆满举行 [EB/OL].(2019-05-17)[2021-02-13].http://sports.people.com.cn/n1/2019/0517/c407727-31090220.html.

② 北京 2022 年冬奥会和冬残奥会组织委员会 . 冬奥延庆、张家口新建赛区将永久保留 [EB/OL].(2019-03-01)[2021-02-14].https://www.beijing2022.cn/a/20190301/004814.htm.

书阅览区、咖啡休闲厅等多个功能分区，预计于2021年底开馆运营①。奥林匹克学院则由首都体育学院承接建设，以期建设成为“双奥之城”的特色人才培养机构，并依托首都体育学院已有的奥林匹克教育师资力量传承北京奥运遗产②。国家社会科学基金重大委托项目“北京2022年冬奥会和冬残奥会遗产助力国家发展战略研究”也交由首都体育学院研究院谢军主持，主要包括2022年北京冬奥会、冬残奥会奥运遗产助力文化自信、“一带一路”倡议、健康中国战略、京津冀协同发展战略和创建北京国际奥林匹克学院等5个方向的研究内容③。

#### 7.2.2.2 经济遗产

经济遗产主要指向我国的冰雪产业和科技奥运。2017年，中国冰雪产业联盟成立，目标是更好地推动我国冰雪产业转型升级。北京奥运城市发展促进会、国研经济研究院中国冰雪经济研究中心、清华长三角研究院产城融合研究中心、中国建筑设计研究院城镇规划设计研究院、海陆丝路城市联盟体育委员会和《中国滑雪产业白皮书》于2020年4月16日联合发布《关于新型冠状病毒感染的肺炎疫情对中国冰雪产业的影响调查总结报告》，其中显示，新冠肺炎疫情对中国冰雪运动影响巨大，全国共有130场冰雪相关的比赛、活动因疫情取消，冰雪产业错失春节黄金周，冰雪消费断崖式下降，冰雪产业从业者面临巨大经营压力。此次疫情直接关闭了春节与随后的消费市场，导致冰雪产业失去了2019至2020年冰雪季中最重要的消费市场。为积极应对冲击，东北、张家口崇礼区域的多个雪场在疫情好转后，纷纷在2月下旬或3月上旬复工开业④，并快速实现冰雪旅游复苏。

据《中国冰雪旅游发展报告2021》，55%参与调查的消费者有意愿进行长距离冰雪旅游，82%的游客有意愿进行短距离冰雪休闲旅游活动，有53%以上的消费者会选择维持往年消费水平或者增加预算。研究预计，2020—2021年的冰雪季，中国冰雪休闲旅游人数将达到2.3亿人次，冰雪休闲旅游收入超过3 900亿元，冰雪旅游红利将惠及更多的中老年人、青少年、低收入群体等。同时，南方冰雪经济也正在快速发展，在浙江杭州、宁波等地就有多家大型室内真冰场，为冰雪爱好者提供完善的冰雪运动休闲设施，创造了

---

① 中国奥委会官方网站．国内首家冰雪和冬奥主题博物馆在崇礼开工建设[EB/OL].(2020-06-28)[2021-02-14].http://www.olympic.cn/news/olympic/2020/0628/334236.html.

② 韩子荣，谢军．北京“奥运遗产”可持续发展：新视角与新机遇[J]．首都体育学院学报，2020，32（5）：385-388.

③ 谢军，汪流．北京冬奥会和冬残奥会遗产助力国家发展战略的研究框架构建[J]．北京体育大学学报，2020，43（4）：33-39.

④ 中国贸易新闻网．冰雪产业应对疫情开拓思路[EB/OL].(2020-04-23)[2021-02-14].http://www.chinatradenews.com.cn/content/202004/23/c107008.html.

“四季冰雪”的机会①。疫情防控和消费升级倒逼冰雪旅游市场需求结构加速调整，冰雪经济目前正在优化产业结构，进一步丰富、平衡市场供给。

此外，2022年北京冬奥会依旧被各种“黑科技”包围。场馆建设上，国家速滑馆“冰丝带”的钢索“天幕”、二氧化碳制冰系统，国家游泳中心“水立方”的“水冰转换”系统等背靠的是无数项攻坚克难的专利设计；同时所有场馆实现了5G全覆盖，从而成功引入“室内外一体化定位导航系统”“全域数字孪生系统”等技术，为观赛服务配备“智慧大脑”②。冬奥筹办过程中无处不在的科技“底色”，更彰显了中国自主创新的科技“底气”。

#### 7.2.2.3　社会遗产

社会遗产内容丰富、形式多样。其中，在北京冬奥会倒计时1 000天之际，《北京2022年冬奥会和冬残奥会志愿服务行动计划》发布，并于2019年12月5日启动志愿者全球招募。截至2020年12月4日，全球网络招募报名系统总浏览量3 404万人次，报名成功人数超过96万。报名者中18~35岁青年占比95.76%，在校学生占比85.01%，海外志愿者申请人占比1.11%，残障人士共有1 965人。同时，北京冬奥组委相继出台赛会志愿者《招募工作总体方案》《培训工作方案》《宣传工作实施意见》《保障政策》《激励工作指导意见》及相约北京系列冬季体育赛事志愿者工作的系列文件，并持续优化各场馆志愿者的人员、岗位、来源计划等，为赛会志愿者和测试赛志愿者工作奠定了良好的基础③。

受疫情影响，北京冬奥组委多次同国际奥委会、国际滑雪联盟、国际冰球联盟等国际组织交流协调，获取了广泛的支持与肯定。巴赫在北京2022年冬奥会代表团团长会开幕式上致辞：“中国在应对新冠肺炎疫情方面表现出色，国际奥委会对北京冬奥会的成功举办充满信心。我们认为中国已做好了准备，迎接全世界顶尖运动员们参加这一历史性的体育盛会。现在距北京冬奥会还有一年时间，希望北京冬奥组委与国际奥委会和国际单项体育联合会密切合作，确保赛事安全顺利举办。希望各国家（地区）奥委会与北京冬奥组委、国际奥委会共同携手应对疫情挑战，为实现全世界运动健儿的冬奥梦想贡献力量。”④对新冠肺炎疫情危急时刻的应对再次展现了北京冬奥会开放包容、互利合作的和平共赢精神。

---

① 楼俊超．丰富市场供给，推动冰雪经济持续升温 [EB/OL].(2021-02-03)[2021-02-14].https://m.gmw.cn/baijia/2021-02/03/34593566.html.

② 刘乐艺．智慧冬奥－科技之光 [EB/OL].(2021-02-09)[2021-02-14].https://baijiahao.baidu.com/s?id=1691176259564858754&wfr=spider&for=pc.

③ 北京2022年冬奥会和冬残奥会组织委员会．筑梦同行：北京冬奥会和冬残奥会志愿者工作扎实推进 [EB/OL]. (2020-12-05)[2021-02-14].https://www.beijing2022.cn/a/20201205/006455.htm.

④ 北京2022年冬奥会和冬残奥会组织委员会．北京2022年冬奥会代表团团长会开幕 [EB/OL].(2021-02-02)[2021-02-09].https://www.beijing2022.cn/a/20210202/008299.htm.

#### 7.2.2.4 文化遗产

文化活动方面，继续推进实施《北京2022年冬奥会和冬残奥会遗产战略计划》，策划组织形式多样的冬奥主题活动。例如，北京市石景山区积极创建“带动三亿人参与冰雪运动”示范区，2020年全区举办冬奥主题活动100余场，有力营造市民参与冬奥的氛围，带动群众参与冰雪运动[①]。北京冬奥组委还于2020年9月21日实施“北京2022年冬奥会官方电影青年电影人全球招募计划”，为百年奥运盛会留下珍贵的影像记录。此外，《北京2022年冬奥会和冬残奥会遗产战略计划》将“档案管理”列为创造文化遗产的重点任务之一。鉴于此，2016年6月13日，北京档案馆举办“残奥之光——从海德堡到北京”展，展览通过153张图片展示了残奥精神跨越欧亚大陆，从海德堡到北京一脉传承，并与中国传统文化融合发展的历程；诠释了残疾人追求平等、渴望融合、自强不息的精神[②]。河北省档案馆响应《北京2022年冬奥会和冬残奥会遗产战略计划》要求，于2020年8月18日先后赴张家口市冬奥办、张家口市崇礼区档案馆、崇礼区冬奥办开展指导服务，确保冬奥档案的齐全、完整和安全保管[③]。《2021年政府工作报告》中特别指出“更好满足人民群众精神文化需求。培育和践行社会主义核心价值观，弘扬伟大抗疫精神和脱贫攻坚精神，推进公民道德建设。繁荣新闻出版、广播影视、文学艺术、哲学社会科学和档案等事业。加强互联网内容建设和管理，发展积极健康的网络文化。传承弘扬中华优秀传统文化，加强文物保护利用和非物质文化遗产传承，建设国家文化公园。推进城乡公共文化服务体系一体建设，创新实施文化惠民工程，倡导全民阅读。深化中外人文交流。完善全民健身公共服务体系。精心筹办北京冬奥会、冬残奥会等综合性体育赛事”[④]。这是我国首次将“档案”“遗产”“北京冬奥会”同时写入政府工作报告中，切实促进了北京冬奥会愿景的可持续、多元文化的可融合。

#### 7.2.2.5 环境遗产

环境遗产的创造倡导生态管理、绿色环保、可持续发展，为此，北京冬奥组委做出了一系列努力。冬奥体育场馆尽最大可能沿用2008年北京奥运会体育场馆，并利用科技创新确保场馆节能环保，且布局十分集聚，不仅方便运动员比赛、赛事组织和观众观赛，而且很多设施可在赛区内共用，如安检设施、停车设施、转播设施、后勤保障设施等，将大

① 潘俊强 . 2020年举办冬奥会主题活动百余场 [EB/OL]. (2021-01-07)[2021-02-14].https://baijiahao.baidu.com/s?id=1688178390129716400&wfr=spider&for=pc.

② 北京市档案信息网 .【已撤展】“残奥之光：从海德堡到北京”展览6月13日在市档案馆正式推出 [EB/OL].(2016-06-17)[2021-02-14].http://www.bjma.gov.cn/bjma/330228/331442/331443/319819/index.html.

③ 河北省档案馆开展冬奥档案指导服务 [N]. 中国档案报，2020-08-17.

④ 中国政府网 .2021年政府工作报告 [R/OL].(2021-03-05)[2021-03-27].http://www.gov.cn/zhuanti/2021lhzfgzbg/index.htm?_zbs_baidu_bk.

大节省投资，体现了节俭办赛的理念[①]。同时，赛区筹建上，因延庆赛区内植物资源丰富，奥运施工建设坚持“避让”原则，对于无法避让的保护植物采取生境相近的近距离近地保护或远距离迁地保护，从赛区共计近地移植 11 027 株珍稀植物，对 2.4 万株树木实施迁地保护[②]。

2019 年 6 月 23 日，依照《主办城市合同》和申办承诺，实现低碳管理，推进生态文明建设，北京冬奥会组委发布《北京 2022 年冬奥会和冬残奥会低碳管理工作方案》，采取碳减排和碳中和措施，实现北京冬奥会低碳目标[③]。随后，为充分贯彻《奥林匹克 2020 议程》，积极响应联合国《2030 年可持续发展议程》，2020 年 5 月 15 日，北京冬奥组委正式发布《北京 2022 年冬奥会和冬奥残奥会可持续性计划》。该计划提出了“可持续・向未来”北京冬奥会可持续性愿景，确定了“创造奥运会和地区可持续发展的新典范”总体目标，明确了“环境正影响”“区域新发展”“生活更美好”三个重要领域，提出了 12 项行动、37 项任务和 119 条措施。其实施将北京冬奥会与北京市、河北省的赛区环境、区域发展和民生改善有机融合，将以冬奥会筹办为契机，为生态环境改善书写新方案，为区域和城市发展打造新模式，为人与社会进步创造新境界，也将为奥林匹克运动做出新贡献[④]。系列措施均为冬奥的可持续发展做出了突出贡献，实现了中国的申奥承诺。

#### 7.2.2.6　城市发展遗产

虽然《北京 2022 年冬奥会和冬残奥会遗产战略计划》于 2019 年正式发布，但据遗产工作实施步骤，2017 年我国就已开始进行北京冬奥遗产的规划与落实。以城市无障碍环境为例，北京冬奥组委与中国残联、北京市政府、河北省政府于 2018 年 9 月 7 日正式发布《北京 2022 年冬奥会和冬残奥会无障碍指南》。该指南遵循“公平、尊严和适用”的基本原则，以安全性为首要出发点，加强了信息无障碍、服务无障碍等薄弱环节，特别是突出无障碍环境的系统性、连贯性，促进形成闭合的无障碍环境；并在国内首次提出无障碍卫生设施的设置比例要求，即为每 15 个有需求的人提供 1 个无障碍大便器、1 个无障碍小便器；关于场馆座席的无障碍要求，不只是一定数量的轮椅座席和陪同座席，还要求一定数量的礼遇座席，服务于孕妇、老人等不乘轮椅的行动不便人士，更加体现通用性；场

① 北京 2022 年冬奥会和冬残奥会组织委员会 . 北京 2022 年冬奥会场馆布局特点 [EB/OL].(2016-04-25)[2021-02-15].https://www.beijing2022.cn/a/20160425/006330.htm.

② 梁璇 . 北京冬奥会筹办工作的“可持续”手账 [EB/OL].(2020-08-04)[2021-02-15].https://baijiahao.baidu.com/s?id=1674046266528892714&wfr=spider&for=pc.

③ 北京 2022 年冬奥会和冬残奥会组织委员会 . 北京 2022 年冬奥会和冬残奥会低碳管理工作方案 [EB/OL].(2019-06-24)[2021-02-15].https://www.beijing2022.cn/a/20190624/003257.htm.

④ 北京 2022 年冬奥会和冬残奥会组织委员会 . 北京冬奥组委正式发布可持续性计划 [EB/OL].(2020-05-15)[2021-02-15]. https://www.beijing2022.cn/a/20200515/000007.htm.

馆在入场时，对排队区提出了宽度、坡度和休息座椅的要求；特意设置单独的“安检”一节，提出要求使受检的残障人士保有尊严。通过指南的实施，北京冬奥组委期望能够提高民众的无障碍意识，留下无障碍制度遗产、无障碍设施遗产，规范引导各领域提高无障碍设施水平，推动建设与国际先进水平接轨的，符合公平、尊严、适用性原则的无障碍环境①。从各处细节完善无障碍环境建设，充满人性化的城市环境更有利于提升整个城市治理服务的水平，增加市民对城市生活的满意度。

#### 7.2.2.7　区域发展遗产

区域发展遗产涉及区域交通、环境、经济、公共服务、旅游、就业等多个方面的建设与发展，其中以京张高速铁路的修建最为瞩目。京张高速铁路是 2022 年北京冬奥会的重要交通保障设施，是中国第一条采用自主研发的北斗卫星导航系统、设计速度 350 千米 / 小时的智能化高速铁路，也是世界上第一条最高设计速度 350 千米 / 小时的高寒、大风沙高速铁路。2016 年 4 月 29 日，京张高速铁路开工建设，并于 2019 年 12 月 30 日建成开通运营，是国家规划实施的“八纵八横”京兰通道东段的重要组成部分，实现了北京至延庆 20 分钟、延庆至张家口 30 分钟、北京至张家口 50 分钟到达。习近平总书记强调：“京张高铁是北京冬奥会的重要配套工程，其开通运营标志着冬奥会配套建设取得了新进展，其他各项筹备工作也都要高标准、高质量推进，确保冬奥会如期顺利举办。”②

北京冬奥会带动区域发展效果也持续显现。生态环境联防联治，统一京津冀地区空气重污染应急预警分级标准，推进京津冀“六河五湖”等重要河湖和湿地生态保护与修复、“三北”防护林等重大生态工程建设；产业发展互补互促，截至 2019 年底，中关村延庆园体育类关联性企业总数已达 82 家，延庆冰雪体育产业生态圈初步形成，同时，冬奥带动了延庆区四季旅游升温，民宿产业快速有序发展，提供了大量的就业岗位；公共服务共建共享，签署冬奥会京冀医疗保障合作协议，结合赛时定点医院、医务室的配置，帮助延庆区筹建医疗服务中心；京津冀人才一体化，在北京市教委、河北省教育厅等单位大力支持下，与 23 所京冀地区高校展开合作，招收了 761 名赛时实习生，为办赛和赛后发展打下良好的人才基础③，也促进将来更广泛的产、学、研协同与教育合作。

---

① 北京 2022 年冬奥会和冬残奥会组织委员会 . 北京 2022 无障碍指南正式发布 要求冬奥场馆有礼遇座席服务行动不便人士 提倡“信息无障碍”和“服务无障碍”[EB/OL].(2018-09-07)[2021-02-14].https://www.beijing2022.cn/a/20180907/072343.htm.

② 中华人民共和国中央人民政府 . 习近平对京张高铁开通运营作出重要指示 [EB/OL].(2019-12-30)[2021-02-15].http://www.gov.cn/xinwen/2019-12/30/content_5465202.htm.

③ 北京发布 . 北京冬奥会带动区域发展效果持续显现 [EB/OL].(2020-12-09)[2021-02-15].https://weibo.com/ttarticle/p/show?id=2309354580221025124417.

# 第8章
# 2022年北京冬奥会遗产传承的机制与路径

随着进入冬奥会“北京周期”，如何汲取奥运遗产保护与传承的经验和教训，做好2022年北京冬奥会遗产的保护与传承，成为一项重要工作。在前述研究的基础上，本章从宏观与微观两个层面探讨2022年北京冬奥会遗产保护与传承的机制与路径。

## 8.1 宏观层面

### 8.1.1 2022年北京冬奥会遗产保护与传承的指导思想

如今，奥林匹克再次进入北京时间，北京成为世界第一个既举办夏季奥运会又举办冬季奥运会的“双奥之城”。习近平总书记强调：“要发挥北京冬奥会、冬残奥会筹办对城市发展的促进作用，落实首都城市战略定位，进一步发挥北京对京津冀区域发展的辐射带动作用。”①2020年5月15日，国际奥委会、国际残奥委会和北京冬奥组委同步发布了《北京2022年冬奥会和冬残奥会可持续性计划》。该计划“提出了‘可持续·向未来’北京冬奥会可持续性愿景，确定了‘创造奥运会和地区可持续发展的新典范’总体目标，明确了‘环境正影响’‘区域新发展’‘生活更美好’三个重要领域……将北京冬奥会与北京市、河北省的赛区环境、区域发展和民生改善有机融合，将以冬奥会筹办为契机，为生态环境改善书写新方案，为区域和城市发展创造新模式，为人与社会进步创造新境界，也将为奥林匹克运动做出新贡献”②。这是奥运建设与举办城市发展融为一体的具体体现。笔者认为，“双奥之城”的遗产不仅能够留存奥运城市的发展历史，更应积极参与城市建设，将北京冬奥会精神内核、遗产价值内涵寓于城市建设之中，鼓励民众共建共享北京奥运记忆数字资源库，将有益于北京冬奥会的可持续性发展，最大力度彰显北京冬奥会遗产价值。因

① 新华网．习近平听取北京冬奥会冬残奥会筹办工作情况汇报 [EB/OL].(2016-03-18)[2020-08-13]. http://www.xinhuanet.com/politics/2016-03/18/c_1118378932.htm.

② 北京冬奥组委.《北京2022年冬奥会和冬残奥会可持续性计划》发布 [EB/OL].（2020-05-15）[2020-08-13]. http://www.olympic.cn/news/olympic/2020/0515/324977.html.

此，2022 年北京冬奥会遗产的保护与传承机制确立了“联动式 + 融合式”的指导思想。

#### 8.1.1.1 联动式合作

联动式合作是指要加强横向与纵向上的联系与协作。通过“横向 + 纵向”的发展模式以延伸和扩展北京冬奥会遗产的整体效应，从北京、延庆、张家口三赛区扩展至整个国家，确保奥运愿景可持续地造福于城市建设。

首先是横向扩展。北京冬奥会遗产的保护与传承是一项复杂的系统性工程，涉及主体类型广、资源结构多，一个完整的奥运遗产保护与传承项目仅仅依托于某个单位独自完成并不现实，整合多方优势资源和力量的协同共建才是科学之举，应多方考虑、统筹建设。从奥运遗产管理主体入手，加强与奥运遗产相关的图书馆、档案馆、体育博物馆、文物馆、文化馆、纪念馆、展览馆、民间私藏机构以及其他收藏或信息资源保存机构的联系和协作，增强北京冬奥会遗产的资源优势，促进北京冬奥会遗产的整合与共享，努力实现不同收藏机构间网络系统的互联互通，最大限度地发挥冬奥会遗产的社会价值和经济价值。例如，2017 年 9 月 24 日在中国体育文化博览会、中国体育旅游博览会上，中国体育博物馆联盟正式成立，其将整合资源优势，在收藏、展示及文化研究等方面深化合作，以藏品为载体，挖掘中华优秀传统体育文化，提炼体育精神，讲好体育故事，让体育文物藏品“活起来”。这对于体育文化遗产保护、打造体育文化精品项目、激发体育事业创新，无疑是一次很好的合作与共赢[①]。

其次是纵向延伸。2021 年 1 月 25 日晚，习近平与国际奥委会主席巴赫通电话时表示：“北京作为国际上唯一举办过夏季和冬季奥运会的‘双奥城’，将为国际奥林匹克运动会作出独特贡献。”[②]笔者认为，这种独特贡献不仅体现为两届奥运遗产的整合效应，更在于北京践行奥运可持续发展理念的现实映射，即：一方面，对 2008 年奥运会遗产保护与传承经验进行借鉴与参考；另一方面，延伸 2008 年奥运会遗产价值实现，切实将夏冬两季奥运遗产在北京的城市发展规划中得以联系与整合，打造独一无二的“双奥之城”，形成绝无仅有的“奥运记忆”。例如，北京奥运博物馆 2018 年 8 月 9 日举行“2018 全球奥运藏品征集活动”。活动面向世界各国举办过奥运会的城市、历届奥运会的组织者和参与者以及关注奥运、融入奥运的民间人士，广泛收集与奥运相关的具有珍藏意义的物品，特别是见证中国百年奥运历程，北京 2008 年奥运会及残奥会申办、筹办和举办，以及北京 2022 年冬奥会及冬残奥会申办和筹办的各类奥运实物、图片、文献材料、影像视频、电子文件

---

① 北京奥运博物馆. 资源共享，联动发展，合作共赢：中国体育博物馆联盟正式成立 [EB/OL].(2017-09-24)[2021-01-26].http://www.bjaybwg.com/pages/wbdt/20201105wbdtA20170924.html.

② 新华网客户端. 习近平同国际奥委会主席巴赫通电话 [EB/OL].(2021-01-25)[2021-01-26].https://baijiahao.baidu.com/s?id=1689871590854499408&wfr=spider&for=pc.

等。最终确定入藏捐赠品 5 299 件套，以此记录奥运历史、弘扬奥运精神、传播奥运文化、助力北京冬奥会。北京奥运博物馆下一步也将妥善保管，收集、补充藏品的原始信息，广泛开展社会征集和定向征集，力求组成系列，完善藏品体系。立足藏品，配合固定成列改陈，进行专题巡展，充分发挥其历史价值、文化价值、艺术价值和展示价值。同时营造良好的冬奥氛围，为冬奥造势[①]。

#### 8.1.1.2　融合式发展

顾拜旦曾说过："无论是那些希望通过社会改良以维护长久的社会秩序的人，还是那些试图通过社会革命以新的社会秩序取而代之的人，都不约而同地将城市作为其活动舞台和宣传中心。人们从四面八方涌向城市，希望从那里得到解决各类问题的方案。"[②]因此，融合式发展是将奥运遗产与城市发展规划相结合，让奥运遗产与城市基础设施建设、城市经济生态发展、城市精神面貌提升融为一体，促使北京成为集中国政治中心的国际大都市、蕴藏三千年悠久文明的历史古城、充满奥林匹克运动热情的活力之都三维一体的魅力城市。

其一，北京冬奥会遗产作为奥运会筹办过程中汇聚凝练的结果，是在中华民族"一体多元"的背景之下奥林匹克运动精神与中国传统文化不断融合发展的奥运遗存，承载着中华民族独特的基因编码和文化符号。历史事实表明，中国在城市化发展过程中就忽视了遗产保护问题，直接导致了城市化和遗产保护矛盾的激化[③]。"由于长期以来缺乏正确的指导思想和科学的理论指导，形成了规划落后、盲目冒进、无序开发的混乱局面"[④]。现代城市的空间规划与建设往往被视为满足人类日常需求的机器，简单粗暴地分成独立的功能区块，既违背城市宜居性的根本原则，也不能有效地保护与传承当地文化脉络，丧失了原有的空间记忆，缺乏特色。习近平总书记指出，我们"要本着对历史负责、对人民负责的精神，传承历史文脉，处理好城市改造开发和历史文化遗产保护利用的关系，切实做到在保护中发展、在发展中保护"[⑤]。作为冬奥会的举办地，北京、延庆、张家口等赛区共同产生的 2022 年北京冬奥会遗产（如：国家速滑馆、京张铁路、各类冰雪产业等）也是城市空间的重要组成部分，要吸取我国过去三十年城市化建设过程中对各类文化遗产破坏、损毁

---

① 北京奥运博物馆．共享奥运记忆，见证奥运征程：北京奥运博物馆"2018 全球奥运藏品征集活动"圆满收官 [EB/OL].(2019-08-23)[2021-01-26].http://www.bjaybwg.com/pages/wbdt/20201105wbdtA20190823.html.

② 国际皮埃尔·德·顾拜旦委员会．奥林匹克主义：顾拜旦文选 [M]．北京：人民体育出版社，2008：138.

③ 霍思佳．城市遗产保护的思考：遗产性城市 [J]．中国文化产业评论．2019，27(1)：277-290.

④ 桑亚尔，韦尔，罗珊．关键的规划理念：宜居性、区域性、治理与反思性实践 [M]．祝明建，彭彬彬，周静姝，译．南京：译林出版社，2019：1.

⑤ 习近平谈世界遗产 [N]．人民日报（海外版），2019-06-06.

的教训，应积极科学有效地贯彻、规划、治理奥运遗产融入城市发展之战略、之方法、之路径，实现北京冬奥会的遗产愿景，这才是坚持奥运遗产可持续发展与传承的应有之义。

其二，基于奥运遗产内容复杂广泛、持续动态变化的特点，与城市发展规划的融合需要对奥运遗产的整体性、长期性发展等基本问题进行思考和考量。其一，这是顺应奥运遗产的可持续发展之原则。《奥林匹克 2020 议程》将“可持续发展”和“奥运遗产”列为改革奥运会的主要内容。“‘奥运遗产’在第 1 条建议的 1、2、4 项重点工作中着重予以强调，其核心是将遗产概念和工作引入奥运会申办阶段，并强调后奥运时期遗产的可持续发展，并确保国际奥委会对其的监督。”[①] 奥运遗产的规划，注重“智慧地管控变化”[②]，能够以长远眼光看待奥运遗产的发展，并保证遗产持续性产生效益。其二，这有利于建立奥运遗产与城市发展的可持续互动关系。“共生于近代城市的现代奥林匹克运动与城市之间两者彼此影响、互相推动。一方面，城市是现代奥运会最重要的活动场所，奥林匹克运动也不断地从城市的发展中主动地加以调适，寻求自身的可持续发展；另一方面，各个主办城市也在奥运舞台上寻得发展和奋进的力量，奥运会的举办早已超出了体育本身，成为了不少城市现代化历程中的重要里程碑。”[③] 奥运遗产与城市规划的融合俨然已成了一种基于可继续发展目标形成的共生共赢关系。

### 8.1.2 2022 年北京冬奥会遗产保护与传承的基本原则

#### 8.1.2.1 组织体系化

2022 年北京冬奥会遗产涵盖了通过举办冬奥会所产生的那些对人、举办地和奥林匹克运动具有长期效应的有形遗产和无形遗产，关涉部门众多、领域广泛。为了保证北京冬奥会遗产的完整收集与整理、保管与评估、开发与利用工作有条不紊地进行，促进后期奥运遗产保护与传承的科学有效，应倡导建立以北京市冬奥组委为领导核心，配套组织体系化、结构扁平化的组织体制。一方面，便于统筹与协调不同部门的人、财、物，统一资源优化配置；另一方面，减少组织层级，去除冗余，响应“廉洁办奥”的赛事筹办理念，做到“人尽其事、物尽其用”，并明确各自的责、权、利关系。以南京青奥会经济遗产的保护与传承为例。青奥会期间，南京市政府发挥主导作用，“招聘一定数量的人才，成立经济遗产科研团队，充分开发青奥经济遗产，同时也为以后的大型体育赛事遗产的开发储备后续力量”[④]。

---

① 谢军，茹秀英．北京 2022 年冬奥会和冬残奥会遗产研究助力中国相关领域发展的思考 [J]. 首都体育学院学报，2020，32（3）：196-201，213.

② KALMAN H.Heritage planning: principles and process[M].London:Routledge,2014:4.

③ 余莉萍．奥运会与可持续发展城市良性互动研究 [D]．北京：北京体育大学，2018：72.

④ 程明凯．南京青奥遗产的保护与传承研究 [D]．南京：南京师范大学，2015：41.

#### 8.1.2.2　机制长效化

2022 年北京冬奥会遗产的保护与传承强调贯穿于奥运全周期，即：赛前以建设、收集为主，管理为辅，尤其是建立和完善北京奥运记忆数字资源库；赛中“收”“管”兼具，同时强调与 2008 年北京奥运会遗产的联动性；赛后注重开发与利用，强调遗产的保护与传承。同时，也要超越奥运会周期，即在后奥运时代注重遗产的技术保护与数据库的定期维护，维持北京“双奥”文献遗产的生命活力，实现奥运遗产的可持续发展。因此，对于 2022 年北京冬奥会遗产的保护与传承，应建立一种长效机制，确保奥运记忆数字资源库的可持续开发与利用，引导此项工作由长效化管理到常态化治理的转变。

#### 8.1.2.3　资源整合化

2022 年北京冬奥会的举办特点在于“跨”，跨地区、跨部门办奥导致了北京冬奥会遗产形成的分散性。奥运遗产保管的分散，易形成保管机构各自为政、信息孤岛的分裂局面，不利于后期的利益协调，且造成重复性建设等资源浪费。因此，应倡导资源整合化，最大化发挥奥运遗产的整体价值，北京冬奥会由北京—延庆—张家口联合举办，三地均积累了大量不同类型的奥运遗产，全周期记录了北京奥运会筹办过程，只有“合三为一”才能促成完整的奥运记忆。此外，整合并不意味着零散资源的简单堆积与拼凑，而是彼此衔接，从而实现奥运遗产资源的共享与协同，形成“1+1>2”的一个价值整体。因此，对于差异性特征明显的奥运遗产也要倡导保护与传承的靶向性，体现为奥运遗产不同类型差异性保护与传承需求的有效察觉和精准回应，凸显行动层面“落细”“落实”“落准”的施策艺术[①]。因地、因需、因情施策，实现奥运遗产的优化配置，最大限度提升保护质量与传承效益。

#### 8.1.2.4　手段信息化

信息化时代，飞速发展的信息技术已经能够帮助社会公众参与虚拟空间中的事件活动、进行非物质意义的沉浸式空间体验。我国正处于数字转型背景之下，随着数字人文、VR、AR、体感、物联网、GIS、关联数据、数据挖掘、数据可视化、语义本体等等新一代信息技术的应用，关于城市公共空间中的奥运遗产保护与传承及其之于空间规划的意义也会产生相应的变化。一方面，应用新型技术，可将奥运从申办、筹办、举办到后奥运时代的全过程数据化，这是构建一个全感知、全联接、全场景、全智能的数字奥运世界的数据基础。通过增强现实技术，“虚拟呈现的影像能够提升人们对城市发展脉络、城市主要运行逻辑与城市空间特征的认知深度”[②]，有利于优化奥运无形遗产的意向明喻、有形遗产

---

① 赵泉民．论全面深化改革战略推进中的精准思维 [J]．湖湘论坛，2017，30（4）：5-10，2.

② 戴天晨．空间叙事：城市空间非物质性要素设计转译研究 [D]．南京：东南大学，2019：228-229.

的功能再造，也为各类奥运遗产治理、评估工作提供有力的数据支撑，帮助奥运遗产与城市规划的结合更为科学、合理。另一方面，数字奥运世界的构建利于融合式的、体系化的、特色化的北京奥运记忆数字资源库和集成的、开放的、便利的奥运会遗产保护与传承资源型和学术型平台的打造，借助信息化手段促进冬奥会遗产人文价值的充分发掘，以促进虚拟与现实的紧密结合。从而在城市发展规划中，更好体现奥运遗产价值、奥运精神，确保奥运遗产在物理世界和虚拟世界的双向可持续发展与延伸，促使北京奥运遗产保护与开发的可持续理念深入人心。

### 8.1.3 2022年北京冬奥会遗产保护与传承的组织机制

2022年北京冬奥会遗产保护与传承的组织机制主要是基于奥运遗产数据库的项目式组织，主要包含设立专营机构、成立专家委员会以及跨部门、跨系统协作等三层，分别对应奥运文献遗产的专门管理、专业治理以及外围支持。

#### 8.1.3.1 设立专营机构

为了保存完整的奥运记忆，促进奥运遗产的可持续发展，北京奥组委应积极效仿国家其他文化遗产保护工作的经验，针对2022年北京冬奥会遗产的分散形成，设立北京冬奥会遗产的专营机构，组建包括组织协调部门、遗产治理部门、市场营销部门、信息技术部门、财政部门、人事部门和司法部门的能够集中分管决策、指挥与协调的领导和执行机构，为北京冬奥会遗产的保护与传承提供政策、制度、标准体系、技术、资金、人才和法律支持，协调不同变量之间的利益关系，对体育协会、图档博、民营等众多奥运遗产保存机构和个人进行资源跨源异构集成，促进遗产数据的集中统一管理，实现物理空间分散的遗产资源在逻辑层面上的统一。"为了更好地保护和开发奥运遗产，让奥运遗产发挥各个领域更大的价值，国际奥委会、举办国的国家奥委会不仅制定相关文件，还成立有关组织，如温哥华冬奥会建立了专门的遗产管理机构。从此各届奥运会，都有专门的机构负责奥运遗产事项。"[①]例如，2012年伦敦奥运会为促进可持续发展实践，特成立包括奥林匹克董事会、伦敦2012年可持续发展小组、伦敦2012年可持续发展委员会在内的各类相关机构。其中，伦敦遗产开发公司主要负责各项奥运遗产的长期规划、开发、管理与维护，通过对伦敦奥运会奥运遗产的把握与运用，为伦敦当地带来了经济、文化、环境等多方面的现时利益[②]。因此，2022年北京冬奥会遗产的专营机构要在北京冬奥组委的领导下，以"联动式+融合式"为指导思想，制定奥运遗产治理计划，即包含对奥运遗产内容保护、

---

① 王兴一. 我国大型体育赛事遗产"活化"策略研究 [J]. 技术经济与管理研究，2019（12）：119-124.

② 孙葆丽，孙葆洁，刘婧怡. 伦敦奥运会可持续发展实践研究 [J]. 西安体育学院学报，2020，37（3）：298-303.

开发与利用的一系列治理策略、参与主体、过程、成果计划，尤其要注意与2008年北京奥运会文献遗产的连接。奉行“顶层设计、政策先行”原则，自上而下地开发奥运遗产，从全局考虑各类遗产之间的相互作用，保证奥运遗产开发与传承的目标导向性；并辅以支持遗产治理的一系列政策法规制度、遗产评估标准、资金人员保障等，保证奥运遗产长期效益的体现。但同时，也应注意收集当地市民、媒体舆论的反响，可间接反映遗产效益。

此外，确保奥运遗产融合式保护与传承的实现，专营机构还应主动联系北京市城市规划设计研究院，努力提高北京冬奥运遗产与城市规划的契合度，促进冬奥会遗产的保护与传承。首先，针对无形遗产，将2022年北京冬奥会“绿色、共享、开放、廉洁”的办奥理念融入北京市规划建设之中，确立“绿色北京、共享北京、开放北京、廉洁北京”的发展战略，倡导“公平、和谐、团结”的生活方式，弘扬奥运精神，促使其潜移默化改变城市居民的理念，提升居民素质①。其次，针对有形遗产，如奥运场馆、奥运村、城市基础设施、交通网络的建设等要与城市发展规划目标一致，切不可以牺牲其他目标“成就”奥运愿景。例如，2012年伦敦奥运会为建设大型运动场馆而采取的“住宅置换”②政策，由于2008年经济危机的冲击，伦敦市政府“对现有社区提供经济适用房和伦敦东区社会转型的承诺越来越弱”③，导致该政策损害了当地大部分人尤其是年龄较大居民的地方归属感④，严重违背可持续发展理念。同时，也要确保有形奥运遗产能以某种方式为自己买单，在继续保持其功能价值的实现的基础上，探索更加多元的经营方式，促进可持续发展。例如，“水立方”截至2012年，共举办了469场活动，设计1 000多种特色商品⑤，成功实现收支平衡。

#### 8.1.3.2　成立专家委员会

为了充分发挥2022年北京冬奥会遗产保护与传承工作的专家资源和行业权威性优势，应成立北京冬奥会遗产保护与传承工作专家委员会，广泛吸收各行业、各地区、各系统中精通“奥运遗产保护与传承”的专家学者，为该项目提供智力支持。奥运遗产从保护与传承的机制和路径层面打通了包括但不限于体育学、遗产学、经济学、管理学、社会学、文

① 冯京津，董寰，吴丹．传承奥运精神，打造宜居城市：文化创意与城市可持续发展论坛在桂林召开[J]．中国房地产业，2012（2）：61-63.

② 伦敦2012年奥运会的宣传人员承诺因奥运会建设而剥夺的土地，最后将以奥运物质、经济和社会“遗产”的形式再返还给伦敦东区居民。这一改善伦敦东区居民生活的遗产被主办方称为“融合目标”，该目标规定，在20年内，主办2012年奥运会的社区将拥有与伦敦周边社区相同的物质条件和经济机会。

③ BERNSTOCK P. Tensions and contradictions in London’s inclusive housing legacy[J]. Urban sustainable development, 2013, 5(2): 154-171.

④ WATT P. It’s not for us[J]. City, 2013, 17(1): 99-118.

⑤ 观察者．奥运主场馆“鸟巢”和“水立方”实现收支平衡 [EB/OL].(2012-09-18)[2020-01-18].https://www.guancha.cn/sports/2012_09_18_98385.shtml.

献学、传播学、环境学中的创新扩散理论、公共领域理论、社会认知理论、行动者网络理论、社会支持理论、社会记忆理论、协同治理理论、政策网络理论、制度同构理论、生命周期理论、数字人文理论、文化遗产理论等的综合研究，使得不同的研究者从自身的学科立场出发开展协同研究，有助于“实现研究层面的资源最大共享化、分析方法的最大通约化和知识内容的最大综合化”①。这些学科和相关理论为奥运遗产保护与传承的机制路径、价值分析推广、城市规划的发展战略融合、相关部门联动、技术保护等方面提供具体的专业指导，也为奥运遗产学提供广泛的学术交流平台。对于同属于遗产记忆项目的社会记忆建设，如今已有多所高校、图书馆、档案馆成立了数字人文研究机构或社会记忆建设研究机构（基地），为社会记忆项目建设提供永续智力支持。例如，四川大学的“喜马拉雅多媒体数据库”项目建设，就是整合多所高校的科研力量参与建设的，该项目主要引入了剑桥大学“康河计划”16位不同领域的专家学者，共同合作建设。高校的持续性研究、对该项目的评估与改进，促进了该项目建设②。

此外，针对奥运教育遗产，成立专家委员会尤为必要。“教育价值是奥林匹克运动最重要的价值之一，顾拜旦创立现代奥运会的初衷就是想通过奥运会来教育青年，倡导建立一个健康的生活方式，从而为建立一个和平而美好的世界做出贡献。”③自筹办2008年北京奥运会始，北京市就开展了形式多样的奥林匹克教育课程，建立了556所奥林匹克教育示范学校，开创了全新的奥林匹克教育模式，编写了大量的有关奥林匹克运动、奥林匹克教育的书籍④。这股热潮延续到2014年南京青奥会。其间，政府部门“共设立了106所青奥示范校，涵盖了小学、初中高中和职业中专，通过这些示范校的作用，带领其他学校积极开展体育活动”⑤。2022年北京冬奥会所蕴含的强劲推动力中，首推奥林匹克教育。从冬季运动“进校园”着手，将课堂移到冰雪场地，实地体验冰雪运动；设立“北京国际奥林匹克学院”，载入冬奥会史册。“‘北京国际奥林匹克学院’是由北京市政府决定创建的一所崭新的高等学府，并且其将成为2022年北京冬奥会和冬残奥会遗产可持续发展的最佳载体，同时也是弘扬奥林匹克精神和中华体育精神的具体体现。”⑥为此，弘扬奥运教育遗产，更加需要专家学者持续不断地指导学校开展文化教育活动，传承奥林匹克精神内涵，普及奥林匹克文化知识；并广泛开展文化教育交流工作，提高奥林匹克文化素养，为奥运遗产的保护与传承工作储备人才。

① 陈静．当下中国“数字人文”研究状况及意义 [J]．山东社会科学，2018（7）：61-65.

② 杨文．数字人文视阈下的社会记忆构建研究 [J]．情报资料工作，2019，40（5）：38-45.

③ 鲁晨曦．我国奥运会无形文化遗产的传承与创新 [D]．济南：山东师范大学，2016：21.

④ 鲁晨曦．我国奥运会无形文化遗产的传承与创新 [D]．济南：山东师范大学，2016：21.

⑤ 程明凯．南京青奥遗产的保护与传承研究 [D]．南京：南京师范大学，2015：48.

⑥ 韩子荣，谢军．北京“奥运遗产”可持续发展：新视角与新机遇 [J]．首都体育学院学报，2020，32（5）：385-388.

#### 8.1.3.3　跨部门、跨系统协作

奥运遗产关涉部门众多，结合联动式的指导思想与资源整合化基本原则，应建立以专营机构为主体、专家委员会为辅助的多部门、多机构跨界合作体系。奥运文献遗产保护与传承关涉北京冬奥组委、国家体育总局、中国残联体育部、北京奥促中心、第三方专业机构、档案馆、图书馆、博物馆、非遗机构以及体育、教育、文化、信息、交通、环境和传媒等诸多部门，甚至涉及广大社会公众及个人收藏家等。更可联合淘宝、京东、微店等各大电商平台出售奥运文献遗产创意产品、编研产品等。集各方之智，聚各方之力，形成强大合力。例如，澳大利亚在奥运会结束之后，推出“澳大利亚品牌”并建立了悉尼商务中心，该机构负责与国内外进行各种商务联系，推出有关旅游、教育等各方面的项目。这促使澳大利亚的会展业快速发展，到 2000 年排名升至世界第四位，为澳大利亚创造了可观的经济效益①。

此外，跨部门、跨系统协作也蕴含在“全民参与”之中。2008 年北京奥运会筹办之时，在“我国政府的支持下，成立了奥运会新闻和安保工作协调小组、奥运会外事工作协调小组、首都机场工作协调小组、火炬工作传递小组以及开闭幕式工作领导小组，为这些方面的工作提供了强有力的组织机制保证。广大人民群众也都参与到奥运市场开发、会徽、奥运歌曲、吉祥物等事务中来。同时我们的奥运场馆设施、竞赛组织工作都在积极地准备。可以说是全国都参与到了奥运会的筹办中来”②。目前，应将这种“全民参与共建”通过奥运遗产的保护与传承转化为“全民共享共学共治”。各相关部门应积极主动配合北京冬奥运遗产的保护与传承工作，做到互通有无、开放共享、协同合作，促使奥运遗产收集广泛、类型多样、渠道多元，最大限度发挥遗产价值，彰显“开放办奥”“共享办奥”的赛事理念。同时，对广大社会公众与私人收藏家等给予充分的重视和业务指导，强调奥运遗产保护与传承过程中官方收集与民间收藏的良好互动性，进一步提升社会公众的冬奥会参与意识，培养其主人翁精神。

### 8.1.4　2022 年北京冬奥会遗产保护与传承的保障机制

为了确保 2022 年北京冬奥会保护与传承工作的顺利进行，还需要建立保障机制予以支撑，主要包含政策引导机制、沟通协调机制、资金分配与人才参与机制。

#### 8.1.4.1　政策引导机制

本着促进 2022 年北京冬奥会遗产保护与传承的目的，与国际国内的遗产政策、体育遗产保护政策接轨，制定适用于“联动式 + 融合式”指导思想的新政策，并提升政策执行

① 鲁晨曦．我国奥运会无形文化遗产的传承与创新 [D]．济南：山东师范大学，2016：13.
② 鲁晨曦．我国奥运会无形文化遗产的传承与创新 [D]．济南：山东师范大学，2016：16.

力，有利于宏观上形成良好的冬奥会遗产保护政策，加强政策在意识和行动中的引领与导向作用。其中，意识引导在于引起各部门尤其是高层领导的重视，强调 2022 年北京冬奥会遗产保护与传承的重要性，并支持奥运记忆数字资源库系统的建设，本着对历史负责、对后人负责、对奥运负责的态度，增强做好冬奥会遗产保护和传承的使命感和责任感。同时，注重组织的系统性、协调性、开放性，加强与其他组织机构的联系与合作。行动引导在于参照政策建议提出具体可行、富有建设性的制度标准等。例如，北京奥运记忆数字资源库系统建设，应事先建立好术语、元数据等各项标准规范统一的资源数据库，保证遗产保护与传承“联动式”的可行，各地各部门各项系统的安全互通、数据一致互认、业务可控可互操作，便于奥运遗产资源的集中、整理与共享。通过统一的政策调控、引导，推动冬奥会遗产保护与传承的工作意识到位、制度标准切实可操，形成 2022 年北京冬奥会遗产建设与收集、整合与管理、评估与利用、保护与传承等与全生命周期相对应的政策体系，为冬奥会遗产保护与传承的实施保驾护航。

#### 8.1.4.2 沟通协调机制

建立沟通协调机制，重点在于确认北京奥运记忆数字资源库创建、运营以及库内遗产资源开发利用的合理性，尤其是私人或小型集体对奥运遗产收集利用的合法性、有效性。帕帕莱波尔和杜伊格南研究发现，国际奥委会在奥运五环和其他相关图像的使用方面，对主办方制定了极为严格的指导方针，而 2012 年伦敦奥运会的奥林匹克公园文化遗产战略之所以产生效益较小，主要原因在于国际奥委会的版权控制阻碍了基层利用，而且地方政府与小型创意组织沟通不畅，未能为小型和微型创意组织提供一个具包容性且有效的杠杆工具①。而在青奥会期间，“政府提供政策支持，政府部门和商业机构搭建协商互助平台。政府为青奥经济遗产提供政策支持，并与商业机构进行沟通、协商，共同保护和传承，促进经济发展”②。利用奥运遗产资源进行文化运作推广的确有益于文献遗产与城市规划发展的融合，也能在一定程度上筹措奥运文献遗产数据库运营资源，是提升全民参与奥运意识的有效手段。但是针对奥运遗产的利用方式、范围、时限等，需要建立良好的沟通协调机制，以明晰国际奥委会及北京冬奥组委的规定。在确保北京冬奥会遗产有效益利用、传承的同时，注意保障私人或小型组织的合法权益以及奥运愿景的实现，促使奥运遗产更好融入到城市建设、市民生活中去，广泛吸引社会各界积极参与。

---

① PAPPALEPORE I, DUIGNAN M B.The London 2012 cultural programme: a consideration of Olympic impacts and legacies for small creative organisations in east London[J]. Tourism management, 2016(54): 344-355.

② 程明凯．南京青奥遗产的保护与传承研究 [D]．南京：南京师范大学，2015：41.

#### 8.1.4.3　资金分配与人才参与机制

确立资金与人才的保障机制，旨在对 2022 年北京冬奥会遗产的保护与传承提供财力与人力的支撑。首先，资金分配机制在于确保资金分配合理有效，而非单纯的注入。北京冬奥会保护与传承的联动式强调资金分配要讲求科学有效，严格预算管理，强化过程监督，既能保障各部门的利益与业务效率，提振工作积极性，又能确保“钱要花在刀刃上”，响应“廉洁办奥”的号召。其次，人才参与机制在于鼓励技能多元化人才的参与。奥运遗产涉及多领域、多层级、多地区的特点决定了参与北京冬奥会遗产保护与传承需要人才的多元化，尤其是具有跨学科知识背景的人才，只有做到人文与自然学科兼具，才能促使北京冬奥会遗产的保护与传承突破既有单纯人文的传统展现方式，在呈现富有创造力的智慧的同时，又蕴含了多维的遗产价值与奥运人文关怀。

## 8.2　微观层面

微观层面以 2022 年北京冬奥会遗产的保护与传承两阶段展开，遵从“在保护中开发、在开发中传承”的原则。第一，通过遗产评估明确北京冬奥会遗产保护与开发的内容、价值、策略，为构建北京奥运记忆数字资源库提供方向性指导；第二，通过规划确保奥运遗产在时间传承上的可持续、在空间传承上的整体化，打造具有奥林匹克精神文化的城市空间环境，并总结经验，推广奥运遗产保护与传承的“北京智慧”。

### 8.2.1　北京冬奥会遗产保护的路径

#### 8.2.1.1　加强遗产评估，指明保护方向

遗产评估是将复杂化、多元化、动态化的北京冬奥会遗产体系化的过程，是做好奥运遗产精准保护的基础。首先，北京冬奥会的遗产评估，须根据《北京 2022 年冬奥会和冬残奥会遗产战略计划》的 7 大目标 35 个领域，并依据奥运遗产的内涵及其复杂多样的特性识别北京冬奥会遗产的具体保护内容，即哪些设施建设、产业运营、赛事活动等属于北京冬奥会遗产，它们的形成和发展与冬奥会的举办是否具有因果关联性，并相应地选取保护主体、保护客体，提取各类遗产的保护要素，明确保护范围。其次，依据“指标 + 数据 + 分析”的评估体系，围绕北京冬奥会的整个奥运周期进行全方位的评估，明确各类奥运遗产的价值属性、价值等级、风险来源及风险级别，依据各自价值对遗产予以保护定级说明，同时注重评估时的大众反馈。最后，依据不同层次的奥运遗产处在不同阶段、不同地区呈现出的不同性质、不同类别的差异化需求，确定特定的开发策略，予以靶向性满足。例如在经济遗产的保护与开发中，配合 1988 年汉城奥运会，韩国政府一方面加大对传统工艺

品的支持和投资力度，使传统工艺产业一跃成为高附加值产业；另一方面大力扶持旅游资源的开发，为韩国旅游业发展提供强有力的保障[①]。而2008年北京奥运会则吸取雅典奥运会的教训，致力于“鸟巢”、“水立方”、奥林匹克森林公园等奥运场馆的保护与开发，“使无形遗产有形化，使之成为北京市有关奥运会的永久记忆。不仅可以作为奥运文化旅游景点，同时也有利于提升整个城市的文化品位和内涵”[②]。

#### 8.2.1.2 构建北京奥运记忆数字资源库

2022年北京冬奥会遗产的保护不仅要对各类遗产精准施策，更要保存好在申办、筹办、举办奥运会各个时期与奥运会有关的各种组织、机构和个人所产生并留传下来的文献资源，涵盖档案、图书、报纸、期刊、资料、文物等各种形式的各类文献资源[③]，即奥运文献遗产。随着时间推移，有形遗产会逐渐腐朽、残败，无形遗产会逐渐遗忘、消逝，因此，注重记载文献的保护，才显得格外必要。奥运文献遗产“是奥运会无形遗产（非物质文化遗产）发挥作用不可或缺的载体，是联系奥运会有形遗产和无形遗产的纽带，是沟通奥运会昨天、今天和明天的桥梁。收集、保存和整理、挖掘……奥运会文献遗产，就是保存、再现……奥运会历史，就是积累奥林匹克知识、传播奥林匹克知识”[④]。类似于2012年伦敦奥运会“The Record”项目和1984年洛杉矶奥运会的“The LA84 Foundation”项目，2022年北京冬奥会需要借助信息技术联动2008年北京奥运会的奥运文献遗产，形成北京奥运记忆数字资源库。

构建北京奥运记忆数字资源库，是开展冬奥会人文研究的重要支撑，也是2008年北京奥运会遗产与2022年北京冬奥会遗产联动的关键举措，留存北京奥运记忆的重要平台。资源库的构建应充分吸纳数字人文的理念和技术，推进双奥文献遗产资源的长久保存、深度开发和充分利用。双奥文献遗产数量庞大，组成复杂，来源分散，集中统一管理存在较大困难，也为后续文献遗产信息资源的利用造成严重阻碍。随着大数据时代的到来，云计算、移动互联网、虚拟现实、机器学习、数据可视化等新兴技术的应用给双奥文献遗产的管理与开发提供了新的思路。充分吸纳数字人文的理念和技术不仅是顺应信息化的发展潮流，更是切实将双奥文献遗产的保护与传承推向智能化、高效化、便捷化。北京奥运记忆数字资源库具体构建思路如图8–1所示。

① 赵在九，等．北京奥运会成功宝典[M]．千太阳，译．北京：民族出版社，2007：13.
② 邵玉辉．2008年北京奥运会无形遗产保护和开发研究[D]．北京：北京体育大学，2011：84.
③ 徐拥军．北京奥运会文献遗产的保护与传承[J]．中国档案，2008（1）：32-33.
④ 徐拥军．北京奥运会文献遗产的保护与传承[J]．中国档案，2008（1）：32-33.

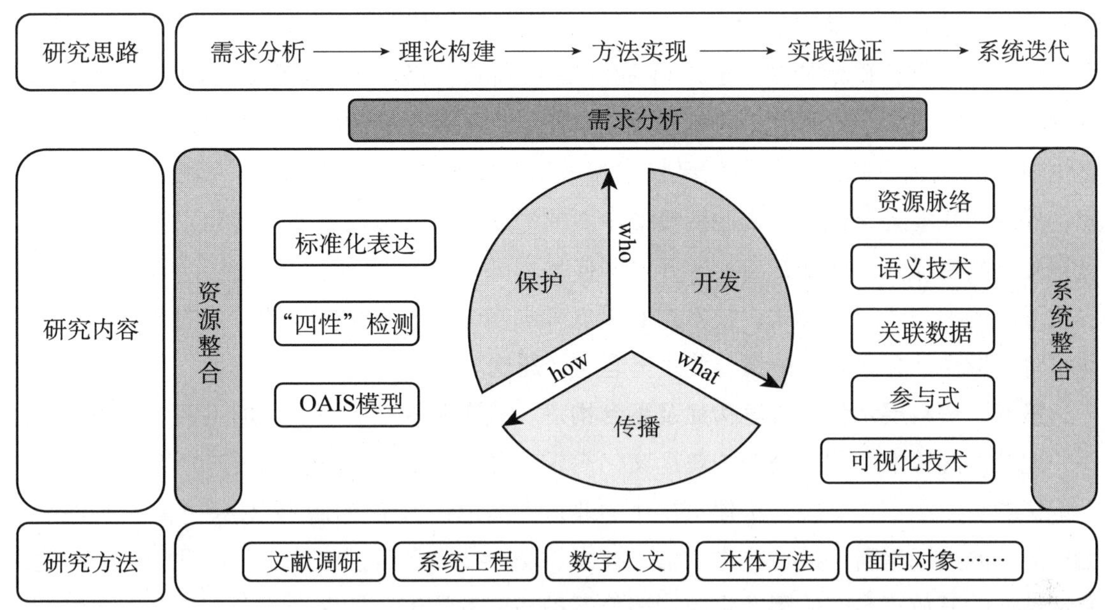


**图 8-1　北京奥运记忆数字资源库构建思路图**

**第一，系统功能需求分析**。调查了解包括国际奥委会、北京冬奥组委、奥林匹克博物馆、北京和张家口相关部门、新闻媒体、社会组织、学校、运动员、教练员、裁判员、志愿服务者和社会公众等北京冬奥会利益相关方和北京奥运记忆数字资源库系统用户，对奥运记忆的信息需求及系统功能需求。

**第二，系统顶层框架设计**。从保护—开发—传播 3 个研究视角，设计北京奥运记忆数字资源库系统架构；进一步从主体（who）—中介（how）—客体（what）3 个认识维度，充分明确剖析与论证“谁来保护、开发与传播，通过什么手段来保护、开发与传播，保护、开发、传播的对象是什么”，丰富、细化资源库架构；构建资源纳入、资源组织、资源服务全生命周期的过程控制程序。理论构建与平台实现相互促进，保证奥运记忆数字资源库系统的建设及后续运维，确保双奥记忆的完整留存。

**第三，遗产资源的长久保存机制构建及系统建设**。在调查掌握北京奥运记忆数字资源的来源、类型、内容、格式和特性的基础上，研究北京奥运记忆数字资源的保存机制和方法。理论层面，秉承全面性、针对性、多样性、真实性、完整性等原则，研究北京奥运记忆数字资源的保护主体与客体、政策与措施；技术层面，重点研究北京奥运记忆数字资源标准化表达、数字资源“四性”（真实性、完整性、可用性和安全性）检测、数据入库规范等问题，参考 OAIS（开放档案信息系统）模型，构建常态化的北京奥运记忆数字资源长久保存机制。

**第四，数字资源开发利用模式构建及平台建设**。深入发现、挖掘北京奥运遗产的文化内涵和价值，有效梳理、组织北京奥运记忆数字资源，为北京奥运遗产的文化传播、旅游性开发、产业化开发等提供数据、信息与知识支撑。基于《北京2022年冬奥会和冬残奥会遗产战略计划》确定的7个遗产目标的35个领域内容，通过梳理北京奥运记忆数字资源的构成及脉络、明确密级，首先确定北京奥运记忆数字资源的开放范围；进而基于北京奥运遗产的资源—脉络，基于语义技术和关联数据方法，开展辅助的关联化发布技术研究，提供北京奥运记忆数字资源的精准全面的语义关联，构建智能化的北京奥运记忆数字资源开发利用模式；此外，参与式开发同样是本部分研究的重点，理论层面需要构建北京奥运遗产的参与式开发模式，技术层面重点考虑构建便于公众参与的“我的冬奥记忆”互动平台，推动社会多元主体参与北京奥运遗产建构。

**第五，资料展示传播方案构建及平台构建**。从资源的社会属性、加工程度、类型、性质、地域空间等维度调研公众的奥运文化需求，基于资源特性分析从用户角度进行北京奥运记忆的再组织与再呈现，构建可视化的北京奥运记忆数字资源展示传播方案；搭建面向用户的资源展示平台，通过先进的信息技术、交换技术和可视化技术，提供一个传播北京奥运精神的开放平台，使得北京奥运遗产保护与开发的可持续理念深入人心，实现奥运匹克文化的传承与创新。

#### 8.2.1.3 强化奥运遗产的开放与利用

北京奥运记忆数字资源数据库唯有获得高频次利用，方能展现其价值。首先，应充分贯彻“共享办奥”“开放办奥”的理念，向全民在线、免费开放利用。例如，1984年洛杉矶奥运会结束2年后，当地档案部门即将详细的奥运档案目录上传至网络，以方便民众查阅。2000年悉尼奥运会信息系统中的档案被置于“运动会信息”网站，面向公众开放。2012年伦敦奥运会的“The Record”网站面向公众开放后，在2019年5月日均访问量达66 880次，具有较强的影响力[①]。其次，创新奥运文献遗产服务手段，发展奥运文献遗产知识服务。知识服务通过对信息资源深入开发，充分挖掘文献遗产信息资源中的知识，为用户提供专业化、个性化的服务。奥运文献遗产完整记录了奥运发展过程，蕴含着丰富的奥运管理知识，早在1997年，悉尼奥组委便关注到奥运文献中蕴含的知识价值，开始建设知识管理系统与工具，赛后顺利将知识管理的成果进行转化，服务于国际奥委会及社会公众。与此同时，奥运文献遗产还记载了大量赛事活动相关数据，对体育专业领域的研究具有重要价值，专业教练及运动员们常常通过反复观看赛事录像，对比各类数据来研究自身以及竞争对手的特点，从而制定合理的训练方案和比赛战术。在奥运文献遗产信息资源整合化的基础上，相关部门可运用知识聚类方法对奥运知识进行组织，针对平台用户偏好推荐知识主题，通过在线论坛、博客等形式发布知识管理成果，组织交流探讨，促进

① 林玲，郑宇萌．奥运会遗产的数字化收集整理与利用：以伦敦奥运会数字化档案为例 [J]．湖北体育科技，2019，38（8）：664-669，678.

知识共享。

### 8.2.2　北京冬奥会遗产的传承路径

#### 8.2.2.1　确保时间传承的可持续

秉持“融合式”的指导思想，深度考察城市规划、奥运遗产保护与传承之间的互动关系。笔者认为，首先，应进一步激活遗产功能，将奥运遗产以“活化”“转译”等方式复现于城市的实体空间之中，以可被感知的城市空间意向渲染奥运氛围，向市民渗透“相互理解、友谊、团结和公平竞争的奥林匹克精神”①，建设具有奥运特色的体育人文城市。其次，奥运遗产与城市的融合，要克服传统截面式、静态化保护模式，以立体式和动态化的方式对奥运遗产内外环境变化、实际保护与传承需求及技术、方法的实施与反馈加以审视，据此不断优化和完善保护与传承策略，进而持续性增效。再次，单纯虚拟空间的遗产保存并非遗产可持续发展的最佳策略。实体空间需要虚拟空间的不断积累与扩展才得以发展，虚拟空间需要实体空间的应用和映射才得以延续。有形承载无形，无形蕴含于有形，二者是相互依存、不可分割的“命运共同体”。

**第一，借助政企合作“活化”奥运遗产**。加强政企合作，政府加大放管服力度，进一步激活市场参与主体，采取 PPP、小中企业分包等模式促进奥运产业活化，促进奥运经济遗产改革升级，释放更多红利。2022 年北京冬奥会大力促进了冰雪经济的发展，“据统计，中国境内注册的经营冰雪旅游相关业务的企业超过 6 000 家，近 3 年以每年 15% 的速度增加”②。除冰雪旅游外，更可借助北京冬奥会的体育文化元素联合企业开发文创产品进行售卖。例如，2021 年 2 月 4 日，在北京 2022 年冬奥会倒计时一周年之际，北京 2022 官方特许商品旗舰店在王府井步行街开幕，“承担着对公众进行奥林匹克品牌宣传、向大众提供冬奥信息服务、全类别冬奥特许商品的展示和销售、冬奥特许商品的新品发布等功能”③，体现政、企、民“共享奥运”的趣味感。

**第二，运用无形遗产元素“转译”为有形遗产**。将奥运非物质遗产体现出的内涵、精神、文化“转译”在物质实体中。为了在城市发展进程中尽可能保留奥林匹克文化的特征点，彰显城市的奥林匹克精神，在城市规划过程中应最大限度挖掘和保留冬奥会遗产中的非物质性要素，“在城市公共空间的改造和重建过程中运用合适的设计策略，将这些非

① International Olympic Committee. Olympic charter[R]. Lausanne: International Olympic Committee, 2020: 11.

② 楼俊超. 丰富市场供给，推动冰雪经济持续升温 [EB/OL].(2021-02-03)[2021-02-05].http://www.xinhuanet.com/2021-02/03/c_1127056988.htm.

③ 北京冬奥组委 . 北京冬奥会倒计时一周年 冬奥旗舰店亮相王府井金街 [EB/OL].(2021-02-04)[2021-02-05].https://www.beijing2022.cn/a/20210204/010003.htm.

物质性要素通过空间操作传达给空间体验者，将物质性空间和非物质性文化信息再次对接”①，重塑有奥林匹克特色的城市空间。例如，2008年北京奥运会的主场馆“鸟巢”，秉承“科技、绿色、人文”的办奥理念，并将中国传统的镂空雕刻技术融入其中，是奥运非物质遗产与中华传统文化兼容并“转译”成物质性空间的典范，成为北京市知名地标性建筑物之一。

**第三，利用现代信息技术“激活”奥运遗产**。可运用现代信息技术对遗产信息内容进行历史价值解读与现实意义挖掘，赋予其新时代鲜活的生命力，使其组成一个人、技术、时空相关联的、动态的、三维一体的活化保护模式②。例如，举办线上冬奥会遗产展览，开发冬奥会互动性小游戏，利用互联网思维打破传统的静态保护与传承，体现“科技奥运”的高级感。

**第四，奥运与城市规划融合促进遗产的可持续发展**。奥运会是国际体育盛会，承办奥运会可以刺激当地政府快速做出反应，借机解决、改善不良的居住环境、经济发展落后等困境。例如，1988 年汉城奥运会后，“韩国的教育厅甚至将志愿服务活动的内容和时间纳入学生的升学考核范围，学生只有按规定完成志愿服务才可以顺利毕业和升学”③，志愿服务遗产沿用至今。2012 年伦敦奥运会“重振伦敦的东区，不仅激励了一代人，带来了至关重要的城市活力，而且让城市变得更具多样性和可持续性。以东伦敦长达 50 年的城市更新规划来看，奥林匹克公园作为重要的城市绿地，将成为东伦敦的重要节点，从而实现可持续发展”④。2022年北京冬奥会则继续倡导“绿色办奥”。习近平总书记考察延庆赛区的国家高山滑雪中心时强调，“要突出绿色办奥理念，把发展体育事业同促进生态文明建设结合起来，让体育设施同自然景观和谐相融，确保人们既能尽享冰雪运动的无穷魅力，又能尽览大自然的生态之美”⑤。冬奥会的奥运村也将因地区不同而采取不同的沿用方式，北京冬奥村将作为人才公租房，延庆冬奥村将作为高山度假酒店，张家口冬奥村将作为酒店式公寓，并留有足够的扩展空间和接口，为赛后的平稳过渡、可持续利用做出了铺垫。

#### 8.2.2.2 确保空间传承的整体化

《奥运遗产指南》曾明确指出：“要想完全把握住奥运会带来的机会，奥运会主办城市必须对承办、申办奥运会能为市民、城市乃至国家带来什么，有一个强大的愿景和清晰的

---

① 戴天晨．空间叙事：城市空间非物质性要素设计转译研究 [D]．南京：东南大学，2019：2.

② 陈闽芳，李健．“互联网 +”环境下文献遗产“活化保护”模式研究 [J]．浙江档案，2019（3）：22-25.

③ 鲁晨曦．我国奥运会无形文化遗产的传承与创新 [D]．济南：山东师范大学，2016：12.

④ 王兴一．我国大型体育赛事遗产“活化”策略研究 [J]．技术经济与管理研究，2019（12）：119-124.

⑤ 北京冬奥组委．习近平在北京河北考察并主持召开北京 2022 年冬奥会和冬残奥会筹办工作汇报会 [EB/OL].(2021-01-20)[2021-02-05].https://www.beijing2022.cn/a/20210120/012730.htm.

目标。”[①]奥运会虽明确特定的主办地，但遗留的奥运遗产应面向整个国家推广、传承。而2008年北京奥运会的奥运遗产显现出了较强的地域性特征，其他省市和地区很难享受到奥运效益。为此，我们应充分吸取教训，将奥运遗产效益进一步放大。既然全民参与，奥运建设成果就应由全民共享。2022年北京冬奥会的举办地扩展至北京、延庆、张家口三个赛区，跨越京冀，扩大了奥运遗产效益的辐射面，应借此机会确保整个国家空间传承的整体化。

**第一，提升冰雪经济红利的辐射范围**。优化布局冰雪经济产业，“打造重点城市群的体育产业增长极，培育一批具有较大影响力的冰雪运动城市，并以资源禀赋为依托促进区域特色体育产业发展，普及冰雪项目”[②]。例如，1964年东京奥运会、1988年汉城奥运会均促进了日本、韩国旅游业、文化产业、工业等飞速发展，从而促使整个国家经济腾飞。冰雪经济的产业运营也应面向整个国家和地区，持续丰富市场供给。

**第二，扩大奥林匹克运动的学术研究力度**。关于2008年北京奥运会的研究课题和机构基本限于北京市，这有碍于奥林匹克运动研究的展开。然而。美国的奥林匹克“研究机构并不是仅仅局限在洛杉矶、亚特兰大和盐城湖城这几个曾经举办过奥运会的城市，而是散布于全国各地，如美国著名的哈佛大学是全美国最重要的奥运战略研究基地之一，但却远离这些奥运举办城市”[③]。因此，政府应增加国家级、其他省市级的奥林匹克研究机构、学术研究课题数量，鼓励非奥运举办地的体育院校及相关机构加强与科研实力强的综合性大学及有关机构的科研合作，“整合科研资源，提高体育科学整体实力和国际影响力，也有利于实现竞技体育的可持续发展，实现中国的‘体育强国’梦想”[④]。

**第三，细化、扩展大众体育事业发展**。细化在于增加、完善社区、街道等城市“毛细血管”的各类公共体育设施，便于民众从事体育锻炼；扩展在于扶持偏远山区、农村的各类体育竞技项目活动，促进体育项目多元化，让更多的社会公众学习竞技体育运动知识、接触竞技体育运动项目，增强体魄。例如，2014年南京青奥会期间，陶氏化学公司资助30名来自10所陶氏希望小学的师生来到青奥会的赛事现场，亲身体验奥林匹克运动精神，感受体育魅力[⑤]。此外，还应加强北京冬奥会的数字媒体宣传，增进政府、奥运遗产研究专

---

① The IOC. Olympic Games guide on Olympic legacy[M]. Lausanne: the International Olympic Committee, 2015: 9.

② 楼俊超．丰富市场供给，推动冰雪经济持续升温 [EB/OL].(2021-02-03)[2021-02-05].http://www.xinhuanet.com/2021-02/03/c_1127056988.htm.

③ 邵玉辉．2008年北京奥运会无形遗产保护和开发研究 [D]．北京：北京体育大学，2011：69.

④ 王琪，方千华．基于知识图谱的国际奥林匹克运动研究现状及发展趋势 [J]．武汉体育学院学报，2010，44（5）：5-10.

⑤ 人民网 . 偏远山区希望学校 30 名师生抵达南京 观看青奥盛会 [EB/OL].(2014-08-17)[2021-02-05].http://edu.people.com.cn/n/2014/0818/c1053-25485954.html.

家与一般社会公众的线上交流与互动，认真听取民众反馈，实现各地民众的冬奥会愿景，以调动民众积极参与和融入到大众体育事业发展中来。

#### 8.2.2.3 总结经验，推广“北京智慧”

北京冬奥会遗产蕴含了极其丰富的经验、知识、效益，是全国人民2022年冬奥会愿景的集合。《北京2022年冬奥会和冬残奥会遗产战略计划》中的“筹办知识转移”重点任务，要求“为未来中国大型赛事和奥运会筹办提供宝贵的智力财富”。这意味着无论举办何种国际性、地区性赛事或大会，都需要一种遗产观的养成，为一国一市一区积累丰富有益的遗产，促进全方位的可持续发展。例如，悉尼奥运会的组织者对举办该届奥运会的各方面成功经验进行了认真系统的总结，并不失时机地利用每个机会进行开发和宣传。奥运会结束后，悉尼成立了专门的奥运知识咨询业，专门经营奥运知识和经验的出售①，以500万澳元的价格出售给国际奥委会，为后续奥运会举办提供了参考②，并从后续的2004年希腊奥运会、2008年北京奥运会以及2012年伦敦奥运会中获取了巨大的经济效益。保护与开发、规划与传承奥运遗产，有利于冬奥会的筹办经验对我国举办的其他赛事、活动如亚运会、全运会等综合型体育赛事，世锦赛、排球公开赛、网球公开赛等专业型体育赛事，以及世博会、进博会、园博会等非体育型活动的遗产工作提供理论借鉴与参考。同时，还可以从中提炼重大工程建设、社会组织、城市管理、区域发展、生态环境治理、科学技术应用、青少年教育、残疾人事业发展、跨文化交流等各个领域的经验，从而为国际社会贡献凝聚新理念、汇聚新模式、融合新方法的“北京方案”，实现“北京智慧”的广泛传播和长久传承。

---

① 邵玉辉．2008年北京奥运会无形遗产保护和开发研究[D]．北京：北京体育大学，2011：75.

② 陈洁，徐拥军，郭若涵，等．国外奥运档案管理的特点及启示[J]．兰台世界，2020（1）：28-31，13.

# 第三篇　应用篇

# 新冠肺炎疫情背景下的北京冬奥会遗产传承

# 第9章
# 新冠肺炎疫情背景下奥运遗产研究进展

2020年，新冠肺炎肆虐全球，各国纷纷宣布进入“紧急状态”。新冠肺炎疫情对各行各业都产生巨大冲击，体育领域也不例外，许多国家和国际性的体育赛事停摆。其中，最受人关注的是本将于2020年7月份举办的东京奥运会确认延期，日本将面临高达7.8兆日元（约合人民币5 200亿元）的巨额经济损失。而且群众性体育集会将极大增加新冠肺炎扩散的风险，导致东京的公共卫生系统承受巨大压力。这也提醒我们，在2022北京冬奥会筹备、举办期间要尤其注意加强公共卫生应急管理、做好传染性疾病预防与控制。为应对新冠肺炎疫情的影响，国内外学者围绕新冠肺炎疫情背景下奥运遗产展开相关研究。本章对相关文献进行了统计分析并进行了综述，为本篇的研究方向与工作重点提供有益的参考。

## 9.1 文献检索与统计结果

本章通过文献调查与统计，了解当前新冠肺炎疫情背景下奥运遗产研究的基本情况，梳理已有的主要研究成果，分析未来研究趋势，为后续研究提供基础，具体检索方案与统计结果如下：

### 9.1.1 国内文献情况

截至2021年2月28日，以“奥运（奥林匹克运动会）/ 冬奥会”+“疫情 / 新冠”为组合关键词，在中国知网、读秀学术和人大文库进行文献检索，在剔除无关项与重复项后，一共检索到了61篇文献，对所得有效文献的发表年度进行了分析。文献的发表年份集中在2020—2021年，最早一篇文献发表于2020年2月。自疫情发生以来学者对这一主题保持稳定的关注，在2020年4月到7月东京奥运会面临延期时达到了高峰。随着疫情常态化，该主题研究将被持续探讨。

笔者运用 SATI 文献题录信息统计分析工具从 61 篇国内文献中抽取出 252 个关键词，并选取频次前 30 的关键词使用 VOSviewer 绘制了关键词知识图谱。如图 9–1 所示。

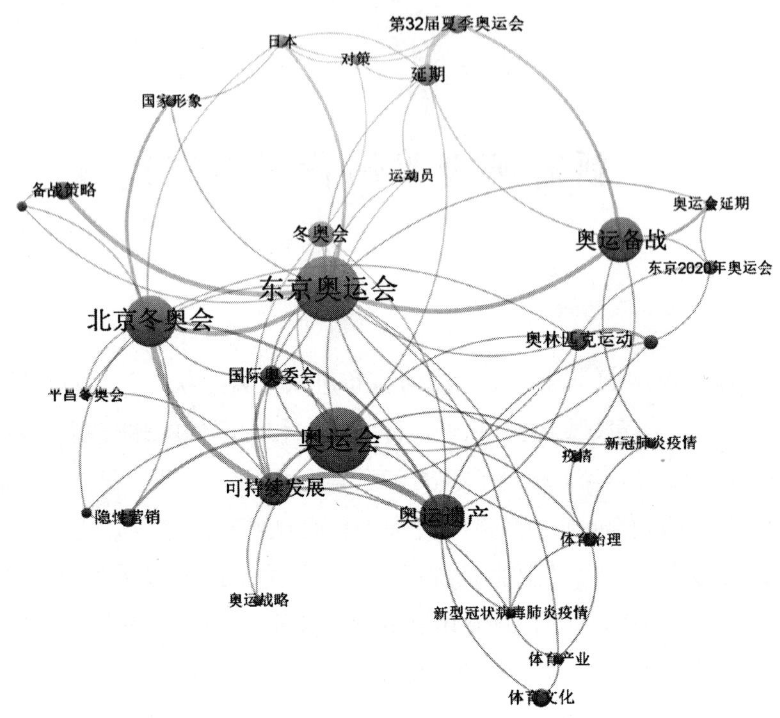


**图 9–1　国内文献关键词（频次前 30）知识图谱**

### 9.1.2　国外文献情况

截至 2021 年 2 月 28 日，以“Olympic+COVID-19/Corona Virus”等为检索词在 Web of Science 数据库进行主题检索，共检索到相关文献 23 篇，该主题在国外也保持较高的研究热度。

笔者运用 SATI 文献题录信息统计分析工具从 23 篇国内文献中抽取出 119 个关键词，并选取频次前 30 的关键词使用 VOSviewer 绘制了关键词知识图谱（如图 9–2 所示）。

总之，国内外围绕新冠肺炎疫情对于奥运遗产的研究均形成了较为稳定的规模，保持了一定的研究热度，可见该主题具有重要的研究价值与意义，正在引起学界的持续性关注。

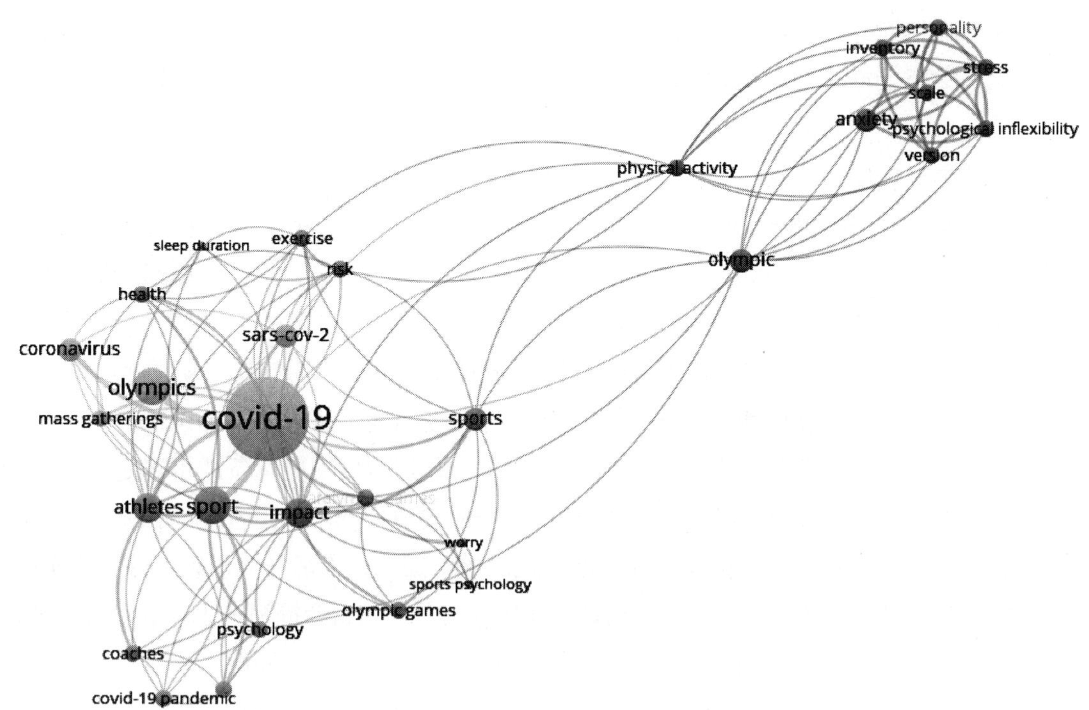


图 9–2　国外文献关键词（频次前 30）知识图谱

## 9.2　新冠肺炎疫情背景下奥运遗产研究内容与成果

### 9.2.1　国内研究内容与成果

当前国内研究围绕新冠肺炎疫情背景下奥运遗产的探索，主要可以分为分析与对策两个方面：一是探讨疫情对奥运的影响，二是提出奥运应该如何应对疫情。

#### 9.2.1.1　疫情对奥运遗产的影响

当前国内学者探讨疫情对奥运的影响，主要从以下思路切入：

**一是疫情对北京冬奥会的整体影响**。2020 年初暴发的新型冠状病毒肺炎疫情给全球体育赛事带来了巨大冲击，2022 北京冬奥会也受到较大影响。潘磊从筹备工作进展、管理成本、赞助关系及收入、大众关注度、后疫情冬奥会形象等五个方面分析了疫情对北京冬奥会的冲击与影响[①]：一是筹备工作受到一定影响，二是筹备管理成本可能增加，三是冬奥会赞助及其收入可能受影响，四是冬奥会关注度可能因东京奥运会延期而下降，五是冬奥会将作为一张新名片向全世界展现后疫情下的中国。对此潘磊提出面对疫情冲击，应及

① 潘磊．新冠肺炎疫情对 2022 北京冬奥会的影响研究 [J]．科技智囊，2020（4）：32-36.

时综合评估疫情对北京冬奥会带来的影响，建立面向冬奥会的重大突发公共卫生应急响应体系，积极与赞助商沟通保障赞助权益，加大宣传力度，调整宣传策略，为北京冬奥会创造良好的国内与国际氛围。

**二是疫情为我国备战东京奥运会带来不确定性**。新冠肺炎疫情导致了东京奥运会的延期，疫情深度不确定性的负面效应持续深化，全球疫情何时见底，奥运赛事能否如期重启，疫情期间常态化防控下如何迎接奥运，这些问题将深度影响我国备战奥运策略。余福海率先提出“东京奥运会备战不确定性管理”，其指出疫情背景下的东京奥运会备战，当务之急在于管理不确定性，不确定性源自信息缺乏或资源依赖，对奥运备战的影响主要分为机遇、风险和难以预测的影响三大类型。精准管理疫期奥运备战的不确定性，须积极寻求作为机遇的疫期奥运备战不确定性，防范规制作为风险的疫期奥运备战不确定性，适应接受影响难以预测的疫期奥运备战不确定性。基于应对效果的不确定性建立预案，基于实验主义的渐进变革是疫期奥运备战不确定性管理的核心理念，奥运备战不确定性管理机制，须纳入中国奥运备战的政策工具箱，形成新的国家制度①。随后余福海基于不确定性管理理念和比较分析方法，探究新冠肺炎疫情期间我国备战东京奥运会的深度不确定性及其规制策略，我国备战东京奥运会的现实困境主要体现为备战形势、备战资源、备战机遇、备战风险和备战预测的深度不确定性。有效管理我国备战东京奥运会的不确定性，要科学编制预案，优化国家奥运备战的顶层设计，研判奥运资格赛体系变化，加强运动员的赛前心理建设，并建立奥运赛事变化的预警机制。基于构建的疫情期间奥运备战不确定性管理体系，我国奥运备战团队不仅能够经受住严峻疫情考验，确保运动员在健康安全的环境下参赛并取得佳绩，而且有望塑造一批竞技心理素质和竞技能力双卓越的世界级标杆运动员②。

**三是疫情给奥运体育产业带来的新挑战**。突如其来的新冠肺炎疫情给体育产业发展带来深刻影响，全球经济严重衰退，中小体育企业面临生产经营困境，全球单项体育赛事、综合性运动会受到冲击。以冰雪产业为例，房硕指出疫情的暴发使以场馆服务业、培训业、竞赛表演业为主的冰雪生活性服务业，以及以场馆建设、装备制造为主的冰雪生产性服务业均受到了不同程度的损失，但积极及时的应对措施将会为冰雪产业的反弹式发展打下良好的基础。政府应当积极以多重措施支援冰雪行业抗疫，从资金、能源、人员等方面，出台政策补贴。企业应更加注重相互合作，抓住疫情结束后的机遇，量力尽责、回馈社会，为冰雪产业恢复增长提供保障③。孙科等基于叙事的角度，认为：（1）疫情对体育产

① 余福海．疫情背景下的东京奥运会备战不确定性管理研究 [J]．武汉体育学院学报，2020，54（7）：29-34，40.

② 余福海．新冠肺炎疫情背景下东京奥运会备战的现实困境及其规制探究 [J]．沈阳体育学院学报，2020，39（5）：17-23.

③ 房硕．我国冰雪产业“新冠”疫情影响及应对举措研究 [J]．文体用品与科技，2020（19）：90-91.

业的影响呈现持续性、结构性、社会性等特征，在“转危为机”的话语体系下，应借助政府的积极行为，实现体育行业与体育产业的多层次融合，增强对消费端的刺激，提高体育企业的抗风险能力，最大限度地释放后疫情时代体育产业发展动力；（2）东京奥运会延期举办凸显国际奥委会内部治理的困境与危机，引发对中国体育赛事治理效能的思考，给奥运备战带来挑战，促使运动训练由传统化模式向集群化工业模式转变；（3）空间重叠与权力空间渗透造就居家体育的特殊“脱域”空间，成为“家庭—学校—社区”体育互动发展的催化剂，引发体育教学、社区体育、群众体育活动方式的改变，形成自觉行为更高的群众体育“在地化”驱动模式；（4）在疫情防控期间，体育话语在不同语境中的表达、转型与辩驳为体育话语转为文化资源提供契机，促进文化与体育的互动与整合，深刻影响人们的体育观念①。

**四是疫情下奥运经济损失与提振方法**。奥运经济已经成为最近几十年来世界经济发展中一个独特的现象，各国举办奥运会不再只是赔本赚吆喝，也可以从中赚取巨大的经济利益。奥运会是一次巨大的品牌宣传，不仅有奥运特许商品的产业链，电视转播、广告等，还会拉动所在地的旅游、餐饮、酒店等消费；更深一步，举办奥运会可以提高主办城市的国际地位，增加主办地的国际知名度，从而得到更多的国际投资和商业机会，促进本国优质企业的深度发展。而这一次新冠肺炎疫情导致奥运会推迟，对经济的负面影响不言而喻。王玮探讨了疫情导致东京奥运延迟的损失，受影响最直接的是旅游和票务问题，奥运场馆维护也需要一笔额外的资金，更为关键的是日本财政也受到了奥运推迟的影响，财政赤字必然增加，这些都会打击日本消费者和投资者的信心。关于后期措施与提振经济的方法，王玮认为疫情后对经济的刺激，真正核心是刺激消费，如何调动人们的消费热情则是关键。比如说有特别的纪念和收藏意义的奥运特许商品，包括游戏产品的开发，就是一个路径；还有让更多普通人参与到奥运的可能性，如特别的 VIP 票，以及能参与其中的特别演出等；还有云直播平台，提供电视之外的个性化转播视角（如观众喜欢某位球员，能否有专属该位球员的视角，哪怕是付费开放权限），这部分网络平台收入也将是非常可观的②。

**五是疫情带来奥运伦理与法律的新考量**。易剑东从决策背景、决策认知、决策影响三个方面梳理了国际奥委会在“东京 2020 年奥运会延期一年”这一决策过程中的进退得失，分析了该决策的多方面的影响③：一是奥运会延期举办在很大程度上影响了全世界的体育赛历，如成都 2021 年世界大学生运动会被迫延期至 2022 年举办，世界田联不得不将原定于 2021 年 8 月举行的尤金田径世锦赛延至 2022 年 7 月开赛。二是组织结构变动，一些市场

---

① 孙科，郇昌店，任慧涛，等. 危机与应对：新型冠状病毒肺炎疫情下的中国体育叙事 [J]. 上海体育学院学报，2020，44（5）：1-15，46.

② 王玮. 疫情导致东京奥运延迟的损失及奥运经济模式研究 [J]. 财富时代，2020（4）：11-12.

③ 易剑东. “东京 2020 年奥运会延期一年”决策探析 [J]. 成都体育学院学报，2021（1）：21-31.

价值不高，并且一直在靠国际奥委会资金援助的“贵族”项目，亟待做出改变。三是简化办赛，东京奥组委向国际奥委会提出了一系列应对方案，其中最核心的两点就是组建新冠疫情对策委员会和简化办赛。四是国际组织利益补偿，奥运会的延期与简化举办所带来的权益无法兑现及影响力削减问题也将对国际组织、持权转播商、TOP 赞助商的利益补偿造成负面影响。五是大型赛事遭受质疑，在新冠肺炎疫情不确定性仍较高且日本奥运经济很难因奥运而提振的局势下，日本媒体对奥运热的宣传降温，而反奥运、反国际性大赛的民间社团组织游行示威活动增多，一些人认为国际体育大赛没有存在的必要，人群聚集的大型综合性赛会正面临新的挑战。王睿康等围绕东京奥运会延期是否存在法律上的合法性和伦理上的正当性、奥运延期对各利益相关方所产生的影响以及可能的救济途径、新冠肺炎疫情作为不可抗力的构成和举证问题、东京奥运会延期对北京冬奥会可能的影响、奥运会延期对奥林匹克城市主办协议完善的意义、奥运会延期决策的程序正义和各利益相关方参与治理等问题展开研究，认为大规模的全球疫情导致奥运会延期是出于对人类健康的终极关怀，符合奥林匹克精神和价值追求，具有伦理上的正当性，但延期也会对各利益相关方产生重大影响，未来需要在赛事安排、损害救济、协议修改、章程重新审视等方面做出妥当安排，以实现奥林匹克运动在重大灾害背景下的有效治理①。

**六是疫情对某一具体奥运运动备战的新变化**。如兰彤等提出新冠肺炎疫情对于中国乒乓球队备战而言有利有弊，其研究发现：因东京奥运会延期致使国乒封闭训练得以实施、老将伤病得到休养、球员状态得以保持对国乒备战有利；而国际赛事停摆、竞争对手上升势头强劲则对国乒备战不利；球员积分排名冻结、参赛阵容变数陡增对国乒备战带来的影响则有利有弊。在奥运会延期阶段，中国乒乓球队可以从依托举国体制优势、打造女乒领军人物、重视双打训练比例、组织内部实战练兵等 7 个环节入手，化挑战为机遇，扎实有效做好备战工作，以期在东京奥运会上延续国球辉煌②。杨恒郁等针对我国击剑队实际情况，认为东京奥运会延期有利于年轻运动员战术历练、心理调节，伤病运动员恢复，以及外交和中方教练、队员的深度磨合；但也出现老运动员的竞技状态消磨、心理疲劳等不利影响；同时增加国外运动员的成长冲击、训练赛事不确定等外围威胁③。奥运备战是一项系统工程，我们既要传承以往备战经验，又要打好奥运备战的信息战、心理战、训练战、医疗防护战和保障战。

① 王睿康，姜世波．东京奥运会延期的法律与伦理视角审视 [J]．体育成人教育学刊，2020，36（2）：39-42.

② 兰彤，刘托．东京奥运会延期背景下国乒备战策略研究 [J]．沈阳体育学院学报，2020，39（5）：9-16.

③ 杨恒郁，仲满，沈朝阳，等．东京奥运会延期对我国击剑队奥运备战的影响 [J]．南京体育学院学报，2020，19（7）：65-73.

#### 9.2.1.2　应对疫情的奥运措施

在现代奥运会发展历史上，除第 6、12、13 届夏季奥运会因战争原因停办外，依据奥林匹克周期举办的历届奥运会从未出现延期先例。2020 年，新型冠状病毒肺炎疫情在全球暴发，呈现出传染性强、潜伏期长、波及面广的特点，疫疾蔓延的高压态势迫使东京 2020 年奥运会延期举行。奥运会延期是疫情肆虐形势下国际奥委会的无奈之举，也是国际奥委会维护奥林匹克利益、保障运动员健康权益的必然选择。

**一是探究北京冬奥会公共卫生事件应急管控对策**。受新型冠状病毒肺炎疫情影响，2020 年东京奥运会延期举办。重大公共卫生事件已经成为影响奥运会举办的重要因素，奥运会举办国在筹办奥运会过程中加强对重大公共卫生事件的监督与防控具有实践意义和理论意义。徐拥军和张丹选取部分届次奥运会作为研究样本，对其重大公共卫生事件应对措施进行分析，主要包括：加强重大公共卫生事件风险评估；加强重大公共卫生事件的网络监控系统建设；加强奥运会举办城市的环境治理；对重大公共卫生事件采取多部门协同联动防控；加强与国际组织合作防控重大公共卫生事件。基于以上，对中国 2022 年将举办的第 24 届冬季奥林匹克运动会加强重大公共卫生事件监督与防控提出建议[①]。

**二是借鉴世界竞技体育强国的经验**。世界竞技体育强国如英国、美国、日本为应对奥运延期，相继出台干预政策，调整奥运备战计划，力求最大限度地化解东京奥运会延期对本国奥运备战工作的冲击。在以奥林匹克为核心的全球体育赛事重新被迫调整的竞赛格局下，我国与世界各国一道面临延期困境，如何通过干预手段化解奥运延期的实然困境、降低赛事延期对我国奥运备战工作的冲击，是现阶段我国体育行政部门需解决的突出问题。刘文昊等通过梳理英、美、日三国奥运延期的应变举措并归纳其特征（强化财政支援，助力运动员全面复训；核减部门开支，维持体育部门组织活性；预设指导方案，保障运动员健康权益；建立远程服务，持续为运动员提供心理支持），以期为东京奥运会延期视域下我国奥运备战工作的调整提供借鉴：运动训练活动有组织开展，加强财政资金的有序拨付；提高运动环境的安全系数，保障运动员生命健康权益；全面提升运动员竞技水平，弥补运动员竞技能力结构短板；严把心理健康关口，稳定运动员竞技能力的持续输出[②]。

**三是调整备战策略与调节运动员心态**。郭成根等面对疫情提出中国队的备战策略：分析国际体坛形势，做好情报收集工作；保障夺金项目正常发挥，以潜优势项目为主要突破点；及时调整备战训练计划；加强运动员思想教育，提高其心理稳定性；加大科技助力竞

---

① 徐拥军，张丹 .2022 年北京冬奥会公共卫生事件应急管控对策研究 [J]. 首都体育学院学报，2020，32（4）：303-309.

② 刘文昊，冯鑫，胡海旭. 东京奥运会延期下世界竞技体育强国的应变举措及对我国奥运备战的启示 [J]. 西安体育学院学报，2020，37（6）：641-647.

技体育的力度[①]。其中科学系统积极有效实施运动员心理调节是当务之急，张忠秋提出认真遵照国家体育总局党组“防疫情、保备战”的整体部署，在保证各支国家队教练员和运动员身体各项机能正常健康的同时，积极有效提高运动员的备战奥运大赛的心理适应与心理调控能力，高质量、高效率地完成东京奥运会的科学训练[②]。

**四是注重宣传与危机公关的奥运遗产**。受疫情影响，奥运面临着极大的不可预知，为避免危机的爆发与复发，安定运动员与公众的情绪，亟须做好危机公关、媒体宣传工作，书写合适的体育叙事。如黄璐围绕东京奥运会延期举办这一事件，对日本主流媒体奥运报道的主题内容进行分析，透视日本媒体在奥运会东道主报道方面的基本特点与不足之处[③]。李静亚等从内生因素与外生因素两个层面对2020年东京奥运会延期背景下国际奥委会的危机缘起进行剖析，同时运用危机传播4阶段理论与危机公关5S原则对国际奥委会危机公关应对过程进行评价与解读，认为国际奥委会在危机征兆期、危机突发期和危机蔓延期，有效运用了诉诸权威、快速反应、真诚沟通、公开透明、主动担当、系统运行等危机公关策略；同时指出，从把握舆论导向及时发布权威信息、寻求媒体合作凝结奥运集体记忆、平衡奥林匹克系统各主体的利益、开拓国际奥委会全媒体对话渠道等4个方面，可为依然处于危机困境中的国际奥委会提供策略参考[④]。

**五是加强奥运遗产叙事**。新型冠状病毒肺炎疫情下的体育叙事，不仅要阐发疫情期间的体育事件及其社会意义，更应揭示不同体育要素在社会发展中的功能与作用，将对体育现实问题的思考转化为未来体育转型的应对策略。孙科等基于叙事的角度，以访谈的方式，探讨体育产业发展、东京奥运会延期、体育组织治理、奥运备战、居家体育、体育在线教学、体育中考等热点事件和话题[⑤]。杨艳生等认为东京奥运会和北京冬奥会分别作为两个独立的赛事主体，因重大公共卫生突发事件而处于相同的危机场域空间之中，因而聚焦东京奥运会延期带来的主体性影响和空间性解读，以理性认知来探讨其为北京冬奥会赋予能量的可能性与可为性[⑥]。

**六是完善机制规则**。在全球新冠肺炎疫情不断蔓延的情势下，东京奥运会延期举办具

---

① 郭成根，施文海，全哲平，等．疫情下中国体育代表团2020年东京奥运会竞技形势及备战策略[J]．中国体育教练员，2020，28（4）：35-37，41.

② 张忠秋．科学系统积极有效实施运动员心理调节[N]．中国体育报，2020-06-23.

③ 黄璐．疫情期间日本媒体奥运报道的特点及启示[J]．青年记者，2020（27）：93-94.

④ 李静亚，谢群喜，王润斌．2020年东京奥运会延期背景下国际奥委会的危机公关策略[J]．体育学刊，2020，27（5）：8-16.

⑤ 孙科，郇昌店，任慧涛，等．危机与应对：新型冠状病毒肺炎疫情下的中国体育叙事[J]．上海体育学院学报，2020，44（5）：1-15，46.

⑥ 杨艳生，赵妍．东京奥运会延期为北京冬奥会赋能的主体叙事与理性认知[J]．体育与科学，2020，41（5）：17-23.

有充分的伦理正当性，但也需进行是否符合《奥林匹克宪章》的合法性考察。于善旭通过对法治奥运已成为现代奥运的治理模式的揭示，认为奥运重要事项及其变更应以《宪章》为据，东京奥运会延期虽然符合由国际奥委会执委会决定的程序规则，却明显违反了《宪章》关于奥运会举办时间的实体规定。进而结合《宪章》为适应发展而反复修改的历程，分析了《宪章》在奥运会重要事项等方面规则仍存在的一些缺憾，强调法治奥运应奉行良法之治，使《宪章》更全面地覆盖奥运全局和及时回应奥运实践发展，从而对进一步修改完善《宪章》中奥运会等重要事项及其变更的规则与机制进行了探讨[①]。

### 9.2.2　国外研究内容与成果

国外研究围绕新冠肺炎疫情背景下奥运遗产的探索，按照对象可划分为疫情对奥运会的影响以及疫情对奥运运动员的影响。

#### 9.2.2.1　疫情对奥运会的影响

疫情大流行严重影响了奥运的正常开展，使得东京奥运会延期。许多学者围绕疫情造成的奥运延期、社会隔离展开分析，也为奥运的应对措施提供经验参考。如范顺晃（Van Thuan Hoang）等从最新的流行病学数据证明东京奥运会必须延期，讨论了大型聚集活动会带来的疫情大流行的巨大风险[②]。小弗拉维奥・卡马戈（Flavio Bueno de Camargo-Junior）等则分析了疫情造成的奥运延期带来的孤立性和不确定性，认为有必要开展一项联合工作，以尽量减少这种现象[③]。布拉姆・康斯坦特（Bram Constandt）等则分析了1920年比利时安特卫普奥运会的举办经验。安特卫普奥运会是第一次世界大战和流感大流行之后举办的第一届奥运会，在提升奥林匹克运动会的价值以及治愈社会创伤上起到了至关重要，极大地提升了奥运的身份与公众士气，避免了奥林匹克运动的崩溃[④]。

#### 9.2.2.2　疫情对奥运运动员的影响

疫情使得奥运会延期并加大了不确定的风险，这给奥运运动员的职业发展、备战训练

---

① 于善旭. 论奥运会重要事项及其变更的依据之憾与规则完善：从东京奥运会延期论起 [J]. 武汉体育学院学报，2020，54（8）：5-11.

② HOANG V, AL-TAWFIQ J, GAUTRET P. The Tokyo Olympic Games and the risk of COVID-19[J]. Current tropical medicine reports, 2020（7）: 1-7.

③ CAMARGO-JUNIOR F, CHALHUB T, MORAES J M, et al. COVID-19 and its effect on Olympic sport: the importance of studying social isolation and the harm it causes, in order to minimize it[J]. Revista Brasileira de medicina do esporte, 2020, 26(5): 371-377.

④ CONSTANDT B, WILLEM A. Hosting the Olympics in times of a pandemic: historical insights from Antwerp 1920[J]. Leisure sciences, 2020（2）: 1-6.

以及心理情绪等带来了重大的影响，许多学者也聚焦于运动员这一群体开展了各项研究。大空加奈子（Taku Kanako）等总结运动员和教练员对2020年东京奥运会推迟所引起的影响的反应，并讨论体育和运动员的价值观会发生怎样的变化①。安德斯·霍坎森（Anders Håkansson）等指出奥运会推迟会给全球许多运动员带来职业不安全感，并可能导致日常生活的重大变化和潜在的长期心理困扰，研究人员和利益相关者应着眼于调节运动员的心理健康和长期工作不安全感②。

## 9.3 评价与展望

### 9.3.1 现有研究不足

总体上，国内外有关新冠肺炎疫情下奥运遗产的研究尚属于起步阶段，相关研究的范围、数量与内容有待进一步拓宽、提升与充实，现有研究还存在以下不足：

#### 9.3.1.1 疫情下奥运遗产理论研究待深入

现有理论大多停留在现象的描述、分析与总结，缺乏理论性研究。随着全球步入后疫情时代，新冠肺炎疫情将会对奥运遗产产生更为深远的影响，给奥运会的内容和形式带来全新的冲击与挑战，所产生的遗产形式、参与主客体也势必走向多样与多元。然而当前国内外研究成果较为分散且浅层，只停留在分析影响与提出对策两方面，缺乏综合性、抽象性的理论体系构建，理论的深入将会为我们日后应对疫情常态化下的奥运建设提供指导以及为未来突发公共卫生事件的应对提供考量。

#### 9.3.1.2 部分类型的奥运遗产关注不足

一是对北京冬奥会的专门研究不足。疫情当前影响最大的就是东京奥运会的延期，有关东京奥运会研究的普及度与关注度要明显高于北京冬奥会，学界对东京奥运会之外的其他大型体育赛事遗产关注尚显不足，尤其是专门针对于北京冬奥会的研究较少，目前国内仅有潘磊③、徐拥军和张丹④所撰写的两篇，国外尚无。夏季奥运会与冬季奥运会

① TAKU K, ARAI H. Impact of COVID-19 on athletes and coaches, and their values in Japan: repercussions of postponing the Tokyo 2020 olympic and paralympic games[J]. Journal of loss and trauma, 2020, 25(8): 623-630.

② HÅKANSSON A, MOESCH K, JÖNSSON C, et al. Potentially prolonged psychological distress from postponed Olympic and Paralympic Games during COVID-19—career uncertainty in elite athletes[J]. International journal of environmental research and public health, 2021, 18(1): 2.

③ 潘磊．新冠肺炎疫情对2022北京冬奥会的影响研究[J]．科技智囊，2020（4）：32-36.

④ 徐拥军，张丹．2022年北京冬奥会公共卫生事件应急管控对策研究[J]．首都体育学院学报，2020，32（4）：303-309.

遗产有很大的区别，北京冬奥会在场馆、精神、文化等方面具有不同的潜力与价值，且更加符合我国当下的迫切需求，因此，需要给予更多的关注与研究。此外，许多其他大型体育赛事的遗产，也被学者所忽视，如疫情对成都大运会、残奥会等其他体育赛事的影响。

二是国内从医学角度探讨疫情对运动员心理影响的研究较少。尽管当前国内已有学者如张忠秋①、郭成根等②呼吁关注疫情下运动员的心理健康，并提出了相应的设想与建议，但与国外对比数量偏少，且缺乏循证医学的可靠性。而且在实践过程中，运动员的心理调节面临着更加复杂的情况，离不开医学科学的检测与治理，因此我们应积极开展跨学科合作，与医科联手研究新冠肺炎疫情背景下的奥运遗产。

### 9.3.2 未来研究方向

笔者认为，未来有关新冠肺炎疫情背景下奥运遗产研究的重点和方向可能包括：

#### 9.3.2.1 后疫情时代奥运遗产基本理论研究

有关奥运遗产的基本理论早在30年前便展开探讨，已形成了基本的观点与基础，并逐渐演变出多元化的研究样态。然而目前新冠肺炎疫情下奥运遗产基本理论研究尚未开展，随着疫情步入常态化，后疫情时代下奥运遗产的含义、类型、特点等亟待进行论述与探讨，在原理性、规律性等深层次研究上有待进步，提出理论基础、理论框架从而指导奥运更好面对突发公共卫生事件。

#### 9.3.2.2 东京奥运会遗产评估

东京奥运会注定会是不平凡的一届奥运，历经疫情之后其所留下的奥运遗产将具有宝贵的参考价值，不仅体现在公共卫生事件应急管控上，对环境、社会文化、经济等多方进程也带来了划时代的变革。“以史为鉴，可以知兴替”，对东京奥运会遗产进行评估，反思其中的经验与教训，将会是我们留给子孙后代的历史文化财富和共同记忆，我们应该做好东京奥运会遗产的评估、开发与保护。对东京奥运会遗产评估的指标选取、指标权重分配、数据收集方法、因果关系推导、数据分析模型等有待进一步深入研究。

#### 9.3.2.3 疫情下北京冬奥会遗产研究

北京冬奥会是近期国内将举办的重大国际体育赛事，对宣传我国经济社会文化形象、推动京津冀一体化建设具有重要作用。科学研判新冠肺炎疫情这一重大突发公共卫生事件

① 张忠秋．科学系统积极有效实施运动员心理调节[N]．中国体育报，2020-06-23.

② 郭成根，施文海，全哲平，等．疫情下中国体育代表团2020年东京奥运会竞技形势及备战策略[J]．中国体育教练员，2020，28（4）：35-37，41.

对北京冬奥会的影响，对降低疫情给冬奥会筹备带来的影响，进一步推进北京冬奥会筹办工作按时、优质完成具有重要的现实意义。虽然关于东京奥运会遗产学界已有较多研究成果，但是，每一届奥运会都在特定的国家和城市举办，有其特定的环境和背景，其奥运遗产也应有其特殊性，北京冬奥遗产应更具中国特色，提出“北京方案”。决战疫情凸显了中国的制度优势和中国经济社会的韧性，中国政府有信心、有能力筹办好、举办好2022年北京冬奥会，北京冬奥会也将作为一张新名片向全世界展现后疫情下的中国。

# 第10章 新冠肺炎疫情对2022年北京冬奥会的影响

2020 年，新冠肺炎疫情肆虐全球，2020 年东京奥运会被迫推迟一年举办，朝鲜也于 2021 年 4 月 6 日决定不参加东京奥运会，2022 年北京冬奥会也面临着巨大冲击。我国须对此予以密切关注，科学评估、正确研判、有效应对，将风险减少至最低。经过一年多的疫情抗击活动，新冠肺炎疫情以及因其推迟的东京奥运会主要对 2022 年北京冬奥会产生如下影响：

## 10.1 各项赛事工作筹备活动严重受阻

2022 年北京冬奥会原计划进行的部分测试赛、活动和筹备工作被取消或延迟。第一，北京冬奥会首场测试赛已被取消。鉴于新型冠状病毒肺炎疫情的形势，国际雪联、中国滑雪协会及高山滑雪世界杯延庆站组委会共同决定，取消 2019/2020 国际雪联高山滑雪世界杯延庆站比赛[①]，即北京 2022 年冬奥会的第一场测试赛。这导致北京冬奥组委丧失了一次积累筹办冰雪赛事实战经验（如裁判、志愿者服务、场地规划等）的机会，也失去了一次进行冰雪赛场设施测试、评估的机会。不仅如此，剩余 19 场测试赛也已被取消或面临被取消的风险，包括原计划在 2021 年 2 月进行的雪橇测试赛[②]和在 2020/2021 赛季举行的国际滑联多项北京冬奥会测试赛[③]。另外，作为 2022 年北京冬奥会的积分赛的 2020 女子冰壶世界锦标赛也因疫情被取消[④]。第二，北京冬奥会倒计时两周年活动被取消，损失了前

① 新华社体育．2019/2020 国际雪联高山滑雪世界杯延庆站比赛取消 [EB/OL].(2020-01-29)[2021-02-17]. https://baijiahao.baidu.com/s?id=1657053777535951104&wfr=spider&for=pc.

② 中新网．北京冬奥会雪橇测试赛推迟 拟在 2021 年秋季举办 [EB/OL].(2020-11-28)[2021-02-17].https://www.chinanews.com/ty/2020/11-28/9349567.shtml.

③ 中新网．国际滑联取消多项北京冬奥测试赛 调整方案仍待讨论 [EB/OL].(2020-11-14)[2021-02-17]. https://www.chinanews.com/ty/2020/11-14/9338396.shtml.

④ 中青网．2020 女子冰壶世界锦标赛因疫情取消 [EB/OL].(2020-03-13)[2021-02-17].http://news.youth.cn/zc/202003/t20200313_12237694.htm.

期筹办成本和冬奥会宣传造势机会。第三，北京冬奥会 2020 年世界转播商大会调整会议地点。该会议原定于北京举行，后考虑到参会人员的健康问题，经与奥林匹克转播服务公司、国际奥委会协商，在各转播商的积极配合下，会议调整到 2020 年 2 月 24 日在西班牙马德里召开[①]。第四，人才培训难以集中实地开展。目前，志愿者只能通过网络学习冬奥知识，开展居家体能训练，研习雪上项目竞赛规则，提升志愿服务技能、外语水平，等等。而且，聘请的国外裁判、专家也因疫情影响无法来到中国指导，而我国又急缺冰雪运动专业人才。第五，冬奥场馆等大量基础设施建设也遭受阻碍，带来了额外的人员成本、沟通成本增加。国内方面，2020 年初暴发的疫情需要更多的防控成本开支，如大量防控物资的采购[②]。国外方面，2020 年中国际疫情蔓延严重，北京市副市长、北京冬奥组委执行副主席张建东在接受采访时表示："我们采购的新型制冰系统、压雪机、浇冰车等设备器材的生产厂家大多在疫情较严重的国家，生产、运输、入境等都受到一定影响，设备安装调试、场地认证等所需的外籍专家、技术人员近期也难以大批量顺利来华进行现场指导和工作。"[③]冬奥会基础设施建设中大量外籍专家无法到场，这导致我国在筹办北京冬奥会时不得不另辟蹊径，采取新模式、运用新方法完成所有的冬奥场馆建设。

## 10.2 冰雪产业与大众参与深受冲击

我国自获得 2022 年北京冬奥会举办权以来，冰雪产业发展持续向好，但新冠肺炎疫情迫使冰雪产业按下"暂停键"。北京奥运城市发展促进会、国研经济研究院中国冰雪经济研究中心等联合发布的《新型冠状病毒感染的肺炎疫情对中国冰雪产业的影响调查报告》显示，新冠肺炎疫情对中国冰雪运动影响巨大。冰雪产业的主要消费周期是从每年 11 月至次年 3 月，其中最重要与核心的消费周期是寒假和新年春节消费档。此次疫情导致全国共有 130 个冰雪相关的比赛、活动取消，冰雪产业错失春节黄金周，冰雪消费断崖式下降，冰雪产业从业者面临巨大经营压力。在此次疫情冲击下，超过四成的冰雪企业现金流仅能支撑一或两个月，仅有不足五分之一的冰雪企业的现金流能支撑半年以上。面对疫情，多数企业采取了远程办公、拓宽线上业务、开发新产品项目等举措应对困难[④]。2020 年 1 月 26 日至 27 日，张家口崇礼七大滑雪场相继发布关闭雪道暂停营业的通知，当地依

① 新华社．北京冬奥会 2020 年世界转播商大会召开 [EB/OL].(2020-02-24)[2021-02-17].https://baijiahao.baidu.com/s?id=1659427670122827086&wfr=spider&for=pc.

② 潘磊．新冠肺炎疫情对 2022 北京冬奥会的影响研究 [J]．科技智囊，2020（4）：32-36.

③ 新华社．疫情之下，北京冬奥筹办最全进展介绍来了 [EB/OL].(2020-06-09)[2021-02-17].https://baijiahao.baidu.com/s?id=1669033897026688179&wfr=spider&for=pc.

④ 新华社．调研报告：疫情或致四成国内冰雪企业年收入下降一半以上 [EB/OL].(2020-04-16)[2021-02-17].https://baijiahao.baidu.com/s?id=1664116823140864583&wfr=spider&for=pc.

靠滑雪产业兴起的雪具店、餐饮、住宿等的经营业态亦受到严重影响。太舞滑雪小镇相关负责人表示此次暂停营业预计造成今年第一季度运营收入累计损失约 1.1 亿元，小镇面临着自营业以来的最大挑战[①]。作为第十三届全国冬季运动会高山滑雪赛场和闭幕式的举办地，新疆丝绸之路国际度假区同样受到了疫情带来的冲击。新疆丝绸之路国际度假区董事长李建宏介绍到，度假区于 1 月 25 日宣布暂停营业[②]。同样，近年来蓬勃发展的吉林、黑龙江等省的冰雪产业也都经历了一个凛冽的“寒冬”。

冰雪产业受到冲击，就直接影响到 2022 年北京冬奥会的大众参与，这将给 2022 年北京冬奥会的“带动三亿人参与冰雪运动”的目标带来极大困难。

## 10.3　国际舆论形势依然严峻

2020 年，欧美国家许多政客开始不遗余力地“甩锅”中国，造谣“武汉病毒研究所泄漏病毒”，指责中国政府“隐瞒疫情”，散布“中国责任论”“中国赔偿论”。例如，德国主流媒体《明镜》周刊（*Der Spiegel*）2020 年 2 月第 6 期发布《新型冠状病毒：中国制造》的封面图片，刻意制造出将中国与病毒相联系的传播效果[③]；英国《金融时报》（*Financial Times*）和《经济学家》（*Economists*）杂志都以《新型冠状病毒暴露中国体制缺陷》为题进行不实报道，并对中国政治体制做出充满偏见的解读；美国的《华尔街日报》（*The Wall Street Journal*）发表了一篇题为《中国是真正的“亚洲病夫”》的文章[④]。不仅如此，西方的一些政客和主流媒体还从中国武汉“封城”、民众隔离是“不讲人权”，建设方舱医院是搞“集中营”，以“全政府、全社会”方式应对疫情是“强化威权”[⑤]，中国制造的医防产品不合格，中国疫情数据造假等角度指责中国政府，甚至纠合一些组织和个人起诉中国政府，这使得我国面临的国际舆情形势十分严峻，外交上相当被动。根据美国哈里斯民调中心（Harris Poll）在 4 月在全美开展的调查，“90% 的共和党人、67% 的民主党人认为中国应该为疫情的扩散负责，66% 的共和党人、38% 的民主

---

① 腾讯网．冬奥小镇崇礼遭遇“冰冻期” 业者称“暂别是为更好回归”[EB/OL].(2020-06-09)[2021-02-17].https://new.qq.com/omn/20200211/20200211A0ORYZ00.html.

② 人民网．开拓思路应对困境 冰雪产业摸索中寻求“复苏”之道 [EB/OL].(2020-04-10)[2021-02-17].https://www.sohu.com/a/386788376_114731.

③ 中新网．中国驻德国大使馆就德《明镜》周刊涉新冠病毒封面图片表明立场 [EB/OL].(2020-02-02)[2021-02-17].https://www.chinanews.com/gj/2020/02-02/9075754.shtml.

④ 澎湃新闻．崔洪建：“叙事之争”？疫情期间欧洲涉华舆论的变化及其特点 [EB/OL].(2020-04-17)[2021-02-17].https://www.thepaper.cn/newsDetail_forward_7881167.

⑤ 海外网．【四评】疫情或加剧国际舆论不平衡 [EB/OL].(2020-04-09)[2021-02-17].https://www.sohu.com/a/386712030_115376.

党人认为特朗普政府应该对中国采取更加强硬的政策”[①]。澳大利亚、加拿大、英国、新西兰、法国、德国、瑞典、丹麦，甚至巴西、尼日利亚等国都出现大量针对我国的不友好言论。“这些恶意污名化中国的行为，增加了国际社会对中国疫情防控大国形象信号正确认知和准确判断的难度，导致一些国家和地区不遵照世界卫生组织的专业建议，对中国的人员和货物采取过度限制。中国一度面临严峻疫情和日趋恶化的外部环境的双重挑战。”[②] 大量国外民众厌华、反华情绪蔓延，十分不利于 2022 年北京冬奥会的正常举办。

然而，经过长达一年的抗疫防疫活动，中国倾国之力和付出的巨大牺牲也使得世界人民对中国力量、中国精神、中国效率和中国负责任的大国形象重新认识，国际舆论有所转向。一方面，中国积极广泛参与国际交流合作与物资援助。截至 2020 年 4 月 10 日，中国政府已经或正在向 127 个国家和 4 个国际组织提供包括医用口罩、防护服、检测试剂等在内的物资援助，向世界卫生组织（WHO）捐助 2 000 万美元，累计向 11 国派出 13 批医疗专家组，同 150 多个国家以及国际组织举行了 70 多场专家视频会[③]。中国成功研制出新冠肺炎疫苗后，在向全民免费提供的同时，还向委内瑞拉、阿联酋、印度尼西亚、巴西、巴基斯坦等 53 个发展中国家提供疫苗援助[④]，再次为国际抗击新冠肺炎疫情助力。同时，中国奥委会还向国际奥委会提出，“愿意为东京奥运会、残奥会和北京冬奥会、冬残奥会的运动员提供新冠肺炎疫苗”[⑤]。另一方面，冬奥会各项筹办活动也按计划顺利稳步推进，这一冬奥“新标杆”被赋予了更深刻的时代意义。2021 年 1 月 29 日，国际奥委会主席巴赫接受新华社视频连线专访时，对北京冬奥会筹办工作给予了高度评价：“尽管面对疫情的挑战，北京冬奥筹办工作进展十分平稳顺利，几乎是一个奇迹！还有一年时间，所有竞赛场馆准备就绪，这本身说明了一切。”[⑥]北京冬奥组委外籍专家也纷纷表示对北京冬奥会成功举办充满信心。北京冬奥组委外籍专家、国际雪联高山滑雪委员会主席伯恩哈德·鲁西（Bernhard Russi）在接受《人民日报》专访时指出：“中国高度重视北京冬奥会筹办工作，每一位参与者都尽心尽力。中国已做好迎接盛会的准备。”北京冬奥组委外籍专家、国际

---

① 傅莹．新冠疫情后的中美关系 [J]．企业观察家，2020（7）：74-80.

② 肖晞，宋国新．新冠肺炎疫情防控与中国大国形象塑造 [J]．吉林大学社会科学学报，2020，60（3）：5-18.

③ 人民网．外交部：中国政府已经或正在向 127 个国家和 4 个国际组织提供物资援助 [EB/OL].(2020-04-10)[2021-02-20].http://world.people.com.cn/n1/2020/0410/c1002-31669506.html.

④ 中华人民共和国中央人民政府．外交部：中方向 53 个发展中国家提供疫苗援助 [EB/OL].(2021-02-08)[2021-02-20].http://www.gov.cn/xinwen/2021-02/08/content_5586126.htm.

⑤ 腾讯网．国际奥委会宣布将采购中国新冠肺炎疫苗 [EB/OL].(2021-03-12)[2021-03-27].https://new.qq.com/omn/20210312/20210312A03BTU00.html.

⑥ 新华社．全球连线 | 独家专访：关于奥运这些大事，巴赫有话说！ [EB/OL].(2021-02-17)[2021-02-17].https://baijiahao.baidu.com/s?id=1690273587797571538&wfr=spider&for=pc.

奥委会媒体运行部前总监安东尼·埃德加（Anthony Edgar）则表示："2022年，北京将举办第二十四届冬奥会，我相信，北京冬奥会将书写新的传奇，为奥林匹克运动增添新的光辉。"①整体而言，北京冬奥会受影响程度显著小于其他体育赛事，这与中国政府的努力密不可分，冬奥会也将成为后疫情时代下世界认知中国的新名片②。

但总体形势依然严峻，在2022年北京冬奥会倒计时一周年之际，仍有以英美为首的西方政客寻衅造势。新冠肺炎疫情方面，世卫组织派出的国际专家组于2021年1月14日抵达武汉，与中方专家组成联合专家组，共同开展新冠病毒全球溯源中国部分工作。2月13日，美国总统国家安全事务助理杰克·沙利文（Jake Sullivan）指责中国，声称不认为"中国提供了足够的关于疫情传播的原始数据"③。英国首相鲍里斯·约翰逊（Boris Johnson）随后在新闻发布会上仍表示，"很显然大部分证据似乎表明，疫情起源于武汉"。并"完全支持"拜登政府于此前一天发表的声明，该声明宣称对中国可能干预世界卫生组织调查病毒起源"深表关切"④。北京冬奥会方面，2021年2月3日，有7名美国共和党议员提交决议称，中国政府在新疆实施"种族灭绝"政策，要求国际奥委会重新考虑2022年冬奥会的举办地⑤；6日，英国工党议员克里斯·布赖恩特（Chris Bryant）要求政府和英国奥林匹克协会（BOA）抵制北京冬奥会，自由民主党党魁埃德·戴维（Ed Davey）扬言中国正发生"种族灭绝"，冬奥将成为北京的政治宣传工具⑥。加拿大前驻华大使赵朴（Guy Saint-Jacques）直接发出呼吁，美国需要起"带头作用"，而冬奥会应该推迟一年，并在其他的地方举行⑦。这些均遭到国际奥委会的强烈反对。随后，美英对华态度软化，不再抵制北京冬奥会⑧。西方国家对华言论变化反复，尽管给中国扣上的罪名相当脆弱，但长期渲染，也会误导大量西方民众，并不利于北京冬奥会的正常举办。

---

① 方莹馨，任彦，陈尚文．北京冬奥组委外籍专家：对北京冬奥会成功举办充满信心[N]．人民日报，2021-02-09.

② 潘磊．新冠肺炎疫情对2022北京冬奥会的影响研究[J]．科技智囊，2020（4）：32-36.

③ 环球网．美总统国安事务助理沙利文指责中国没提供"足够疫情原始数据"[EB/OL].(2021-02-22)[2021-02-23].https://xw.qq.com/partner/vivoscreen/20210222A01G3100.

④ 人民资讯．英国首相接连两天毫无根据地就新冠疫情源头抹黑中国[EB/OL].(2021-02-16)[2021-02-23].https://baijiahao.baidu.com/s?id=1691820734851853095&wfr=spider&for=pc.

⑤ 环球网．7名美共和党议员要求国际奥委会重新考虑2022年冬奥会举办地，外交部回应[EB/OL].(2021-02-04)[2021-02-20].https://baijiahao.baidu.com/s?id=1690769691921259205&wfr=spider&for=pc.

⑥ 腾讯网．社评：煽动"抵制冬奥会"的势力绝不会得逞[EB/OL].(2021-02-07)[2021-02-20].https://new.qq.com/omn/20210207/20210207A0BLDP00.html.

⑦ 腾讯网．西方反华不死心：施压抵制北京奥运会，就等美国带头了[EB/OL].(2020-02-19)[2020-02-20].https://new.qq.com/rain/a/20210219A08GBW00.

⑧ 腾讯网．不抵制北京冬奥会了？西方政客多次鼓噪后，美奥委会正式作出表态[EB/OL].(2021-03-18)[2021-03-19].https://new.qq.com/omn/20210318/20210318A09V5E00.html.

## 10.4 因东京奥运会推迟产生连锁负面效应

2020 年东京奥运会受疫情影响延迟至 2021 年 7 月举行，这一变动导致了一系列的连锁负面反应，不仅对奥运东道主本身更是对整个国际体育赛事体系造成了不利影响。

首先，针对整个国际体育赛事体系。第一，各城市申办奥运会的欲望进一步降低，出现发展危机。2017 年 7 月 11 日，国际奥委会在瑞士洛桑投票产生 2024 年和 2028 年两届夏季奥运会的主办城市，分别是巴黎和洛杉矶。国际奥委会在一次全会上同时决定两届夏奥会的主办城市，并且提前 11 年宣布 2028 年奥运会主办城市，是因为各城市申办奥运会的热情越来越低，国际奥委会需要同时保住巴黎和洛杉矶两个申办城市[①]。第二，2020 年东京奥运会延迟举办，国际体育赛事体系失去定盘星，从而导致各项国际体育赛事、体育秩序混乱，“如环意、法网、F1、NBA、五大联赛等国际赛事相继宣布延期或取消，至少 33 个奥运项目的全球赛历需要调整。延期后的东京奥运会可能与同在 2021 年夏季举办的欧洲杯、美洲杯、世界田径锦标赛、世界游泳锦标赛等在时间上‘撞车’”[②]。第三，作为当代最高水平的大型综合赛事，奥运会是全球化的缩影，但人类社会的全球化却给疫情蔓延创造了便利条件。为阻止疫情蔓延，人类正在遏制全球化进程，奥运盛会不可避免受到影响[③]。

其次，针对 2022 年北京冬奥会。东京奥运会延期举办，使得两届奥运会举办时间相隔不到 180 天。而冬奥会无论是赛事规模还是影响力、知名度等都无法与夏奥会相媲美，造成 2022 年北京冬奥会的关注度、赞助商等被进一步分割流失。第一，出席 2022 年北京冬奥会的各国政要、奥委会官员将大为减少。两届奥运会举办时间相距较短，由于时间、财政、人员安排等因素，各国政要、奥委会官员可能放弃出席北京冬奥会，甚至一些国外媒体也会放弃来北京进行现场报道。对于观众来讲，在短短半年内连续观看夏奥会和冬奥会，再加上稍早进行的欧洲杯和美洲杯，广大体育迷必然会产生审美疲劳，本就不占优势的冬奥会，将更容易被观众抛弃，收视率大幅下跌或将成为必然，冬奥会也将沦为最大的牺牲品[④]。此外，两届奥运会同为东亚国家举办，同属于儒家文化圈，因此开幕式的文化传播极有可能创意雷同，造成北京冬奥会开幕式的媒体传播效应进一步降低。第二，两届

① 新华社．奥运延期或让“金牌至上”走向“金牌之上”[EB/OL].(2020-03-31)[2021-02-17].https://m.sohu.com/a/384436473_267106.

② 杨国庆．中国应对第 32 届夏季奥运会延期举办的备战方略研究 [J]．中国体育科技，2020，56（7）：24-30，55.

③ 新华社．奥运延期或让“金牌至上”走向“金牌之上”[EB/OL].(2020-03-31)[2021-02-17].https://m.sohu.com/a/384436473_267106.

④ 新浪网．2020 东京奥运会确定推迟一年，2022 北京冬奥会如何应对？ [EB/OL].(2020-03-26)[2021-02-17].http://k.sina.com.cn/article_7034158928_1a344bf5000100o9za.html.

奥运会资源竞争。排第一位的就是赞助商的投资选择。根据国际奥委会公布的数据，早在2019年6月，东京奥组委就已经签署15家顶级黄金合作伙伴、32家官方合作伙伴和15家官方支持商，赞助收益已经超过31亿美元，达到近年来历届奥运会的三倍[①]。现在受疫情影响，赞助商的盈利不乐观，这势必会造成北京冬奥会赞助收入严重缩水。一方面，各类赞助商很可能无法按时、足额向冬奥组委提供资金、物资或服务；另一方面，冬奥组委对赞助商的宣传周期一般为自签订合同（或约定时间）开始至冬奥会结束，尤其是临近冬奥会的时段是赞助企业宣传的黄金时间，但受到东京奥运会延期至2021年的影响，相关赞助商宣传的黄金时间被缩短，赞助企业宣传效果受到冲击，这就有可能让赞助商与冬奥组委就赞助权益进行再谈判、再协商，进而可能导致相关成本增加或预期收入下降[②]。赞助商信心动摇，将导致整个奥林匹克运动的资源枯竭，北京冬奥会首当其冲。

① 新浪财经. 62家金主贡献31亿美元，东京奥运会国内赞助收入创历史[EB/OL].(2019-06-27)[2021-02-17].http://finance.sina.com.cn/roll/2019-06-27/doc-ihytcitk8000098.shtml.

② 潘磊. 新冠肺炎疫情对2022北京冬奥会的影响研究[J]. 科技智囊，2020（4）：32-36.

## 第11章

# 历届奥运会公共卫生应急管控对策的经验借鉴

因受突发重大公共卫生事件影响而延期举办的奥运会至今除2020年东京奥运会之外尚未有之，这对未来举办奥运会的国家具有警示意义。奥运会举办国在筹办奥运会过程中加强对重大公共卫生事件的监督和防控具有实践意义和理论意义。笔者通过“万方数据知识服务平台”和“中国知网—中国期刊全文数据库”检索相关主题文献共计233篇，从这233篇关于奥运会公共卫生事件应对方面的研究来看，以北京2022年冬奥会为背景的研究比较鲜见。笔者选取了21世纪以来举办的几届夏季奥运会和部分冬季奥运会作为研究样本，包括：2000年悉尼奥运会、2002年盐湖城冬奥会、2004年雅典奥运会、2008年北京奥运会、2010年温哥华冬奥会、2012年伦敦奥运会、2016年里约奥运会、2018年平昌冬奥会、2020年东京奥运会。本章运用文献研究法和逻辑分析法，对以上这些届次奥运会举办国应对重大公共卫生事件采取的措施进行分析、总结，以期对我国2022年北京冬奥会加强重大公共卫生事件监督与防控能有所借鉴、参考。

## 11.1 历届奥运会重大公共卫生事件应对措施分析

### 11.1.1 2000年悉尼奥运会

2000年悉尼奥运会期间未发生大范围公共卫生事件，这得益于澳大利亚新南威尔士州的奥运会公共卫生事件网络监控系统①。新南威尔士州于1997年对2000年悉尼奥运会的“公共卫生事件信息网络系统”进行风险评估，并根据各国举办大型体育赛事时应对重大公共卫生事件的措施，确定了重大公共卫生事件中的风险因素：麻疹、荨麻疹、百日咳、脑膜炎、结核病、病毒性出血热、军团菌病等。在此基础上，新南威尔士州研发了“奥运会公共卫生事件网络监控系统”，并在2000年悉尼奥运会举办前对与该公共卫生事件网络

① SARAH T. Health surveillance during the Sydney 2000 Olympic and Paralympic Games[J]. PubMed, 2000, 11(8): 142.

监控系统相关的应急部门进行了多次全面测试。2000 年悉尼奥运会期间，该公共卫生事件监控系统从开幕式前 3 周开始使用，到闭幕式后 3 天结束，主要监控内容包括人际传染性病毒感染者就诊情况、奥运赛场的医疗事件、环境卫生安全事件和食品卫生安全事件等[①]。并采用每日报告制度，即每日上午将该公共卫生事件网络监控系统收集的公共卫生事件信息形成报告，主要包括前一天 24 小时的概况、焦点事件、突发公共卫生事件等。每日的公共卫生事件状况报告在当日中午由奥运会监控评论组进行分析，依据分析结果采取相应措施[②]，防控悉尼奥运会公共卫生事件的大范围暴发。

### 11.1.2　2002 年盐湖城冬奥会

2002 年盐湖城冬奥会期间，为了及时获得人际传染性病毒患者的各类信息，降低重大公共卫生事件的发生率，盐湖城一所大型医院研发了“公共卫生事件网络监控系统”。该系统以多种疾病患者的电子病历为基础——包括门诊的就诊人次、住院人数、患者在入院后的就诊流程信息等，并对这些信息进行数据化处理，从而映射出与公共卫生事件相关的信息[③]。这有助于准确确定人际传染病疫情发生的概率，从而有助于预测公共卫生事件发生的可能性。对于每项指标，当指标值超过均值 2 个标准差以上时，该系统会自动发出警报。该医院每天访问该系统 3 次，并根据情况每天向当地的公共卫生部门报送。该系统可量化患者的相关信息，有助于感染科医生在该系统中获取第一手资料，有利于该医院与公共卫生管理机构的协同应对[④]。

### 11.1.3　2004 年雅典奥运会

为应对重大公共卫生事件，2004 年雅典奥组委组织了一些公共卫生监督员对公共卫生事件进行监督，并成立了应急响应中心，以此来提高重大公共卫生事件应对水平[⑤]。在 2004 年雅典奥运会筹备早期，雅典奥运会规划组进行了重大公共卫生事件风险评估[⑥]，最大限度地调动公共卫生领域的专家对各种公共卫生难题进行提前攻关，这是 2004 年雅典

---

① JORM L R, THACKWAY S V, CHURCHES T R, et al. Watching the games: public health surveillance for the Sydney 2000 Olympic Games[J].Epidemiology and community health, 2003, 57(2): 102.

② 刘涛，畅青霞，郭春晖. 第 26 ～ 28 届奥运会的传染病防控经验在北京奥运会中的应用探讨 [J]. 中国公共卫生管理，2009，25（1）：3-4.

③ ADI V G, JONATHAN O, SEAN P S, et al. Hospital electronic medical record based public health surveillance system deployed during the 2002 Winter Olympic Games[J]. Infection control, 2007, 35(3): 163.

④ ADI V G, JONATHAN O, SEAN P S, et al. Hospital electronic medical record based public health surveillance system deployed during the 2002 Winter Olympic Games[J]. Infection control, 2007, 35(3): 163.

⑤ 刘永泉. 北京 2008 奥运公共卫生监督风险识别与遗产分析 [D]. 长沙：中南大学，2012.

⑥ 刘涛，畅青霞，郭春晖. 第 26 ～ 28 届奥运会的传染病防控经验在北京奥运会中的应用探讨 [J]. 中国公共卫生管理，2009，25（1）：3-4.

奥运会不同于往届奥运会的独特之处[①]。雅典奥运会期间，希腊传染病控制中心在雅典的8所定点医院和1所保健中心建立了“传染病症状网络监测系统”，并且每日上报急诊科诊疗记录，评估疫情暴发的可能性，为重大公共卫生事件防控提供依据[②]。

### 11.1.4　2008年北京奥运会

为了在北京奥运会举办期间最大限度降低重大公共卫生事件发生的可能性，中国疾病预防控制中心建立了奥运会公共卫生保障工作机制，为奥运会举办期间重大公共卫生事件应对提供强有力的保障。主要工作有：对中国国内外疫情蔓延情况和重大公共卫生事件进行分析，为卫生部和2008年北京奥运会赛区提供重大公共卫生事件预警信息；对2008年北京奥运会赛区受重大公共卫生事件影响的人群进行采样检测；对2008年北京奥运会赛区和北京周边城市疾控中心的公共卫生保障条件进行评估；为2008年北京奥运会赛区公共卫生安全保障提供专家咨询；调派专家参与2008年北京奥运会医疗卫生事件调查和处理工作[③]。

在公共卫生监管方面，2008年北京奥运会举办前，北京市卫生局组织制定了包括19项条款的公共卫生保障工作方案和49项标准，以加强对奥运场馆、酒店的安全管控，并配备工作人员在赛前如期完成奥运场馆主要项目的卫生许可证申请等[④]。在海关口岸卫生检疫方面，2008年6月1日起，在中国国内外未发生重大人际传染病疫情时，出入中国国境人员免于填报出入境检疫健康申明卡；并将卫生检疫和安保反恐工作作为奥运期间的重中之重[⑤]。在人际传染病防控方面，2008年北京奥运会在筹办期间建立了“北京奥运会传染病网络监测系统”（BOG-IDSS），该传染病网络监测系统由4个传染病监测子系统构成，包括3个常规网络监测系统和1个新建网络系统［“北京奥运会综合网络监测系统”（SSSBOG）］[⑥]。“北京奥运会综合网络监测系统”主要监测5种症状——发热、腹泻、黄疸、

---

① 郑静晨，李宗浩，刘庆．回顾悉尼、雅典奥运会 做好北京奥运会的医疗卫生保障[J]．武警医学，2008，19（3）：275-276.

② DEOSTHENES P, VASSILIKI C, EVANGELOS P. The perspective of syndromic surveillance systems on public health threats: a paradigm of the Athens 2004 Olympic Games[J]. Royal society for the promotion of health, 2007, 3(127): 111.

③ 中国疾控中心建立奥运卫生保障工作机制[EB/OL]. (2008-07-18)[2020-03-15].https://health.sohu.com/20080718/n258222236.shtml.

④ 刘永泉．北京2008奥运公共卫生监督风险识别与遗产分析[D]．长沙：中南大学，2012；王义，田建新，高婷，等．北京奥运公共卫生保障工作情况及经验[J]．中国卫生监督杂志，2009，16（1）：19-25.

⑤ 齐润姿，沈若川，骆江洪．奥运期间口岸卫生检疫监管模式初析[J]．口岸卫生控制，2009，14（5）：13-15.

⑥ WEIZHONG Y. Early warning for infectious disease outbreak: theory and practice[M]. Salt Lake City: Academic Press, 2017.

皮疹和结膜炎，并在奥运会场馆与哨点医院建立隔离点。北京市政府明确了体育场馆外和体育场馆内公共卫生保障工作要求，对体育场馆内外的公共卫生事件通过“北京奥运会综合网络监测系统”进行在线报送；若哨点医院发现公共卫生事件须立即开展人际传染病筛查，确定传染率、诊断和防控等的预警阈值，并填写传染病症状监测卡，通过“北京奥运会综合网络监测系统”进行在线报送。最后，通过“北京奥运会传染病网络监测系统”对收集到的数据进行分析，将传染病传染风险降至最低水平①。在病媒生物控制方面，2008年北京奥运会病媒生物控制工作自2005年开始筹划，历经准备与实施阶段，于2008年5月全面启动《奥运会场馆病媒生物危害监测》方案，在奥运会相关场馆共设置864个检测点，在118家奥运会签约饭店和20家奥运会定点医院共设置了1 220个检测点。同年8月，制定了《国家体育场奥运会开（闭）幕式病媒生物综合防治方案》和《奥运会开（闭）幕式病媒生物监测方案与应急预案》，并在2008年北京奥运会期间采取了专项强化防控行动。最终，未出现任何病媒生物危害突发事件，实现了奥运会开（闭）幕式病媒生物无危害的防控目标②。

据统计，2008年北京奥运会期间传染病患者比上一年度下降了40%③。“北京奥运会传染病网络监测系统”已作为奥运遗产予以保留，并将继续应用于北京市的重大公共卫生事件防控工作中，尤其在2009年甲型H1N1流感疫情暴发期间和中华人民共和国成立60周年庆典活动期间在防控传染病方面发挥了重要作用④。

### 11.1.5 2010年温哥华冬奥会

2009年冬，温哥华甲型H1N1流感疫情大暴发，成为举办2010年温哥华冬奥会的最重要影响因素。为了防止甲型H1N1流感疫情影响2010年温哥华冬奥会举办，温哥华在2009年4月开始储备相关抗病毒类药物，该省内的甲型H1N1流感疫苗储备曾一度上升到1 000万剂⑤。温哥华奥组委的杰克·陶顿主张：所有参加2010年温哥华冬奥会的运动员、工作人员和游客都应接种甲型H1N1流感疫苗，以此预防甲型H1N1流感；参赛运动员和

① WEIZHONG Y. Early warning for infectious disease outbreak: theory and practice[M]. Salt Lake City: Academic Press, 2017.

② 曾晓芃，马彦，佟颖，等. 奥运会病媒生物控制保障主要策略及经验启示 [J]. 中华卫生杀虫药械，2010，16（2）：95-101.

③ BEIAN M, TINA E, MIKE C, et al. London 2012 Olympic and Paralympic Games: public health surveillance and epidemiology[J]. Lancet, 2014, 383(9934): 2083.

④ WEIZHONG Y. Early warning for infectious disease outbreak: theory and practice[M]. Salt Lake City: Academic Press, 2017.

⑤ 温哥华冬奥会甲流成头号公敌 [EB/OL]. (2009-12-01)[2020-03-14]. http://sports.sina.com.cn/s/2009-12-01/04391618153s.shtml.

游客还应考虑注射一般性流感病毒疫苗[①]。采取疫苗接种等多项防控措施之后，2010 年温哥华冬奥会期间，甲型 H1N1 流感疫情未出现。

### 11.1.6 2012 年伦敦奥运会

2012 年伦敦奥运会组委会为了减少潜在的重大公共卫生事件的发生，由英国健康保护局建立了“伦敦奥运会公共卫生网络监控系统”。这一系统监控的内容包括：传染病报告、地方报告、病亡率、国际疫情监控和病毒感染初期综合征监测，以及专为奥运会创建的急诊室检测等[②]。2012 年伦敦奥运会举办前，英国卫生部先对“伦敦奥运会公共卫生网络监控系统”的监测功能进行了量化评估，确定哪些指标可以检测，哪些指标不能检测，从而提高对监测系统的优势和劣势的认识，以使监测结果更准确[③]。2012 年伦敦奥运会期间，“伦敦奥运会公共卫生网络监控系统”实时收集和分析与人的健康相关的数据，以此识别那些可引起重大公共卫生事件的潜在风险[④]。同时，英国健康保护局建立的“综合征网络监测系统”还具有远程医疗功能，用户可每天通过“远程医疗”向全科医生进行疾病咨询，该系统会记录并分析每日的临床诊断结果与咨询内容，并进行风险评估。这一系统已列为 2012 年伦敦奥运会遗产的一部分，并应用于英国其他大型活动中[⑤]。

此外，英国健康保护局还与英国国内外的社会组织合作，通过网络数据库和每日电话会议共享信息，扩大其监测范围[⑥]。英国健康保护局还向国际奥委会提供了《2012 年伦敦夏季奥运会人员伤病监测研究》一书，主要是针对 2012 年伦敦奥运会期间，英国奥组委的医生和所有参赛队的理疗师每日如何填写和上报《2012 年伦敦奥运会人员伤病监测报告表》的方法进行了介绍。“2012 年伦敦奥运会伤病监测系统”不仅提供了重要的人际传染病信息，还为运动员的伤病预防提供了方法，有利于与国际奥委会更有效地开展重大公

① 2010 年冬奥会运动员和观众应要求注射 H1N1 疫苗 [EB/OL]. (2009-11-03)[2020-03-14]. http://sports.sina.com.cn/o/2009-11-03/00504677619.shtml.

③ ELLEN H, CONALL H W. Infectious disease surveillance for the London 2012 Olympic and Paralympic Games[J/OL]. (2012-08-20)[2020-03-14]. https://www.researchgate.net/publication/230637645.

④ MORBEY R A, ELLIOT A J, CHARLETT A, et al. Using public health scenarios to predict the utility of a national syndromic surveillance programme during the 2012 London Olympic and Paralympic Games[J]. Epidemiology & infection, 2013, 142(5): 984.

⑤ TRIPLE S P. Assessment of syndromic surveillance in Europe[J]. Lancet, 2011, 378(9806): 1833.

⑥ ELLIOT A J, MORBEY R A, HUGHES H E, et al. Syndromic surveillance-a public health legacy of the London 2012 Olympic and Paralympic Games[J]. Public health, 2013, 127(8): 777.

⑦ HEINSBROEK E,WATSON C H. Infectious disease surveillance for the London 2012 Olympic and Paralympic Games[J/OL]. (2012-08-01). [2020-03-14]. https://www.researchgate.net/publication/230637645.

共卫生事件防控工作[①]。

### 11.1.7 2016 年里约奥运会

自 2015 年 5 月巴西政府首次发现寨卡病毒后，寨卡病毒迅速传播至 22 个国家。2016 年里约奥运会受到该疫情影响，全球 150 位知名医生与医学专家联名向世卫组织发出公开信，呼吁 2016 年里约奥运会延期或另外选址[②]。但鉴于 2016 年里约奥运会召开时正处于里约的冬季，而且寨卡病毒主要对孕妇生命产生威胁，世卫组织和国际奥委会一致认为 2016 年里约奥运会可如期开幕[③]。

针对寨卡病毒，巴西政府发起“零寨卡灭蚊活动”，大幅度降低了巴西人民的感染率。主要措施包括：（1）大范围灭蚊。据有关数据显示，自 2016 年 3 月下旬以来，里约的登革热和寨卡病毒患者数量一直在稳步减少[④]。时任巴西总统迪尔玛·罗塞夫（Dilma Rousseff）及巴西多位部长、政府人员及卫生机构代表前往里约等地呼吁民众防控寨卡病毒传播[⑤]，并发动22万名现役军人、46 000名防疫人员、266 000名社区卫生工作者参与灭蚊[⑥]。（2）诊疗技术的创新及疫苗的研发。巴西政府构建了寨卡病毒及相关疾病研究专家的国内网络系统，旨在促进相关研究的开展和诊疗技术的创新[⑦]，并与其他国家合作研发

① IOC. London 2012 Olympic Summer Games injury & illness surveillance study[R/OL]. (2012-08-20)[2020-03-15]. https://stillmed.olympic.org/media/Document%20Library/OlympicOrg/Games/Summer-Games/Games-London-2012-Olympic-Games/Anti-doping-and-MedicalRules/Injury-and-Illness-Surveillance-Study-London-2012.pdf#_ga=2.57002602.1162896445.1584204602-571776881.1572101354.

② 寨卡病毒与蚊子：差点毁掉里约奥运会的“杀手”[EB/OL].(2020-03-06)[2020-03-14].https://baijiahao.baidu.com/s?id=1660378248064116295&wfr=spider&for=pc.

③ 世卫组织就《国际卫生条例（2005）》突发事件委员会关于寨卡病毒与已观察到的神经疾患和新生儿畸形增加问题第三次会议发表的声明 [EB/OL]. (2016-06-14)[2020-03-14]. https://www.who.int/zh/ news-room/detail/14-06-2016-who-statement-on-the-thirdmeeting-of-the-international-health-regulations-(2005)-(ihr(2005))-emergency-committee-on-zika-virus-and-observed-increase-inneurolo-gical-disorders-and-neonatal-malformations；IOC. Rio 2016 is ready to welcome the world[EB/OL]. (2016-07-11)[2020-03-14].https://www.olympic.org/news/rio-2016-is-ready-towelcome-the-world.

④ MARCIA C. Zika virus and the 2016 Olympic Games-evidence-based projections derived from dengue do not support cancellation[J]. Travel medicine and infectious disease, 2016(14): 384-388.

⑤ 迪尔玛走上街头参加灭蚊，吁全民抵抗寨卡 [EB/OL]. (2016-02-15)[2020-03-14]. http://www.br-cn.com/news/br_news/20160215/59355.html.

⑥ 巴西发起全国性灭蚊行动 [EB/OL]. (2016-02-15)[2020-03-14]. http://www.xinhuanet.com//world/2016-02/15/c_1118044182.htm.

⑦ 牛丹丹. 公共卫生应急管理：以巴西应对寨卡病毒危机的措施为例 [J]. 拉丁美洲研究，2017，39（2）：122-139,158.

疫苗[①]。（3）向易感染人群提供援助。保护易感染人群，跟踪尚未感染寨卡病毒的孕妇的整个孕期，并提供救济金、相关物资，加强对孕妇患者、新生儿患者的救助。针对2016年里约奥运会，巴西政府还采取了特别措施，以应对里约奥运会期间的重大公共卫生事件，包括奥运会场馆及参赛运动员居住区环境治理、大量购置医用物资、培训急救人员、建立专门的游客健康网等[②]；还研发了一款手机应用软件，发布有关寨卡病毒的相关注意事项[③]。此外，自2015年5月出现第1例寨卡病毒感染患者后，巴西政府通过泛美卫生组织同世卫组织建立合作，并按照《国际卫生条例》定期发布寨卡病毒疫情报告。巴西政府在寨卡病毒研究、检测、治疗和疫苗研发中同多个社会组织展开了合作。通过实施一系列应对措施，巴西国内的寨卡病毒疫情基本得到控制。新生儿患者疑似数、感染数、登记数明显下降。2016年里约奥运会期间，巴西旅游业经济增长并未停滞，巴西政府财政税收总额约达474亿人民币。截至2016年6月11日，在巴西已举办的43场奥运测试赛中，来自世界各国的数千名参赛运动员无一感染寨卡病毒或登革热。虽然2016年里约奥运会之前曾出现了运动员退赛风潮，但大多数运动员还是如期参加了比赛。截至2016年9月2日，无论是在该届奥运会举办期间，还是闭幕后，参加该届奥运会的人员均未感染寨卡病毒[④]。

### 11.1.8 2018年平昌冬奥会

2018年平昌冬奥会主要存在诺如病毒和禽流感2个重大公共卫生事件风险因素，但均未对平昌冬奥会造成太大影响。诺如病毒的产生使得300多人集体感染。平昌政府在确定诺如病毒产生的原因后，将奥运会赛场移动卫生间全部进行了清理和消杀。在采取该措施后，2018年平昌冬残奥会期间，只出现了6名诺如病毒感染者[⑤]。而禽流感则是由韩国江原道附近地区的养鸡场首次查出的AI病毒导致。为此，韩国农、林、畜产品部于2018年1月3日召开紧急防疫会议，江原道相关人士也表示将全力防疫[⑥]。

① 里约奥运先“打蚊” 22万军人投入“灭蚊战争”[EB/OL].(2016-02-02)[2020-03-14]. http://www.chinanews.com/ty/2016/02-02/7743834.shtml.

② 牛丹丹. 公共卫生应急管理：以巴西应对寨卡病毒危机的措施为例 [J]. 拉丁美洲研究，2017，39（2）：122-139，158.

③ 巴西奥运会发布健康卫士，预防寨卡病毒 [EB/OL]. (2016-03-30)[2020-03-14].http://mobile.163.com/16/0330/11/BJDCLONH001168BQ.html.

④ 牛丹丹. 公共卫生应急管理：以巴西应对寨卡病毒危机的措施为例 [J]. 拉丁美洲研究，2017，39（2）：122-139，158.

⑤ 平昌冬奥诺如病毒事件：系因流动公厕水箱污染 [EB/OL].(2018-03-20)[2020-03-14].https://baijiahao.baidu.com/s?id=1595422347469580831&wfr=spider&for=pc.

⑥ 佚名. 疫情 [J]. 兽医导刊，2018（1）：76.

韩国卫生部将禽流感疫情预警提高到“严重”等级，暂停销售禽类产品[①]。

### 11.1.9　2020年东京奥运会

2020年初，新型冠状病毒肺炎疫情蔓延，2020年东京奥运会延期举办。日本进入了防疫状态，也采取了多项措施：（1）加强口岸防疫检测。在日本海关、出入境口岸及检疫所实施严格检测、设置隔离设施等。建立“健康追踪中心”，并且将新型冠状病毒患者信息向日本各级政府公开，在日本境内旅游的游客如果发现新型冠状病毒肺炎相关症状需迅速前往医院就诊。（2）将新型冠状病毒肺炎纳入“指定感染症”。在日本医院可强制收容患者入院治疗，并且必须上报出现“指定感染症”的患者信息，加强疫情防控[②]。（3）强化新型冠状病毒肺炎患者病情诊疗。首先，提高单次检测新型冠状病毒样本数量，在日本83个传染病机构安装检测仪和实时检测设备；其次，日本各地设置多个“接触者咨询中心”，由专人提供咨询并引导就诊；再次，组建“产、学、研”团队，加快研制简易诊断工具、抗病毒药品、新型冠状病毒肺炎疫苗，创新相关诊疗技术；最后，保障医用物资供应，鼓励医用产品制造企业增加产量，并调用有关部门储备的医疗用品，优先分配给定点传染病医院[③]。（4）一方面，东京奥组委调整2020年东京奥运会赛前活动和赛事流程，例如，取消2020年东京奥运会圣火点燃仪式中的表演节目，2020年东京奥运会延期举行，2021年3月25日的东京奥运圣火传递出发仪式仅限工作人员和受邀嘉宾出席，等等。另一方面，日本政府与国际奥委会和世卫组织成立了联合工作组[④]，协商解决因推迟举办2020年东京奥运会可能产生的诸多事宜，为举办一届安全的奥运会做准备[⑤]。其中，国际奥委会将同国家奥委会（NOC）合作，鼓励和协助其运动员、官员和相关方按照国家免疫指南在去日本之前接种疫苗，保障奥运会的环境安

---

① 平昌冬奥会开幕在即，韩国惊现高致病性禽流感[EB/OL].(2017-11-25)[2020-03-14].https://sports.qq.com/a/20171125/008596.htm?pgvref=aio2015_hao123news.

② 应对新型肺炎，日本都做了啥？[EB/OL].(2020-02-03)[2020-03-14]. https://www.sohu.com/a/370203139_750705.

③ 日本实施新冠肺炎应对举措特点多样[EB/OL].(2020-02-24)[2020-03-14].https://baijiahao.baidu.com/s?id=1659398035529569837&wfr=spider&for=pc.

④ IOC. IOC executive board statement on the coronavirus (COVID-19)and the Olympic Games Tokyo 2020[EB/OL].(2020-03-03)[2020-03-14]. https://www.olympic.org/news/ioc-executive-board-statement-onthe-coronavirus-covid-19-and-the-olympic-games-tokyo-2020.

⑤ IOC, IPC. Tokyo 2020 Organising Committee and Tokyo Metropolitan Government announce new dates for the Olympic and Paralympic Games Tokyo 2020[EB/OL].(2020-03-20)[2020-04-18]. https://www.olympic.org/news/ioc-ipc-tokyo-2020-organising-committee-and-tokyo-metropolitan-government-announce-new-dates-for-the-olympic-and-paralympic-games-tokyo-2020.

全[①]；并于2021年2月3日相继发布《运动员和团队官员行动手册》[ *Tokyo 2020 Olympic Village(s) Period of Stay Guidelines for the NOCs* ] [②]和第一版《行动手册》( *The Playbook* ) [③]，二者结合将给每个关键利益相关者群体在前往日本、进入日本、奥运会期间以及离开奥运会之前详细的行程指导、免疫指导，确保人员安全。( 5 ) 出于对新冠疫情进一步蔓延的担忧，东京奥组委2021年3月20日宣布，将不允许外国观众来东京奥运会现场观赛，除个别情况，还将谢绝海外志愿者[④]。国际奥委会表示"尊重并接受"[⑤]，而这对东京奥运会、参赛运动员、日本旅游业等造成的损失和影响等还有待进一步评估。

## 11.2 历届奥运会重大公共卫生事件应对策略

### 11.2.1 加强重大公共卫生事件风险评估

本章中的样本奥运会重大公共卫生事件应对策略之一是：在奥运会举办前加强重大公共卫生事件风险评估。风险评估意味着风险关口前移、源头管控、防患于未然。其目的一则在于识别、防控风险。例如，2000年悉尼奥运会组委会预先确定了重大公共卫生事件管控的风险因素，并针对重大公共卫生事件管控存在的风险因素研发了"奥运会公共卫生事件网络监控系统"，对有关应急预案进行模拟演练、对工作人员应对重大公共卫生事件进行培训；2004年雅典奥运会组委会进行了公共卫生事件风险评估。二则在于预估损失，及时提出防控对策和措施。例如，2020年初，新型冠状病毒肺炎疫情蔓延，加拿大、澳大利亚相继宣布退出东京奥运会，国际奥委会和2020年东京奥运会组委会为了最大限度地降低新型冠状病毒肺炎疫情的影响，决定2020年东京奥运会延期举办。

---

① IOC.IOC discusses preparations for Tokyo 2020 and Beijing 2022 with National Olympic Committees[EB/OL].(2021-01-26)[2020-02-09].https://www.olympic.org/news/ioc-discusses-preparations-for-tokyo-2020-and-beijing-2022-with-national-olympic-committees-1.

② IOC.Tokyo 2020 Olympic village(s) period of stay guidelines for the NOCs[R/OL].[2021-02-09].https://stillmedab.olympic.org/media/Document%20Library/OlympicOrg/News/2020/12/Tokyo-2020-Olympic-Village-Guidelines-for-NOCs-in-relation-to-period-of-stay-eng.pdf#_ga=2.150596210.574110083.1612793756-130050602.1597322625.

③ IOC.First playbook published outlining measures to deliver safe and successful Olympic and Paralympic Games Tokyo 2020[EB/OL].(2021-02-03)[2021-02-09].https://www.olympic.org/news/first-playbook-published-outlining-measures-to-deliver-safe-and-successful-olympic-and-paralympic-games-tokyo-2020.

④ 新华社新媒体. 定了！东京奥运会谢绝外国观众现场观赛 [EB/OL].(2021-03-21)[2021-03-26].https://baijiahao.baidu.com/s?id=1694803225402563413&wfr=spider&for=pc.

⑤ IOC.IOC and IPC respect and accept Japanese decision on overseas spectators[EB/OL].(2021-03-20)[2021-03-26].https://www.olympic.org/news/ioc-and-ipc-respect-and-accept-japanese-decision-on-overseas-spectators.

### 11.2.2　加强重大公共卫生事件的网络监控系统建设

本章中的样本奥运会重大公共卫生事件应对策略之二是：在奥运会举办期间加强重大公共卫生事件网络监控系统建设。奥运会重大公共卫生事件监控重在奥运会举办地与奥运会举办全程的地理空间和时间的全覆盖及监控内容的全面性。就地理空间而言，在奥运会举办地所有重要公共场所设置检测点，例如奥运场馆、医院、机场等；在奥运会举办全程进行每天 24 小时监测，定时收集网络监测数据。以各检测点为点，通过互联网传输，织就一张奥运会重大公共卫生事件防控网络，建成“重大公共卫生突发事件互联网监控系统”，实现全方位、每天 24 小时监测，通过分析网络监测数据预计重大公共卫生事件发生概率，以防范重大公共卫生事件的暴发。例如，2000 年悉尼奥运会的“奥运会公共卫生事件网络监控系统”、2008 年北京奥运会的“北京奥运会传染病网络监测系统”、2012 年伦敦奥运会的“伦敦奥运会公共卫生网络监控系统”，均对这几届奥运会的重大公共卫生事件管控发挥了作用。

### 11.2.3　加强奥运会举办城市的环境治理

本章中的样本奥运会重大公共卫生事件应对策略之三是：在奥运会筹办过程中加强城市环境卫生消杀。奥运会举办地环境卫生消杀是预防传染性病毒传播的有效措施，加强对公共场所尤其是人员密集场所的环境卫生消杀，有利于防止病毒滋生和防控病媒生物性传染病的传播，及时切断传染源。例如，巴西的灭蚊行动有效阻止了寨卡病毒传播。再如，2018 年平昌冬奥会期间对移动卫生间进行热能消杀后未出现诺如病毒疫情大范围暴发，对该届奥运会重大公共卫生突发事件管控起到了有益作用。

### 11.2.4　对重大公共卫生事件采取多部门协同联动防控

本章中的样本奥运会重大公共卫生事件应对策略之四是：奥运会举办地采取多部门协同联动。奥运会举办地通过跨区域、跨部门协同联合行动，产生了重大公共卫生事件管控的集成效应，及时调配人力、财力、物力等，实现多区域和多部门重大公共卫生事件网络监控信息的共享。明确举办地各部门职责分工，例如：卫生部门整合网络监测数据，对重大公共卫生事件应对措施统筹决策；体育部门依据公共卫生事件网络监控信息调整奥运会赛事流程、联系各国参赛运动员等；医疗机构诊治患者，收集、分析与报送患者数据等；医疗科研机构研制人体传染性病毒检测工具、疫苗等。

### 11.2.5　加强与国际组织合作防控重大公共卫生事件

本章中的样本奥运会重大公共卫生事件应对策略之五是：奥运会举办地加强与国际组

织的合作。奥运会是全球性的大型体育赛事，其重大公共卫生事件应急管控受到各国关注。世卫组织、国际奥委会在奥运会重大公共卫生事件应对方面具有重要作用，各国应当共享疫情信息、防控策略、诊疗方案、疫苗等。例如：2016 年里约奥运会组委会、2020 年东京奥运会组委会与世卫组织、国际奥委会等国际组织密切合作，定期报送疫情信息，与各国共享信息，保障了奥运会举办国、各国参赛运动员的公共卫生安全。

# 第12章 新冠肺炎疫情背景下2022年北京冬奥会的应对之策

通过分析新冠肺炎疫情对2022年北京冬奥会的影响、各届奥运会的重大公共卫生事件应对策略，本章结合中国防控新型冠状病毒肺炎疫情的成功经验，建议2022年北京冬奥会采取如下措施应对新冠肺炎疫情：

## 12.1 调整定位，回归体育

无论是要使奥运会可持续健康发展，还是要降低新冠肺炎疫情给2022年北京冬奥会带来的风险，根本之策都在于应使奥运会回归体育本身，减少其承载的过多的政治、经济、社会等方面的因素。根据2015年版的《奥林匹克宪章》，“奥林匹克主义是一种生命哲学，它把身体、意志和精神的品质统一起来，使之达到平衡”，“奥林匹克运动的目标是使体育为人类的和谐发展服务，以期维护一个人的尊严”。这些原则均不涉及政治、经济、社会等方面。我们应该使奥运会从综合性盛会回归体育性赛事，从“精英化”向“平民化”转变。宜淡化2022年北京冬奥会承载的展示国家形象、振奋民族精神方面的期待，使之成为一项更纯粹的体育赛事，成为民众欢乐的派对。全国上下宜降低对2022北京冬奥会的期望。低调办赛，也可以少给国外反华势力“兴风作浪”的机会，降低国际舆论反华声音。

## 12.2 节俭办奥，注重实效

进入新世纪以来，奥运会规模越办越大，举办经费越来越昂贵，给举办国和举办城市造成巨大的财政压力和后遗症。2014年索契冬奥会决算高达510亿美元，备受世人诟病。2022年北京冬奥会适时提出“节俭办奥”理念，符合国际奥委会和广大人民的愿望。国际奥委会制定的《奥林匹克2020议程》强调的重点之一是“降低奥运会筹办成本，为奥运减负”，其《新规范》也提出：“通过降低整体交付模式的成本和复杂性，更好地管理关键利益相关者的风险和责任，增强举办奥运会和残奥会的价值主张，以增强举办奥运会的灵活性、效率和可持续性。主要降低成本的领域有：组委会的运营成本；公共机构的资本投资；以及所有利益相关者的奥运会相关费用。”

受新冠肺炎疫情冲击，我国经济下行压力陡然增大，保民生保就业的任务更艰巨。在这样的背景下，我们更应该贯彻“节俭办奥”理念。要贯彻习近平总书记 2017 年 1 月 23 日在张家口市考察冬奥会筹办工作时指示的“各项规划都要体现节约集约利用资源、最大限度发挥资金使用效益的原则，不要贪大求全、乱铺摊子”。切不可盲目追求规模、档次，大手大脚、铺张浪费，否则，极易引起国内老百姓的不满，也会被国际舆论指责是在“借机展示强大国力”，而且也不利于奥运会可持续健康发展。因此，建议 2022 年北京冬奥会无论是场馆建设、开闭幕式演出，还是火炬传递、外宾接待等，均按简约大方、节俭实用的原则处理。

今后的较长一段时间，全国上下的中心工作应是经济建设。

## 12.3　以人为本，健康为上

2020 年 5 月 16 日，国际奥委会和世卫组织在日内瓦签署新的合作备忘录，双方将携手在全球范围推广健康生活方式和民众体育锻炼。这是国际奥林匹克界为应对新冠肺炎疫情冲击、实现奥林匹克运动可持续发展的一大举措。2022 年北京冬奥会应贯彻“以人为本”的理念，在进行各种决策时将人的健康至于首位。例如，一定要防止再次发生突发公共卫生事件，防止发生食品安全事故；为运动员、工作人员、志愿者等提供免费流行病疫苗；遇到恶劣天气、空气状况，应延期或取消比赛。在冬奥会的各种宣传推广中，突出吸引普通民众参与冰雪运动的目的。鼓励运动员发挥个人影响力和示范作用，带动全民参加冰雪运动，提升全民健康水平。赛后，各种赛场尽可能免费或低价向老百姓开放，服务于全民健身。坚持“以人为本，健康为上”，有利于我国抢占道德制高点和舆论阵地，使民众不为西方国家所谓的“自由”“民主”所蛊惑，更加支持各项赛事的举办。

## 12.4　科学应对，强化防控

近年来，不仅是较为凸显的新冠肺炎疫情，各类传染性病毒引发的重大公共卫生事件均屡次发生，严重威胁各国人民生命安全，影响各国社会经济活动。人际传染性病毒疫情也是各国举办奥运会的重要风险因素，必须科学应对、强化防控，以应对新冠肺炎疫情及潜在公共卫生事件的威胁。

### 12.4.1　高度重视与严密监控重大公共卫生事件

2022 年北京冬奥会将至，如何使中国不出现大范围的人际传染性病毒疫情，免于对 2022 年北京冬奥会产生负面影响？严密监测人际传染性病毒便是保障 2022 年北京冬奥会公共卫生安全的关键，必须建立“人际传染性病毒检测系统”，并将该检测系统应用于 2022 年北京冬奥会赛场和参赛运动员居住区，列入《北京 2022 年冬奥会遗产计划》。在 2022 年北京冬奥会赛前，可采取以下重大公共卫生事件管控策略：首先，确定 2022 年北京冬奥会各类重大公共卫生事件的监控指标，并依据监控指标、防控规划、风险评估构建“2022 年北京冬奥会重大公共卫生事件网络监控系统”；其次，将该网络监控系统与京津冀的定点医院建立互联网链接，进行赛前联合测试，确定该监控系统的各项指标是否需改进或完善，以保障 2022 年北京冬奥会举办期间该监控系统的最佳运行状态。在 2022 年北京冬奥会赛事中，对人际传染性病毒进行定点检测，并基于检测结果，进行科学评估，研判疫情发生的可能性。在 2022 年北京冬奥会赛事结束后，要对该系统进行完善或升级，使其在京津冀区域举办的各种大型体育活动中可以继续使用。

### 12.4.2　及时报送与主动公开重大公共卫生事件信息

2022 年北京冬奥会将在国际社会受到广泛关注，中国在 2022 年北京冬奥会举办期间应对各类重大公共卫生事件的信息公开机制进行完善，做到疫情信息能第一时间向政府相关部门报送。首先，建立 2022 年北京冬奥会举办期间重大公共卫生事件信息报送机制。例如，京津冀区域的基层政府部门可以在将重大公共卫生事件信息报送直属上级部门的同时，抄报 2022 年北京冬奥会组委会、北京市政府。京津冀区域医院的医护人员也可通过其他途径将重大公共卫生事件信息向北京市政府有关部门报送。其次，建立 2022 年北京冬奥会期间人际传染性病毒疑似病例信息报送机制。对于疑似病例数量，也应第一时间向有关部门报送。再次，建立 2022 年北京冬奥会举办期间人际传染性病毒诊断合理容错机制。允许京津冀区域基层政府部门、医院的医护人员因时间仓促、情况不明而报送的重大公共卫生事件信息存在一定的偏差，对非恶意、非工作失误的错报不予批评。最后，坚持 2022 年北京冬奥会期间对人际传染性病毒疫情慎下结论的原则。在 2022 年北京冬奥会举办期间，对于核实的人际传染性病毒疫情，应向社会公开。

### 12.4.3　加强 2022 年北京冬奥会工作人员培训，储备医用物资

#### 12.4.3.1　加强 2022 年北京冬奥会工作人员培训

首先，在 2022 年北京冬奥会举办前，对京津冀区域的所有医护人员进行一次轮训，提高其识别、防控、治疗常见人际传染性病毒和应对未知病毒的能力。其次，将公共卫生

安全知识纳入对2022年北京冬奥会组委会工作人员、各竞赛场馆服务人员和北京冬奥会志愿者的培训知识体系中，提高其对重大公共卫生事件应急处理的能力。再次，对北京的各机场、火车站、宾馆、餐馆等场所的工作人员进行隔离防护等方面的知识培训，并纳入岗前培训。最后，在2022年北京冬奥会举办前，组织2022年北京冬奥会组委会、京津冀区域的公共卫生事件应急管理部门、京津冀区域的医院、京津冀区域各街道办事处对重大公共卫生事件应急预案进行联合模拟演练。

#### 12.4.3.2 加大京津冀区域的医用物资储备

2010年温哥华冬奥会时，加拿大政府储备了抗病毒类药物，并保障温哥华冬奥会参赛运动员、温哥华冬奥会赛事工作人员和游客能够接种流感疫苗，预防感染H1N1病毒。从2020年初中国的新型冠状病毒肺炎疫情防控中也可以看出医疗用品储备的重要性。首先，要确保京津冀区域各医院常用医疗设备、医疗用品的充足。在2022年北京冬奥会举办前，进一步增加常用医疗用品的储备量。其次，在2022年北京冬奥会举办前，北京市各医院有关部门要提前与各大医疗用品生产企业建立联系，以便在紧急时短时间内加大医疗用品的生产或供应。再次，2022年北京冬奥会前至该届冬奥会闭幕，小汤山医院应处于可随时启用的状态。

### 12.4.4 加强公共卫生知识普及，引导形成正能量社会舆论

在2022年北京冬奥会举办前，加强公共卫生知识的普及，这是一项基础性工作，也是一项重要工作。首先，通过各类媒体向京津冀区域的居民普及公共卫生知识，增强对人际传染性病毒的防范意识和应对能力。通过普及知识、群策群力，实现联防联控。例如，在2022年北京冬奥会举办前，在中国驻外大使馆、机场普及中国出入境卫生检疫要求和法规。再例如，从当前直至2022年北京冬奥会闭幕，密切关注中国国内外新闻媒体有关2022年北京冬奥会公共卫生事件的新闻报道，既要使中国人民重视公共卫生事件，又不能使2022年北京冬奥会时赴中国观赛者产生担忧。防止2022年北京冬奥会前国外新闻媒体炒作中国的新型冠状病毒肺炎疫情，制造负面舆论，对2022年北京冬奥会举办造成负面影响。

### 12.4.5 加强中国国内外重大公共卫生事件的布防，重点监控重大公共卫生事件

#### 12.4.5.1 国内严密防控

一要把好中国国内各城市流动人口入口关。在2022年北京冬奥会期间，重点监控人群密集的公共场所，定点配备医疗用品和医护人员，形成重大公共卫生事件网络监控联动机制，将“京津冀省际公共卫生事件网络监控系统”“北京市内公共卫生事件网络监控系

统”“奥运场馆公共卫生事件网络监控系统”“重点旅游景点公共卫生事件网络监控系统”“运动员入住宾馆公共卫生事件网络监控系统”“医院患者移交诊疗系统”有机衔接，建立人际传染性病毒疫情网络防控机制。中国各城市开展联防联控、环环相扣，尽最大可能阻断人际传染性病毒疫情传染源。

二要把好中国各城市环保关。吸取 2018 年平昌冬奥会诺如病毒疫情的教训，防止发生由环境污染引发的人际传染性病毒疫情。在 2022 年北京冬奥会期间，定期进行冬奥会场馆、奥运村、京津冀区域的重点旅游景区、京津冀区域的宾馆、京津冀区域交通运输工具和公共卫生设施及人群密集区域的清洁消杀工作；全面检查京津冀区域各类餐馆的卫生状况，重点监控 2022 年北京冬奥会奥运村的食品供给情况，加强食品采购、运输、销售、加工过程的卫生安全监管；加强京津冀区域各类垃圾的分类回收与处置，加强整治排放污水、废气的乱象。

#### 12.4.5.2　严防国外输入

一要掌握其他国家的疫情蔓延情况，并制定中国疫情防控应急预案，对中国的重点机场、火车站、轮渡码头等配置人际传染性病毒检测设备，严防国外输入，实现从中国海关口岸到京津冀区域各居民社区的闭环管理。二要加强中国进口食品的检疫检验和卫生安全监管，并加大对野生动物携带病毒的检疫检测力度。

### 12.4.6　加强与国际组织合作防控重大公共卫生事件，共享重大公共卫生事件信息

防控人际传染性病毒疫情需各国政府建立协同机制。2022 年北京冬奥会是国际性大型体育赛事，加强与有关国家政府的合作，协同防范和应对重大公共卫生事件尤为重要。首先，中国国家卫健委、北京市政府、北京冬奥会组委会加强与世卫组织、国际奥委会的信息共享与建立协同防控机制，成立联合工作组，共同评估 2022 年北京冬奥会公共卫生事件的风险，探讨应对策略。其次，加强与部分奥运会举办地政府和有关社会组织的沟通联系，借鉴有益经验。例如，可派专门小组赴以往某届奥运会举办地，了解其重大公共卫生事件应对措施。最后，2022 年北京冬奥会闭幕后，将中国的重大公共卫生事件应急措施形成报告，向其他奥运会申办国家提供“北京智慧”和“北京方案”。

## 12.5　国际发声，发动群众

对于当前西方针对我国的舆论战，应按照有理、有利、有节的原则，正面迎战、坚决反击。尤其要鼓励普通民众、运动员、专家学者、企业家、社会知名人士在国际上大胆发声。这次新冠肺炎疫情舆论战中，我国的一大短板是冲在前面反击西方的主要是外交官，

不仅普通民众的声音无法传播到国外，而且理应发挥重要作用的专家学者、企业家、社会知名人士也鲜有发声。外交官限于身份，其发言较为敏感、微妙，有些话不便说；即便说了，效果也不一定好。政府的发言，有时不能很好地代表、反映十四亿人民的态度和心声。而由普通民众、专家学者来发声，我国在外交上就可进可退、可攻可守。对于即将到来的2022年北京冬奥会，我们应该想办法鼓励普通民众、运动员和专家学者在国际上发声。其中一个重要的措施应该是，允许一些运动员、专家学者、企业家、知名社会人士使用Twitter、Facebook等社交媒介，为其提供参加舆论战的阵地，否则我们的声音无法为国外民众所知。此外，在针对运动员、北京冬奥组委工作人员、境内志愿者乃至大学生、普通民众的培训中，应该增加一些媒体应对、国际传播方面的技能培训。

此外，应从建设“人类命运共同体”的角度，向国际社会宣传：成功举办北京冬奥会是全世界共同努力的结果，是各国人民的共同成就。

## 12.6 化危为机，创新发展

新冠肺炎疫情带来巨大的危机。但“危”中有“机”，我们要化危为机，主动捕捉机遇、利用机遇，赢得新发展。

首先，北京和东京两届奥运会相临很近，国际奥委会奥运部主任克里斯托夫·杜比（Christophe Dubi）认为，这将给北京冬奥会带来机遇，“东京奥运会的到来将把奥运氛围推向高潮，而在这一令激动人心时刻之后不久，我们将在几个月后迎来北京冬奥会。因此我们确信这有利于为北京冬奥会营造氛围。两届奥运会背靠背举行，我们正在与组委会沟通，也在与我们的合作伙伴沟通，确保充分利用这一机遇”①。两届奥运会在一衣带水的中日两国接连举行，无论是时间还是地缘，均有利于北京冬奥会顺势而为、借势而进、造势而起、乘势而上，创造东亚奥运体育新热潮。

其次，疫情期间，众多体育现象由传统的线下实体参与转为线上云共享。例如，在体育促进发展与和平国际日（IDSDP），国际奥委会主席巴赫鼓励所有人在世界面临前所未有的健康危机之际，积极运动、保持活力、保持坚强、保持健康。世界各地的奥运会运动员也纷纷通过国际奥委会的社交媒体渠道分享保持健康的创意和技巧。国内众多奥运冠军打开直播，带领民众居家健身，以居家健身为代表的新兴业态也在新环境下产生壮大，催生出体育产业许多新的模式。经过疫情，民众更加注重身体健康，如上海冰场在2020年

① 姬烨，王梦. 国际奥委会：推迟奥运不违背《奥林匹克宪章》 给北京冬奥会带来机遇 [EB/OL].(2020-04-03)[2021-03-26].https://www.sohu.com/a/385183231_267106.

暑期迎来了6年来的最高人流量①。借此机会可以大力宣传运动健身，与民众产生共鸣，促进广泛的群众参与。同时，疫情期间，电竞体育凭借自身的优势显现出了顽强的生命力，也催生了众多电竞比赛，如马德里网球公开赛以电竞比赛形式举行②，凸显疫情之下体育赛事、体育产业的变革转型，进一步促进奥运会可持续发展。此外，也应重视以互联网为代表的一系列新型宣传方式，例如，广泛应用 VR、AR、直播等新媒体，增加冬奥会关注度；加强北京冬奥会官方社交媒体的运营力度，改进用户体验，增加用户黏性；发布官方 APP，实时整合官方赛事、场馆、交通、餐饮、住宿、旅游、周边等多种信息，方便国内外游客参考浏览。并可在 APP 内应用多国语言带入中国历史、人文等，有助于中国国际形象的提升与塑造。

再次，面对疫情肆虐，2021 年 3 月 13 日，国际奥委会一致通过了奥林匹克运动新的改革路线图——《奥林匹克 2020+5 议程》。在原有的《奥林匹克 2020 议程》基础上，新增的 15 条改革建议旨在未来五年更好地应对后疫情时代的挑战。巴赫主席在会议中表示："新冠疫情彻底改变了世界，这个世界已不可能再像之前那样。即使我们最终克服了这次健康危机，我们仍将面临深远的社会、金融、经济和政治方面的影响。作为奥林匹克运动的领导者，我们必须为这个新世界做好准备。为了塑造我们的未来，我们需要对这个新世界提出愿景。"③新增的15条改革建议凸显了科学技术与体育的融合与创新，如第8条"与观众进行数字化互动"、第 9 条"鼓励虚拟运动的发展并进一步与电子游戏社区互动"等。国际奥委会也表示考虑在未来的奥运会计划纳入虚拟体育运动，并通过虚拟网络将不同社区的人聚集，接触更为年轻的群体，鼓励他们参与体育活动，以达到第 12 条"向奥林匹克社区之外'破圈'"的目的。可见，新的改革路线图充分认识到后疫情时代的奥运危机，并借由科学技术转危为机，完成体育现象转型，正是印证《奥林匹克 2020 议程》颁布时的座右铭——"改变或被改变"，始终以促进奥林匹克运动的可持续发展为终极目标。

## 12.7　多策并措，解燃眉之急

就眼下而言，应采取如下措施，解决当前突出问题：

**一是扩大新冠肺炎疫苗接种人群范围**。目前，全国新冠疫苗接种工作正在安全、有序

① 新华社．疫情影响下，中国体育产业探索发展新模式 [EB/OL]. (2021-03-10)[2021-03-26].https://baijiahao.baidu.com/s?id=1693829106526733888&wfr=spider&for=pc.

② 央视财经．球赛也线上开战了！马德里网球公开赛变身电竞 [EB/OL].(2020-05-01)[2021-03-26].https://baijiahao.baidu.com/s?id=1665499671396320657&wfr=spider&for=pc.

③ 清华体育产业研究中心．建议收藏！《奥林匹克 2020+5 议程》中文版（上）[EB/OL].(2021-04-09)[2021-04-11].https://mp.weixin.qq.com/s/huyRDw3sNEFY4sp00O2aAQ.

进行。但鉴于北京冬奥会期间人员流动量大、国外疫情依旧严重、冬季适于新冠肺炎流行的情形，应进一步扩大新冠肺炎疫苗接种人群范围，加快我国的疫苗接种速度，争取形成群体免疫，才能真正解除新冠肺炎疫情风险，才能真正恢复正常的社会经济生活，确保2022 年北京冬奥会正常举办。

**二是助力冰雪产业创新升级**。冰雪产业，特别是滑雪业，是投资巨大且风险较高的产业门类。经过新冠肺炎疫情的发展艰难期，在北京冬奥会筹备与体育消费升级的双重驱动下，中国冰雪产业正呈现快速发展态势。为此，全国人大代表、安踏集团董事局主席丁世忠建议："大力发展冰雪运动装备自主品牌，鼓励跨国并购。针对冰雪产业科技创新制定专项激励政策，支持国内顶级研究机构的创新研发立项，并与冰雪品牌企业进行战略合作，优势互补；鼓励企业通过海外并购、合资合作、技术引进等方式获取品牌、技术、人才等核心资源，加快提升我国冰雪运动装备的国际竞争力。"① 从冰雪产业基础设施引进、合作制造向冰雪科技自主研发—基础设施自主制造—自主运动设备品牌"一条线"建设优化升级。

**三是鼓励大众参与冰雪运动**。建议各级体育、教育等部门出台鼓励大众参与冰雪运动的政策。例如，大力发展冰雪运动替代运动（如轮滑），加大对室内雪场和冰场的开发利用，使用体育彩票收入为市民提供免费冰雪运动场门票，继续推进冰雪特色学校建设，开展在线冬奥知识讲座，给社区配备模拟冰雪运动设备，给大中小学校发放冰雪运动器材、模拟冰雪运动系统等。纾解冰雪产业之困和鼓励大众参与冰雪运动是相辅相成的，纾解冰雪产业之困可为大众参与冰雪运动提供条件，鼓励大众参与冰雪运动可为冰雪产业发展提供需求。

**四是关注和疏导国内民众情绪**。受新冠肺炎疫情影响，相当一部分老百姓经济遭受较大损失，甚至生活面临困难。这会相当程度上影响他们对举办 2022 年北京冬奥会的态度。部分民众有些抱怨、牢骚是很正常的，我们宜"柔性疏导"。可要求与冬奥相关的工程、机构增聘工作人员，以增加就业。扶助与冬奥相关的产业、企业，以提振经济。在对内宣传上，也应多讲冬奥给普通老百姓带来的具体实惠，切忌给人一种"讲面子、谈政绩"的印象。

总之，当前的新冠肺炎疫情已经成为影响奥运会顺利举办的重要因素。2022 年北京冬奥会组委会必须予以重视，与国际组织建立协同防控机制，实现群策群力、多措并举、全面覆盖，构建 2022 年北京冬奥会新冠肺炎应对管理体系。

---

① 新华社．疫情影响下，中国体育产业探索发展新模式 [EB/OL].(2021-03-10)[2021-03-26].https://baijiahao.baidu.com/s?id=1693829106526733888&wfr=spider&for=pc.

## 第13章
# 新冠肺炎疫情背景下2022年北京冬奥会遗产传承策略

2020年，突如其来的新冠肺炎疫情引发全球性危机，使2022年北京冬奥会的筹办受到巨大冲击。面对严峻复杂的环境，中国一手抓疫情防控，一手抓冬奥筹办，推动2022年北京冬奥会和冬残奥会筹办朝着既定目标稳步向前。截至2021年2月5日，北京冬奥会12个竞赛场馆全部完工，各个场馆地运行团队实现一线办公，标志着冬奥会筹办工作完成了向赛时体制的转变，进入最后的冲刺阶段①。北京奥运会筹办工作的顺利进行受到国际奥委会的一致好评。2021年3月11日，国际奥委会北京冬奥会主席协调委员会主席胡安·安东尼奥·小萨马兰奇表示："北京冬奥会筹办工作令人瞩目，各项工作按部就班、有序推进，如期完成各项里程碑任务，在场馆建设、赛事运行、遗产再利用等方面卓有成效。在疫情的大背景下，这些成就是来之不易的。"②鉴于新冠肺炎疫情背景下北京冬奥会筹办的出色表现，本章将北京奥运会的应对之策总结转化为"中国经验"，进行传承与推广。

## 13.1 成立领导小组，确保组织有序

新冠肺炎疫情发生后，国家体育总局高度重视疫情防控工作，下达"防疫情、保备战"的工作部署③。2020年2月1日，国家体育总局疫情应对办公室副主任刘国永表示，抗击疫情是当前工作的首要任务、重中之重，体育总局党组专门成立了领导小组，一手抓疫情防控，确保备战队伍安全，一手抓好东京奥运会和北京冬奥会的备战，努力使疫情对

① 央广网．向赛时体制转变 北京冬奥会筹办工作进入冲刺阶段[EB/OL].(2021-02-05)[2021-02-09].https://baijiahao.baidu.com/s?id=1690829626117824712&wfr=spider&for=pc.

② 新华网．北京冬奥组委向国际奥委会第137次全会做陈述报告[EB/OL].(2021-03-12)[2021-03-27].http://www.bj.xinhuanet.com/2021-03/12/c_1127203243.htm.

③ 新华网客户端．抗击疫情，国际冰雪大家庭与中国在一起[EB/OL].(2020-02-12)[2021-02-09].https://baijiahao.baidu.com/s?id=1658337680621512723&wfr=spider&for=pc.

东京奥运会和北京冬奥会的备战（影响）减到最低[①]。此外，各地区、赛区也自行组织疫情防控工作小组，强化疫情防控，保障各项筹备活动安全。例如，为确保项目建设任务目标顺利完成，国家雪车雪橇中心项目第一时间组织春节留守人员成立了应急防控工作小组，建立工作机制，迅速编制并启动应急防控方案，部署各项相关工作，对在场人员情况进行全面排查；组织成立了党员防疫突击队，并设置了党员防疫先锋岗，带领全体党员坚守项目防疫第一线，把好第一关[②]，突出共产党员先锋模范的带头作用。

## 13.2 编制防控规定，做到有据可依

由于2022年北京冬奥会跨区、跨省进行，各地疫情发展情况不一，各赛区根据自身情况，结合国家关于做好项目复工生产疫情防控工作的有关要求，制定防控规定，保证各项目复工工作稳步推进。

北京市冬奥工程项目参建单位与卫生防疫部门及属地政府建立联合工作机制。一是制定非疫区返京人员复工方案，对于湖北等疫情高发地区职工，要求暂时留守当地隔离观察；对于其他省市施工人员，按照北京市住建委《施工现场新型冠状病毒感染的肺炎疫情防控工作管理规定》要求，做好新进场劳务人员监督性医学观察。二是加强项目现场管控、实行封闭管理，由建设单位或总包单位根据排查情况核发施工现场出入证件，固定进场施工及管理人员不得串换，并暂停一切不必要调研、考察等外出活动。三是加强防疫保护措施促复工，对施工区、生活区、办公区定期清洁消毒。在北京市疫情防控领导小组统筹协调下，专为北京冬奥工程建设项目配发必要防护物品，确保一线施工人员有基本防护[③]。

张家口赛区印发了《张家口市冬奥项目复工疫情防控专项方案》，规定了项目复工坚持的原则、必备的条件、报批的程序，制定了人员排查管控、施工现场管理、组织领导、应急处置等具体措施；崇礼区也根据实际情况专门制定了《崇礼区奥运项目复工疫情防控专项方案》，按照复工要求，根据计划复工时间，分批制定施工工地疫情防控方案，建立联控联防机构，配置专职疫情防控人员，排查摸底预计进场人员，储备相应防控物资，对工地进行全面消杀。待复工条件达到后按程序进行申请、审批、报备[④]。

---

① 新京报．国家体育总局：原地训练，备战好东京奥运会和北京奥运会 [EB/OL].(2020-02-01)[2021-02-09].https://www.bjnews.com.cn/detail/158056605414590.html.

② 赵婷婷．防疫复工两不误 确保冬奥项目推进 [N]．北京青年报，2020-04-20.

③ 北京冬奥组委．一手抓防疫 一手抓施工：北京确保按期完成冬奥工程建设任务 [EB/OL].(2020-02-10)[2021-02-09].https://www.beijing2022.cn/a/20200210/004217.htm.

④ 中国新闻网．疫情考验冬奥筹办 河北积极稳妥做好冬奥项目复工准备 [EB/OL].(2020-02-12)[2021-02-09].https://baijiahao.baidu.com/s?id=1658310876632431937&wfr=spider&for=pc.

## 13.3　及时调整安排，灵活应对疫情

新冠肺炎疫情打破了往常的赛事筹办安排，在没有任何经验借鉴的情况下，北京冬奥组委灵活应对，通过每一次创新之举化解危机，促使筹办工作顺利进行。

其一，为配合疫情防控，北京冬奥会各项筹办活动如北京冬奥会倒计时两周年活动、首场测试赛、“相约北京系列冬季体育赛事”等相继推迟、取消，并迅速做好后续计划安排，保证各项工作不拖延。其二，冬奥专业人才培训上，滑雪队实施网络教学。“队员们通过网络学习冬奥知识，开展居家体能训练，研习雪上项目竞赛规则，提升志愿服务技能、外语水平等。”[①]其三，冬奥志愿者的招募与培训上，在符合疫情防控要求的条件下采取灵活多样的方式开展，如网络面试等；志愿者培训内容还根据疫情防控需要开设了“新冠肺炎常态化防控知识与技能”课程，帮助志愿者了解疫情防控知识，提升志愿者做好自我防护和指导冬奥会参与者做好防护的能力[②]。其四，因疫情暴发，很多工作无法现场进行。例如，国家雪车雪橇中心项目的外方氨制冷专家因疫情影响退场回国，直接影响已进场外方制冰师的制冰工作，打乱了原本的施工计划。为确保氨制冷系统正常启动和运行，保证赛道制冰工作稳步推进，现场团队多次组织召开协调讨论会，最终决定采取国外远程操控指导的方式进行设备调试、操作和运行；同时借机训练我国自己的制冰师，每天组织多场制冰训练，以确保项目施工节点顺利完成[③]。再如，奥林匹克转播服务公司的工作人员无法来到现场确认转播时的摄影点位，于是将建筑、技术等分散数据转为可视化的虚拟场馆仿真系统，远程部署转播点[④]。

## 13.4　把控防疫细节，保障安全可靠

疫情发生后，北京冬奥村、国家体育馆、国家速滑馆等冬奥建设，在做好疫情防控的前提下，组织复工前安全培训，陆续复工。各赛区场馆建筑、道路施工等工地在复工中，严格把控防疫细节，保障各项工作安全可靠。主要做好封闭管理、定期消毒、佩戴口罩、检测体温、每日报告、宿舍安排、错峰就餐以及储备防疫物资等各项细节安排。例如，延

---

① 新华社．首位全国滑雪冠军为北京冬奥组委滑雪战队网上授课 [EB/OL].(2020-04-27)[2021-02-09]. http://www.he.xinhuanet.com/zhuanti/2020-04/27/c_1125913120.htm.

② 北京日报客户端．北京冬奥会报名成功志愿者超 87 万，最小的 16 岁 [EB/OL].(2020-09-22)[2021-02-09].https://baijiahao.baidu.com/s?id=1678490434483937474&wfr=spider&for=pc.

③ 北京日报客户端．冬奥延庆赛区建设者：疫情下“精雕细琢”冰雪赛道 [EB/OL].(2020-02-13)[2021-02-09].https://baijiahao.baidu.com/s?id=1658420960190451482&wfr=spider&for=pc.

④ 刘乐艺．智慧冬奥 科技之光 [EB/OL]. (2021-02-09)[2021-02-14]. https://baijiahao.baidu.com/s?id= 1691176259564858754&wfr=spider&for=pc.

庆赛区建设及施工单位通过各种渠道积极筹措防疫物资；工程建设者每天测量体温、佩戴口罩；各班组不交叉，施工尽可能保持一定距离；加强对生活区、办公区清洁消毒，每日对员工办公室、餐厅、宿舍、班车做好清洁、消毒工作；同时加强封闭管理，返京人员严格按要求进行监督性医学观察[①]。再如，北京城建集团国家速滑馆项目部从正月初五开始，安排每天 24 小时对进出施工现场的车辆和人员实施实名制体温测试、登记和车辆消毒措施。同时多渠道联系货源，保障复工后对防控物资的需要。现场严格按照北京市相关要求实行封闭式管理，项目职工生活区、劳务生活区都设立了隔离室和医学观察室[②]。

## 13.5 积极团结合作，共同抗击疫情

2021 年 1 月 29 日，巴赫接受新华社视频专访时表示："在新冠肺炎疫情危机下，全世界应团结起来，应对共同挑战。"[③]这也是我国筹办冬奥会、抗击疫情的关键举措。2020 年初，在新冠肺炎疫情肆虐之时，国家体育总局冬季运动管理中心"第一时间致函七个冰雪项目国际组织负责人，通报防控疫情的相关举措，希望国际冰雪大家庭在这一特殊而关键的时期，一如既往地给予理解、信任与支持，为备战北京冬奥会创造平稳、和谐的环境，信函发出后得到了各方的积极回复"[④]。同时，国际滑冰联盟主席扬·迪克玛感谢中方及时将疫情防控情况告知国际滑冰联盟，表示国际滑冰联盟官网也发布了疫情防控指南，并期待与中方继续紧密合作，共创中国滑冰运动美好未来[⑤]。2020 年 11 月，中超联赛的疫情防控经验也纷纷被英超、德甲等联赛"取经"。由此，中国的抗击疫情经验已广泛向国外传播，顺应"开放办奥"之理念，并为"实现人类整体的可持续发展"[⑥]做了突出贡献。

此外，北京冬奥组委通过电话、视频等方式与国际奥委会保持密切联系，及时通报重要事项，并得到国际奥委会的充分理解与支持[⑦]。就国外合作专家而言，北京冬奥组委从俄

---

① 新华网．北京冬奥筹办在疫情防控中稳步推进 [EB/OL].(2020-03-15)[2021-02-09].http://www.xinhuanet.com/2020-03/15/c_1210515672.htm.

② 汪涌，姬烨，张骁．北京冬奥筹办在疫情防控中稳步推进 [N]. 经济日报，2020-03-16.

③ 新华社．巴赫：全世界应团结起来抗击疫情 应对共同挑战 [EB/OL].(2021-01-29)[2021-02-09].http://sports.xinhuanet.com/c/2021-01/29/c_1127040124.htm.

④ 新华社客户端．抗击疫情，国际冰雪大家庭与中国在一起 [EB/OL].(2020-02-12)[2021-02-19].https://baijiahao.baidu.com/s?id=1658337680621512723&wfr=spider&for=pc.

⑤ 新华社客户端．抗击疫情，国际冰雪大家庭与中国在一起 [EB/OL].(2020-02-12)[2021-02-19].https://baijiahao.baidu.com/s?id=1658337680621512723&wfr=spider&for=pc.

⑥ 新华社．巴赫：全世界应团结起来抗击疫情 应对共同挑战 [EB/OL].(2021-01-29)[2021-02-09].http://sports.xinhuanet.com/c/2021-01/29/c_1127040124.htm.

⑦ 新华社．北京冬奥组委与国际奥委会举行高层视频会 [EB/OL].(2020-02-18)[2021-02-09].http://www.xinhuanet.com/sports/2020-02/18/c_1125589052.htm.

罗斯特聘的专家尼古拉·贝拉克林肯、诺蒙兹·科坦斯等，同样在疫情期间坚守在冬奥筹办一线。尼古拉原本担任北京冬奥会首场测试赛山地运行经理，牵头负责场地建设协调、竞赛准备、赛时雪地巡逻等工作。因疫情影响，这次比赛没有如期举办，但尼古拉迅速调整工作重点，指导团队完成器材回收、总结评估报告撰写等工作。直接参与首场测试赛筹办工作的 190 多名工作人员，把没有如期举办的赛事，通过桌面演练进行了还原，系统总结得失，为办好后面将要举办的系列测试赛做好准备①。2021 年 3 月 16 日至 17 日，外交部和北京冬奥组委还特邀 31 个冰雪运动强国驻华使节和高级外交官赴北京 2022 年冬奥会延庆赛区和北京赛区考察。外交官们对中方的精心安排与组织表示感谢，并高度评价北京冬奥场馆建设的效率和质量，愿积极与中方沟通合作，为本国运动员参赛并取得好成绩创造良好条件②。此举对缓和国外抵制北京冬奥会的负面情绪、引导国际舆论揭开冬奥真相起到了积极作用。

## 13.6　原地封闭训练，聚力备战奥运

为保障运动员安全备战 2020 年东京奥运会和 2022 年北京冬奥会，各地均采取原地封闭训练措施，同时注重运动员的餐饮食宿安排、因赛事停摆而产生的心理健康问题。2020 年初，集中在北京国家体育训练局、奥体中心、北京体育大学的国家队重点队伍原地未动，严防死守③。河北省体育局运动管理中心的各运动队则分布在黑龙江亚布力、内蒙古牙克石、张家口崇礼长城岭等原地训练，并在各驻地进行体能、技术动作模拟等训练④。各项赛事停摆打乱运动员的赛事计划、个人职业规划，造成许多国内外运动员产生负面情绪，因为他们比普通人更容易产生焦虑情绪以及各种心理问题。2020 年东京奥运会延期后，“中国羽毛球队也曾在备战中出现情绪波动，教练组一方面通过聊天等方式及时帮助大家疏导压力，一方面设置趣味活动，帮助运动员调整心理状态。中国‘跳水梦之队’也拿出自己的应对方案，通过‘冠军达标赛’来保持运动员竞技状态”⑤。

---

① 新华网．北京冬奥筹办在疫情防控中稳步推进 [EB/OL].(2020-03-15)[2021-02-09].http://www.xinhuanet.com/2020-03/15/c_1210515672.htm.

② 外交部．外交部和北京冬奥组委邀请驻华使节和高级外交官考察北京 2022 年冬奥会延庆赛区和北京赛区 [EB/OL].(2021-03-19)[2021-03-27].http://new.fmprc.gov.cn/web/wjdt_674879/sjxw_674887/t1862585.shtml.

③ 新京报．国家体育总局：原地训练，备战好东京奥运会和北京奥运会 [EB/OL].(2020-02-01)[2021-02-09].https://www.bjnews.com.cn/detail/158056605414590.html.

④ 中国新闻网．疫情考验冬奥筹办 河北积极稳妥做好冬奥项目复工准备 [EB/OL].(2020-02-12)[2021-02-19].https://baijiahao.baidu.com/s?id=1658310876632431937&wfr=spider&for=pc.

⑤ 环球网．疫情冲击运动员心理健康 [EB/OL].(2020-05-22)[2021-02-09].https://baijiahao.baidu.com/s?id=1667352455550334711&wfr=spider&for=pc.

## 13.7 扶持冰雪产业，共促经济发展

疫情发生后，河北省张家口市崇礼区境内 7 家雪场于 1 月 28 日全部停业，对全区滑雪产业及经济社会发展带来严重影响。为帮助企业共渡难关，崇礼区委、区政府出台 7 项支持措施："一是减免城镇土地使用税和房产税，符合相关政策条件的雪场企业可提出 2019 年度城镇土地使用税、房产税困难减免申请，2020 年 6 月底前落实到位。二是延长企业亏损结转年限，对受疫情影响较大的雪场企业 2020 年度发生的亏损，最长结转年限由 5 年延长至 8 年。三是延期申报纳税，对因疫情影响导致按期缴纳税款有困难的雪场企业，可依法申请办理延期缴纳税款，延期不超过 3 个月。四是加大水电费用补贴力度，根据各雪场企业 2019—2020 年雪季用电情况，区财政补贴 300 万元，并将缴纳的水资源税区级留成部分全额返还企业。五是缓缴社会保险费，医疗保险征缴期延长至疫情防控期结束的次月月底，养老保险、失业保险、工伤保险按照上级最新政策执行。六是实施失业保险稳岗返还政策，各雪场企业失业保险缴费比例阶段性降低到 1%，对不裁员或少裁员的雪场企业，返还其上年度实际缴纳失业保险费的 50%。七是组织开展银企对接活动，各雪场企业梳理金融需求，区政府将集中反馈给市金融机构，并视疫情发展，择时邀请市金融机构召开银企对接会，帮助企业争取金融支持。"[①] 各项措施最大限度保障了多家冰雪企业转危为安，促进冰雪经济可持续发展。

正是因为有了上述多项科学、及时、灵活的防疫措施，北京冬奥会的筹办工作才会如此有条不紊地进行。这些均是北京冬奥会的宝贵遗产，显示了我国应对危机的体制性能力，集中力量办大事的制度优势，承担大国责任、传递团结希望的积极作为。这些经验财富凸显、深化"奥运新标杆"的现实意义，更为奥林匹克运动历史增添了一份提升可持续发展动力的奥运遗产，值得大力分析与总结、传承与推广。

---

① 新华网. 崇礼出台 7 项措施帮助雪场企业共渡难关 [EB/OL].(2020-02-19)[2021-02-09].http://sports.xinhuanet.com/c/2020-02/19/c_1125595200.htm.

# 参考文献

## 一、图书


蔡靖泉．文化遗产学 [M]．武汉：华中师范大学出版社，2014.

冯惠玲，魏娜．人文之光：人文奥运理念的深入诠释与伟大实践 [M]．北京：中国人民大学出版社，2011：3.

冯惠玲．北京奥运的人文价值 [M]．北京：中国人民大学出版社，2010.

福柯．知识考古学 [M]．谢强，马月，译．北京：生活・读书・新知三联书店，2003：6.

国际皮埃尔・德・顾拜旦委员会．奥林匹克主义：顾拜旦文选 [M]．北京：人民体育出版社，2008：138.

罗高波．往届奥运会举办成功经验以及对城市发展的启示 [M]// 金元浦．创意产业：奥运经济与城市发展．北京：中国戏剧出版社，2007：84.

马克思恩格斯选集：第 3 卷 [M]．3 版 . 北京：人民出版社，2012：790.

桑亚尔，韦尔，罗珊．关键的规划理念：宜居性、区域性、治理与反思性实践 [M]．祝明建，彭彬彬，周静姝，译．南京：译林出版社，2019：1.

王晨，王媛．文化遗产导论 [M]．北京：清华大学出版社，2016：8-9.

王耀希．民族文化遗产数字化 [M]．北京：人民出版社，2009：8.

肖禹．古籍文本数据格式比较研究 [M]．上海：上海远东出版社，2017：14.

赵在九，等．北京奥运会成功宝典 [M]．千太阳，译 . 北京：民族出版社，2007：13.

CASHMAN R. The bitter-sweet awakening: the legacy of the Sydney 2000 Olympic Games[M]. Sydney: Walla Walla Press, 2005.

CHAPPELE J-L, International Olympic Committee and the Olympic system: the governance of world sport [M]. London:Routledge, 2008.

HILLER H H. Toward a science of Olympic outcomes: the urban legacy [M]// The legacy of the Olympic Games 1984-2000. Lausanne: IOC. 2002.

HOCKEY S. The history of humanities computing [M]//SCHREIBMAN S, SIEMENS R, UNSWORTH J. A companion to digital humanities. Oxford: Blackwell Publishing Ltd., 2004.

IOC. Olympic Games guide on Olympic legacy[M]. Lausanne: The International Olympic Committee, 2015.

KALMAN H. Heritage planning: principles and process[M]. London:Routledge, 2014.

KEBER M. Bronze sliver gold:Savannah lasting legacy[M]. Gerogia: Savannah Design Press, 1996.

SCHREIBMAN S, SIEMENS R, UNSWORTH J. The digital humanities and humanities computing: an introduction [M]// SCHREIBMAN S, SIEMENS R, UNSWORTH J. A companion to digital humanities. Oxford:Blackwell, 2004.

WATERTON E,WATSON S. The Palgrave handbook of contemporary heritage research[M]. London:Palgrave Macmillan, 2015.

WEIZHONG Y. Early warning for infectious disease outbreak: theory and practice[M].Salt Lake City: Academic Press, 2017.

## 二、论文

KELLER M A 数字人文和计算化社会科学及其对图书馆的挑战 [J]. 王宁，译. 现代图书情报技术，2014（10）：1-3.

安布罗尼西，贝尔塔，博尼诺. 可持续发展的奥运会？都灵 2006 年冬奥会的背景和遗产 [J]. 王欣欣，译. 世界建筑，2015（9）：30-33，134.

北京市卫计委. 继承奥运遗产 建设健康北京 [J]. 人口与计划生育，2014（4）：6.

蔡娜. 重大事件档案管理机制研究 [D]. 北京：中国人民大学，2011.

陈波，王洪坤，梁勤超，等. 藏族民间传统体育文化记忆与发展传承 [J]. 中华文化论坛，2016（12）：131-136.

陈峰. 大型国际体育赛事对现代城市建设的影响效应 [J]. 体育与科学，2011，32（4）：60-65.

陈华伟. 我国少数民族传统体育运动会文化遗产初步研究 [D]. 北京：首都体育学院，2009.

陈建，高宁. 我国非物质文化遗产建档保护研究回顾与前瞻 [J]. 档案学研究，2013（5）：58-62.

陈洁，徐拥军，郭若涵，等. 国外奥运档案管理的特点及启示 [J]. 兰台世界，2020（1）：28-31，13.

陈静. 当下中国“数字人文”研究状况及意义 [J]. 山东社会科学，2018（7）：61-65.

陈闽芳，李健. “互联网 +”环境下文献遗产“活化保护”模式研究 [J]. 浙江档案，2019（3）：22-25.

陈珊，肖焕禹. 对《2012 伦敦奥运会和残奥会遗产计划》的解析 [J]. 上海体育学院学报，2012，36（3）：71-75.

陈珊. 伦敦奥运的经济遗产 [J]. 北大商业评论，2013（4）：97-101.

陈作松，林俊，陈潜，等. 对北京奥运精神遗产的质性研究 [J]. 成都体育学院学报，2011，37（2）：11-15.

程登富，崔雪梅. 北京奥运精神遗产的哲学思考与孔子思想解析 [J]. 北京体育大学学报，2010，33（22）：10-14.

程明凯. 南京青奥遗产的保护与传承研究 [D]. 南京：南京师范大学，2015.

戴天晨. 空间叙事：城市空间非物质性要素设计转译研究 [D]. 南京：东南大学，2019.

戴勇. 北京“人文奥运”非物质文化奥运遗产特点分析 [J]. 体育与科学，2008（5）：18-21.

董进霞. 北京奥运会遗产展望：不同洲际奥运会举办国家的比较研究 [J]. 体育科学，2006（7）：3-12.

房硕. 我国冰雪产业“新冠”疫情影响及应对举措研究 [J]. 文体用品与科技，2020（19）：90-91.

冯惠玲. 人文奥运：从历年阐释到时间推进 [J]. 前线，2007（2）：19-21.

冯京津，董寰，吴丹. 传承奥运精神，打造宜居城市：文化创意与城市可持续发展论坛在桂林召开 [J]. 中国房地产业，2012（2）：61-63.

傅莹. 新冠疫情后的中美关系 [J]. 企业观察家，2020（7）：74-80.

顾拜旦. 奥林匹克精神 [J]. 发现，2008（9）：1.

郭成根，施文海，全哲平，等. 疫情下中国体育代表团 2020 年东京奥运会竞技形势及备战策略 [J]. 中国体育教练员，2020，28（4）：35-37，41.

郭盛晖，刘雪姿，吴源. 广州亚运遗产及其旅游开发 [J]. 企业家天地（理论版），2010（7）：136-137.

郭振，乔凤杰. 北京绿色奥运遗产及其困境与继承 [J]. 武汉体育学院学报，2016，50（8）：18-22，38.

韩子荣，谢军. 北京“奥运遗产”可持续发展：新视角与新机遇 [J]. 首都体育学院学报，2020，32（5）：385-388.

侯隽，宋雪莲. 北京奥运场馆商业运营：呈现另一个“无与伦比” [J]. 中国经济周刊，2012（36）：42-46.

胡百精，冯惠玲．北京奥运的人文精神与价值光谱：写在北京奥运成功举办三周年之际 [J]．前线，2011（8）：38-40.

胡孝乾，陈姝姝，KENYON J，等．国际奥委会《遗产战略方针》框架下的奥运遗产愿景与治理 [J]．上海体育学院学报，2019，43（1）：36-42.

黄璐．疫情期间日本媒体奥运报道的特点及启示 [J]．青年记者，2020（27）：93-94.

黄霄羽．2012 年英国国家档案馆的奥运档案工作及简评 [J]．四川档案，2013（1）：54-55.

黄亚玲，赵洁．北京 2008 年奥运会奥林匹克知识产权保护研究 [J]．北京体育大学学报，2005，28（9）：1153-1155.

霍思佳．城市遗产保护的思考：遗产性城市 [J]．中国文化产业评论．2019，27（1）：277-290.

金睿．伦敦奥运会场馆的赛后利用及启示 [J]．体育成人教育学刊，2018，34（5）：27-29.

金汕．奥运遗产：沉淀的文明 [J]．政工研究动态，2008（15）：19-21.

卡什曼，杨清琼．奥运会及其遗产：悉尼奥运会的经验教训 [J]．体育文化导刊，2007（12）：35-38.

孔繁敏．人文奥运遗产与“人文北京”建设 [J]．北京联合大学学报（人文社会科学版），2009，7（4）：21-23.

兰彤，刘托．东京奥运会延期背景下国乒备战策略研究 [J]．沈阳体育学院学报，2020，39（5）：9-16.

李博．高山滑雪场馆环境友好指标体系构建初探：以 2020 冬奥会高山滑雪中心为例 [J]．城乡建设，2019（10）：39-41.

李佳宝，孙葆丽．青奥会与奥运会遗产之比较 [J]．南京体育学院学报（社会科学版），2017，31（2）：47-52.

李佳宝．北京冬奥会公众参与前瞻 [J]．河北体育学院学报，2018，32（3）：24-29.

李静亚，谢群喜，王润斌．2020 年东京奥运会延期背景下国际奥委会的危机公关策略 [J]．体育学刊，2020，27（5）：8-16.

李开云，叶波．北京奥运会遗产保护与开发研究 [J]．体育科技文献通报，2008（2）：106-109.

李琪，刘伟．从社会学视角看北京“绿色奥运”[J]．四川职业技术学院学报，2009，19（2）：16-18.

李一宁．奥林匹克运动与奥运精神 [J]．体育与科学，2008，29（1）：1-2.

李颖川. 北京奥运会与奥林匹克教育 [J]. 首都体育学院学报，2004，16（3）：33-35.

李云波. 第 29 届北京奥运会档案工作 [J]. 中国档案，2011（7）：22-23.

连玉明. 继承奥运文化遗产推进人文北京建设 [J]. 北京观察，2009（8）：54-55.

梁万年，傅鸿鹏，李春雨，等. 奥运健康遗产的概念和理论基础研究 [J]. 中国卫生经济，2006（11）：12-15.

林俊，陈作松，翁慧婷，等. 北京奥运精神遗产质性研究 [J]. 武汉体育学院学报，2011，45（8）：5-14.

林俊，陈作松. 2008 年北京奥运会精神遗产的传承机制 [J]. 体育科学研究，2012，16（6）：14-19，58.

林玲，郑宇萌. 奥运会遗产的数字化收集整理与利用：以伦敦奥运会数字化档案为例 [J]. 湖北体育科技，2019，38（8）：664-669，678.

刘民，梁万年，傅鸿鹏，等.《2008 年奥运会健康遗产评价指标体系的建立研究》课题概述 [J]. 首都公共卫生，2007，1（3）：101-103.

刘民，梁万年，傅鸿鹏，等. 奥运健康遗产的概念体系和形成机制 [J]. 首都公共卫生，2007（2）：49-51.

刘鹏. 2008 北京奥运会遗产保护研究 [D]. 北京：北京体育大学，2010.

刘涛，畅青霞，郭春晖. 第 26 ~ 28 届奥运会的传染病防控经验在北京奥运会中的应用探讨 [J]. 中国公共卫生管理，2009，25（1）：3-4.

刘文昊，冯鑫，胡海旭. 东京奥运会延期下世界竞技体育强国的应变举措及对我国奥运备战的启示 [J]. 西安体育学院学报，2020，37（6）：641-647.

刘艳，段清波. 文化遗产价值体系研究 [J]. 西北大学学报（哲学社会科学版），2016，46（1）：23-27.

刘永泉. 北京 2008 奥运公共卫生监督风险识别与遗产分析 [D]. 长沙：中南大学，2012.

刘玉江，刘飞舟. 挖掘档案在人文奥运中的价值 [J]. 兰台世界，2008（1）：53-54.

鲁晨曦. 我国奥运会无形文化遗产的传承与创新 [D]. 济南：山东师范大学，2016.

吕季东，史国生，缪律. 奥运遗产传承与保护经验及启示 [J]. 体育文化导刊，2019（4）：24-29.

罗时铭. 20 世纪 80 年代后的奥运文化遗产素描 [J]. 南京体育学院学报（社会科学版），2010，24（6）：15-18.

马凤霞，王春城，于学岭，等. 北京奥运文化遗产传承与保护的现状与对策 [J]. 北京体育大学学报，2007，30（7）：873-875.

马亚璇. 1972 年以来夏季奥运会场馆赛后开发与利用研究 [D]. 北京：北京体育大学，

2010.

牛丹丹. 公共卫生应急管理：以巴西应对寨卡病毒危机的措施为例 [J]. 拉丁美洲研究，2017，39（2）：122-139，158.

潘磊. 新冠肺炎疫情对 2022 北京冬奥会的影响研究 [J]. 科技智囊，2020（4）：32-36.

彭延春. 后奥运时代北京奥运遗产旅游的开发策略 [J]. 体育与科学，2011，32（1）：43-45.

彭艳丽. 北京后奥运经济风险研究 [D]. 北京：北京体育大学，2010.

齐润姿，沈若川，骆江洪. 奥运期间口岸卫生检疫监管模式初析 [J]. 口岸卫生控制，2009，14（5）：13-15.

齐震. 奥运遗产评估指标初探 [J]. 体育科技文献通报，2019，27（4）：130-132.

祁天娇，马林青. 历史文化村镇活态保护的新模式：基于数字资源构建的视角 [J]. 档案学研究，2018（3）：44-50.

任保国. 后奥运时代北京旅游遗产资源的开发利用 [J]. 滨州学院学报，2010，26（1）：62-67.

邵玉辉. 2008 年北京奥运会无形遗产保护和开发研究 [D]. 北京：北京体育大学，2011.

史国生，范妤婧，吕季东. 奥运遗产研究前沿与热点分析 [J]. 成都体育学院学报，2018，44（6）：68-73.

孙葆丽，宋晨翔，杜颖，等. 温哥华冬奥会遗产工作研究及启示 [J]. 北京体育大学学报，2017，40（10）：1-8.

孙葆丽，孙葆洁，刘婧怡. 伦敦奥运会可持续发展实践研究 [J]. 西安体育学院学报，2020，37（3）：298-303.

孙葆丽. 奥林匹克运动人文价值的历史流变 [D]. 北京：北京体育大学，2005.

孙科，郇昌店，任慧涛，等. 危机与应对：新型冠状病毒肺炎疫情下的中国体育叙事 [J]. 上海体育学院学报，2020，44（5）：1-15，46.

唐明. 人文奥运的后现代评析 [J]. 湖北体育科技，2009，28（6）：638-640.

王成，田雨普，谭琳. 北京奥运会文化遗产的基本理论研究 [J]. 西安体育学院学报，2011，28（3）：309-312.

王成. 青奥遗产：理论梳理与视点分析：南京青奥会精神遗产研究之一 [J]. 体育成人教育学刊，2013，29（5）：7-11，2.

王迪. 2022 年北京冬奥会语言环境建设情况分析和改善对策：以 2008 年北京夏季奥运会为启示 [J]. 四川体育科学，2016，35（5）：9-12.

王广进. 论面临休闲时代的奥运会 [D]. 广州：华南师范大学，2006.

王洪元，李珍. 人文奥运与档案工作的互动思考 [J]. 兰台世界，2007（18）：5-6.

王琪，方千华. 基于知识图谱的国际奥林匹克运动研究现状及发展趋势 [J]. 武汉体育学院学报，2010，44（5）：5-10.

王睿康，姜世波. 东京奥运会延期的法律与伦理视角审视 [J]. 体育成人教育学刊，2020，36（2）：39-42.

王涛. “数字史学”：现状、问题与展望 [J]. 江海学刊，2017（2）：172-176.

王玮. 疫情导致东京奥运延迟的损失及奥运经济模式研究 [J]. 财富时代，2020（4）：11-12.

王晓微，于静，邱招义. 奥运场馆赛后利用对北京建设世界体育中心城市影响的研究 [J]. 北京体育大学学报，2014，37（11）：43-48.

王肖栋，李雪. 北京奥运文化遗产及其传承的研究 [J]. 内江科技，2009，30（2）：47.

王兴一. 我国大型体育赛事遗产“活化”策略研究 [J]. 技术经济与管理研究，2019（12）：119-124.

王义，田建新，高婷，等. 北京奥运公共卫生保障工作情况及经验 [J]. 中国卫生监督杂志，2009，16（1）：19-25.

王粤. 北京奥运 提升北京志愿服务水平 [J]. 北京观察，2009（8）：50-51.

王子朴，梁金辉，杨小燕. 北京新建奥运场（馆）投融资模式创新与赛后运营探讨 [J]. 体育科学，2012，32（3）：3-9.

文福君. 北京奥运会与儒家哲学契合发展的遗产研究 [D]. 曲阜：曲阜师范大学，2010.

吴茜. 上海赛马传统的文化再生产研究 [D]. 上海：上海体育学院，2016.

吴瑞丽. 数字人文视域下的非遗资源整合及保护机制 [J]. 图书馆学刊，2018，40（10）：50-54.

肖焕禹，陈玉忠. 奥林匹克运动与人类社会和谐发展的新理念探析：解读北京奥运三大主题 [J]. 上海体育学院学报，2003（1）：10-14.

肖晞. 新冠肺炎疫情防控与中国大国形象塑造 [J]. 吉林大学社会科学学报，2020（3）：5-18.

谢尔德. 伦敦奥运遗产 [J]. 李京，译. 城市建筑，2012（14）：44-49.

谢军，茹秀英. 北京 2022 年冬奥会和冬残奥会遗产研究助力中国相关领域发展的思考 [J]. 首都体育学院学报，2020，32（3）：196-201，213.

谢军，汪流. 北京冬奥会和冬残奥会遗产助力国家发展战略的研究框架构建 [J]. 北京体育大学学报，2020，43（4）：33-39.

徐祥辉，黄家善. 北京奥运会遗产的评估、开发与保护研究 [J]. 体育与科学，2009，30（4）：11-14.

徐拥军，陈洁. 北京奥运档案管理的对策建议 [J]. 北京档案，2020（7）：27-29.

徐拥军，卢林涛，宋扬. 奥运文献遗产的人文价值及实现 [J]. 兰台世界，2020（1）：14-18.

徐拥军，王露露，宋扬. 国内外奥运遗产研究述评 [J]. 兰台世界，2020（1）：19-27.

徐拥军，闫静. “奥运遗产”的内涵演变、理性认知与现实意义 [J]. 首都体育学院学报，2019，31（3）：201-205，220.

徐拥军，张丹，闫静. 奥运遗产理论的构建：原则、方法和内涵 [J]. 成都体育学院学报，2021，47（2）：16-21.

徐拥军，张丹，闫静. 北京 2022 年冬奥会和冬残奥会遗产价值及其评估研究 [J]. 武汉体育学院学报，2020（10）：15-22.

徐拥军，张丹. 2022 年北京冬奥会公共卫生事件应急管控对策研究 [J]. 首都体育学院学报，2020，32（4）：303-309.

徐拥军. 北京奥运会文献遗产的保护与传承 [J]. 中国档案，2008（1）：32-33.

徐拥军. 档案记忆观：社会学与档案学的双向审视 [J]. 求索，2017（7）：159-166.

徐子齐，孙葆丽，董小燕. 北京 2022 年冬奥会赛事理念从申办到筹办嬗变探究 [J]. 体育文化导刊，2018（6）：25-29.

闫静，LEOPKEY B. 奥运遗产溯源、兴起与演进研究 [J]. 北京体育大学学报，2016，39（12）：14-19，36.

杨国庆. 中国应对第 32 届夏季奥运会延期举办的备战方略研究 [J]. 中国体育科技，2020，56（7）：24-30，55.

杨恒郁，仲满，沈朝阳，等. 东京奥运会延期对我国击剑队奥运备战的影响 [J]. 南京体育学院学报，2020，19（7）：65-73.

杨利霞. 2014 年青奥会对南京城市文化软实力的影响研究 [D]. 南京：南京师范大学，2014.

杨文. 数字人文视阈下的社会记忆构建研究 [J]. 情报资料工作，2019，40（5）：38-45.

杨艳生，赵妍. 东京奥运会延期为北京冬奥会赋能的主体叙事与理性认知 [J]. 体育与科学，2020，41（5）：17-23.

杨宇，吴唯佳. 发展模式转型：北京奥运会对城市发展的长期影响 [J]. 北京规划建设，2012（3）：49-55.

叶勇. 体育报道应抓热点 写焦点 攻难点 [J]. 新闻通讯，1999（2）：23-24.

佚名. 2009 年北京研究综述 [J]. 北京社会科学，2010（1）：81-93.

佚名. 汇聚中关村科技资源服务科技冬奥 [J]. 中关村，2019（12）：14.

易剑东，王道杰. 论北京 2022 年冬奥会的价值和意义 [J]. 体育与科学，2016，37（5）：34-40.

易剑东.“东京 2020 年奥运会延期一年”决策探析 [J]. 成都体育学院学报，2021（1）：21-31.

于善旭. 论奥运会重要事项及其变更的依据之憾与规则完善：从东京奥运会延期论起 [J]. 武汉体育学院学报，2020，54（8）：5-11.

余福海. 新冠肺炎疫情背景下东京奥运会备战的现实困境及其规制探究 [J]. 沈阳体育学院学报，2020，39（5）：17-23.

余福海. 疫情背景下的东京奥运会备战不确定性管理研究 [J]. 武汉体育学院学报，2020，54（7）：29-34，40.

余莉萍. 奥运会与可持续发展城市良性互动研究 [D]. 北京：北京体育大学，2018.

袁东，GALEA G，俞晓静，等. 2010 年上海世博会健康遗产评估指标体系的构建思考 [J]. 环境与职业医学，2009，26（3）：219-222.

袁荣凯. 奥运遗产：等待挖掘的宝藏 [J]. 体育文化导刊，2008（8）：31-32，53.

苑利. 非物质文化遗产保护主体研究 [J]. 重庆文理学院学报（社会科学版），2009，28（2）：1-8，21.

曾晓芃，马彦，佟颖，等. 奥运会病媒生物控制保障主要策略及经验启示 [J]. 中华卫生杀虫药械，2010，16（2）：95-101.

张国清，彭雨，王艳. 2008 北京奥运文化遗产整理与挖掘的研究 [J]. 体育科技文献通报，2011，19（3）：1，29.

张彤. 奥运经济对北京及中国经济的影响分析 [D]. 北京：首都经济贸易大学，2009.

张晓红，李凌. 论北京奥运志愿精神与社会主义核心价值体系 [J]. 西南民族大学学报（人文社科版），2009，30（9）：231-234.

张银行，李吉远，李成银. 关于“后奥运”武术普及与推广的若干思考：基于国内的视域 [J]. 西安体育学院学报，2013，30（1）：87-92.

赵弘，刘宪杰，李依浓. 从“科技奥运”到“科技北京”[J]. 经济研究导刊，2009（32）：192-194.

赵泉民. 论全面深化改革战略推进中的精准思维 [J]. 湖湘论坛，2017，30（4）：5-10，2.

赵毅. 奥运遗产的旅游开发构想 [J]. 投资北京，2006（12）：80-82.

郑静晨，李宗浩，刘庆. 回顾悉尼、雅典奥运会 做好北京奥运会的医疗卫生保障 [J]. 武警医学，2008，19（3）：275-276.

朱肖璟. 大型体育赛事档案的人文价值 [J]. 少林与太极（中州体育），2011（11）：61-62.

邹硕. 温哥华冬奥会对城市发展影响研究 [D]. 北京：北京体育大学，2017.

AGHA N, FAIRLEY S, GIBSON H. Considering legacy as a multi-dimensional construct: the legacy of the Olympic Games[J]. Sport management review, 2012, 15(1): 125-139.

ANDRANOVICH G, BURBANK M J. Contextualizing Olympic legacies[J]. Urban geography, 2011, 32(6): 823-844.

BERNSTOCK P. Tensions and contradictions in London's inclusive housing legacy[J]. International journal of urban sustainable development, 2013, 5(2): 154-171.

BOTTERO M, SACERDOTTI S L，MAURO S. Turin 2006 Olympic Winter Games: impacts and legacies from a tourism perspective[J]. Journal of tourism and cultural change, 2012, 10(2): 202-217.

BOUKAS N, ZIAKAS V, BOUSTRAS G. Olympic legacy and cultural tourism: exploring the facets of Athens' Olympic heritage[J]. International journal of heritage studies, 2013, 19(2): 203-228.

BUDZAK, D. The organization of organizational knowledge[J]. Business information review, 2013, 30(4):183-190.

BULL C, LOVELL J. The impact of hosting major sporting events on local residents: an analysis of the views and perceptions of Canterbury residents in relation to the Tour de France 2007[J]. Journal of sport & tourism, 2007, 12(3-4): 229-248.

CAMARGO-JUNIOR F, CHALHUB T, MORAES FILHO J M, et al. COVID-19 and its effect on Olympic sport: the importance of studying social isolation and the harm it causes, in order to minimize it[J]. Revista Brasileira de medicina do esporte, 2020, 26(5): 371-377.

CASTRO M C. Zika virus and the 2016 Olympic Games-evidence-based projections derived from dengue do not support cancellation[J]. Travel medicine and infectious disease, 2016, 14(4): 384.

CHAPPELET J L. Olympic environmental concerns as a legacy of the Winter Games[J]. The international journal of the history of sport, 2008, 25(14): 1884-1902.

CHAPPELET, J L. Mega sporting event legacies: a multifaceted concept[J]. Papeles de Europa, 2012(25): 76-86.

CHATZIEFSTATHIOU D. Olympic education and beyond: Olympism and value legacies from the Olympic and Paralympic Games[J]. Educational review, 2012, 64(3): 385-400.

GRATTON C,PREUSS H. Maximizing Olympic impacts by building up legacies[J].The international journal of the history of sport, 2008, 25(14): 1922-1938.

CONSTANDT B, WILLEM A. Hosting the Olympics in times of a pandemic: historical insights from Antwerp 1920[J]. Leisure sciences, 2020(2): 1-6.

DAVIDSON M, MCNEILL D.The redevelopment of Olympic sites: examining the legacy of Sydney Olympic Park[J]. Urban studies, 2012, 49(8): 1625-1641.

HEINSBROEK E, WATSON C H. Infectious disease surveillance for the London 2012 Olympic and Paralympic Games[J/OL].(2012-08-01).[2020-03-14].https://www.researchgate.net/publication/230637645.

ELLIOT A J, MORBEY R A, HUGHES H E, et al. Syndromic surveillance–a public health legacy of the London 2012 Olympic and Paralympic Games[J]. Public health, 2013, 127(8): 777-81.

GEORGIADIS K, THEODORIKAKOS P. The Olympic Games of Athens: 10 years later[J]. Sport in society, 2016, 19(6): 817-827.

GRATTON C, PREUSS H. Maximizing Olympic impacts by building up legacies[J]. The international journal of the history of sport, 2008, 25(14): 1922-1938.

GUNDLAPALLI A V, OLSON J, SMITH S P, et al. Hospital electronic medical record–based public health surveillance system deployed during the 2002 Winter Olympic Games[J]. American journal of infection control, 2007, 35(3): 163-171.

HÅKANSSON A, MOESCH K, JÖNSSON C, et al. Potentially prolonged psychological distress from postponed Olympic and Paralympic Games during COVID-19-career uncertainty in elite athletes[J]. International journal of environmental research and public health, 2021, 18(1): 2.

HOANG V, AL-TAWFIQ J, GAUTRET P. The Tokyo Olympic Games and the risk of COVID-19[J]. Current tropical medicine reports, 2020(7): 1-7.

JORM L R, THACKWAY S V, CHURCHES T R, et al. Watching the Games: public health surveillance for the Sydney 2000 Olympic Games[J]. Journal of epidemiology & community health, 2003, 57(2): 102-108.

KAPLANIDOU K. The importance of legacy outcomes for Olympic Games four summer host cities residents' quality of life: 1996–2008[J]. European sport management quarterly, 2012, 12(4): 397-433.

KASSENS-NOOR E, GAFFNEY C, MESSINA J, et al. Olympic transport legacies: Rio de Janeiro's bus rapid transit system [J/OL]. [2020-02-06].https://doi.org/10.1177/0739456X16683228.

GEORGIADIS K，THEODORIKAKOS P. The Olympic Games of Athens: 10 years later[J]. Sport in society, 2016, 19(6): 817–827.

LEOPKEY B, PARENT M M. Olympic Games legacy: from general benefits to sustainable long-term legacy[J]. The international journal of the history of sport, 2012, 29(6): 924-943.

MANGAN J A. Prologue: guarantees of global goodwill: post-Olympic legacies–too many limping white elephants? [J]. The international journal of the history of sport, 2008, 25(14): 1869-1883.

MCCLOSKEY B, ENDERICKS T, CATCHPOLE M, et al. London 2012 Olympic and Paralympic Games: public health surveillance and epidemiology[J]. The lancet, 2014, 383(9934): 2083-2089.

WEED M. Is tourism a legitimate legacy from the Olympic and Paralympic Games? an analysis of London 2012 legacy strategy using programme theory[J]. Sport & tourism, 2014, 19(2): 101-126.

LYNN M. An Olympic legacy for all? the non-infrastructural outcomes of the Olympic Games for socially excluded groups (Atlanta 1996–Beijing 2008)[J]. Tourism management, 2012, 33(2): 361-370.

MORBEY R A, ELLIOT A J, CHARLETT A, et al. Using public health scenarios to predict the utility of a national syndromic surveillance programme during the 2012 London Olympic and Paralympic Games[J]. Epidemiology & infection, 2014, 142(5): 984-993.

MARTIN M. After Sochi 2014: costs and impacts of Russia's Olympic Games[J].Eurasian geography and economics,2014, 55(6): 628-655.

NAISH C, MASON S. London 2012 legacy: transformation of the Olympic Park[C]// Proceedings of the institution of civil engineers-civil engineering. Thomas Telford Ltd., 2014, 167(6): 26-32.

NICHOLS G, RALSTON R, HOLMES K.The 2012 Olympic Ambassadors and sustainable tourism legacy[J]. Journal of sustainable tourism, 2017, 25(11): 1513-1528.

OWEN J G. Estimating the cost and benefit of hosting Olympic Games: what can Beijing expect from its 2008 Games[J]. The industrial geographer, 2005, 3(1): 1-18.

PANAGIOTAKOS D B, COSTARELLI V, POLYCHRONOPOULOS E. The perspective of syndromic surveillance systems on public health threats: a paradigm of the Athens 2004 Olympic Games[J]. Perspectives in public health, 2007, 127(3): 111.

PAPPALEPORE I, DUIGNAN M B. The London 2012 cultural programme: a consideration of Olympic impacts and legacies for small creative organisations in east London[J]. Tourism management, 2016(54): 344-355.

PIERVINCENZO B, CHITO G. The 2006 Olympic Winter Games and the tourism revival of an ancient city[J]. Journal of sport & tourism, 2011, 16(4): 303-321.

PREUSS H. The conceptualisation and measurement of mega sport event legacies[J]. Journal of sport & tourism, 2007, 12(3-4): 207-228.

PROJECT T S. Assessment of syndromic surveillance in Europe[J]. Lancet (London, England), 2011, 378(9806): 1833-1834.

RAMSHAW G, AND GAMMON S. On home ground? Twickenham Stadium Tours and the construction of sport heritage[J]. Journal of heritage tourism, 2010: 5(2): 87-102.

SEVERI E, HEINSBROEK E, WATSON C, et al. Infectious disease surveillance for the London 2012 Olympic and Paralympic Games[J]. Eurosurveillance, 2012, 17(31): 20232.

JENNIFER J, ZOE A, VADI P.Complex context: aboriginal participation in hosting the Vancouver 2010 Winter Olympic and Paralympic Games[J]. Leisure studies, 2012, 31(3): 291-308.

SOLBERG H A, PREUSS H. Major sport events and long-term tourism impacts[J]. Journal of sport management, 2007, 21(2): 213-234.

HALBWIRTH S，TOOHEY K. The Olympic Games and knowledge management: a case study of the Sydney organising committee of the Olympic Games[J]. European sport management quarterly, 2001, 1（2）: 91-111.

TAKU K, ARAI H. Impact of COVID-19 on athletes and coaches, and their values in Japan: repercussions of postponing the Tokyo 2020 Olympic and Paralympic Games[J]. Journal of loss and trauma, 2020, 25(8): 623-630.

THACKWAY S. Health surveillance during the Sydney 2000 Olympic and Paralympic Games[J]. New South Wales public health bulletin, 2000, 11(8): 142-144.

THACKWAY A. The 2012 London Olympics: what legacy? [J]. Policy research in tourism, leisure and events, 2012, 4(2): 206-210.

TOOHEY K. The Sydney Olympics: striving for legacies–overcoming short-term disappointments and long-term deficiencies [J]. The international journal of the history of sport, 2008, 25(14): 1953-1971.

WATT P. It's not for us [J]. City, 2013, 17(1): 99-118.

WEED M, COREN E, FIORE J, et al. The Olympic Games and raising sport participation: a systematic review of evidence and an interrogation of policy for a demonstration effect[J]. European sport management quarterly, 2015, 15(2): 195-226.

OFIR W. Educational Olympic legacy: the public use of sport facilities after the Games.[J/OL]. [2021-02-15]. http://ifhyb9e443ff91d4e4cacsfppuvxcbfkfc6p0p.fcfg.libproxy.ruc.edu.cn/files/data/article/49/1494/article_49_1494_pdf_100.pdf.

WHITE L. Cathy Freeman and Australia's indigenous heritage: a new beginning for an old nation at the Sydney 2000 Olympic Games[J]. International journal of heritage studies, 2013, 19(2): 153-170.

WHITSON D, HORNE J. Underestimated costs and overestimated benefits? comparing the outcomes of sports mega-events in Canada and Japan[J]. The sociological review, 2006, 54(2_suppl): 73-89.

## 三、会议集、报告、报纸

北京冬奥组委外籍专家：对北京冬奥会成功举办充满信心 [N]. 人民日报，2021-02-09.

北京冬奥组委总体策划部. 北京 2022 年冬奥会和冬残奥会遗产战略计划 [R/OL].(2019-02-19)[2021-02-13].http://mat1.gtimg.com/bj2022/beijing2022/yichanzhanluejihua.pdf.

北京市人民政府. 北京市政府公报 2003 第 16 期（总第 88 期）[R/OL].(2003-08-25)[2021-01-20].http://www.beijing.gov.cn/zhengce/zfgb/lsgb/201905/W020191129330286007658.pdf.

北京市人民政府. 北京市政府公报 2008 第 24 期（总第 216 期）[R/OL].(2009-01-05)[2021-01-20].http://www.beijing.gov.cn/zhengce/zfgb/lsgb/201905/W020191202533118233128.pdf.

北京市生态环境局. 2008 年北京市环境状况公报 [R/OL].(2009-06-05)[2021-01-20].http://sthjj.beijing.gov.cn/bjhrb/resource/cms/2018/04/2018042409503329302.pdf.

成林萍. 奥运会与北京文化遗产的保护和传承 [C]// 奥运后首都国际化进程的新趋势与新挑战：2008 城市国际化论坛论文集. 北京：中国经济出版社，2009.

池建，马凤霞，王春城，等. 对重视和加强北京奥运文化遗产传承与保护的研究 [C]// 中国体育科学学会. 第八届全国体育科学大会论文摘要汇编（一）. 中国体育科学学会：中国体育科学学会，2007.

封冰，张倩. 河北省档案馆开展冬奥档案指导服务 [N]. 中国档案报，2020-08-18.

刘嘉. 奥运经济与北京就业的实证分析 [C]// 北京学研究文集 2007. 北京：同心出版社，2009.

农若雯，杜颖. 试论 2022 冬奥会体育遗产对群众体育公共服务供给的积极影响

[C]//2016 年全国体育社会科学年会论文集. 2016.

尚槿. 报告：中国冰雪旅游消费大数据报告（2019）[R/OL].（2019-02-26）[2020-02-06]. http://travel.china.com.cn/txt/2019-02/26/content_74504942.htm.

田国垒. “让冬奥会像冰雪一样纯洁干净”[N]. 中国纪检督察报，2019-01-03.

汪涌，姬烨，张骁. 北京冬奥筹办在疫情防控中稳步推进 [N]. 经济日报，2020-03-16.

王建新. “志愿者的微笑是北京最好的名片”：记北京奥运会、残奥会志愿者工作 [N]. 人民日报，2008-08-05.

王晓光. “数字人文”的产生、发展与前沿 [C]// 方法创新与哲学社会科学发展文集. 武汉：武汉大学出版社，2010.

吴为. 北京冬奥会尽可能利用了 2008 年的奥运遗产 [N]. 新京报，2021-01-11.

习近平谈世界遗产 [N]. 人民日报（海外版），2019-06-06.

徐力恒，陈静. “数字人文”浪潮来袭，倡导之余仍要警惕过分乐观 [N]. 社会科学报，2017-08-26.

佚名. 北京奥运会总体影响评估（摘要）[R/OL].（2016-05-12）[2020-02-06]. https://max.book118.com/html/2016/0512/42721470.shtm.

袁俊杰. 竞技体育信息数据库的开发与应用 [C]// 第八届全国体育科学大会论文摘要汇编. 2007.

张涵. 伦敦奥运遗产资本化启幕 [N]. 21 世纪经济报道，2012-08-14.

张忠秋. 科学系统积极有效实施运动员心理调节 [N]. 中国体育报，2020-06-23.

赵婷婷. 防疫复工两不误 确保冬奥项目推进 [N]. 北京青年报，2020-04-20.

郑杭生. 奥运理念的发展和奥运会总体影响研究 [C]// 金元浦. 和谐之境：奥林匹克总体影响与全民参与. 北京：中国戏剧出版社，2008.

中国政府网. 2021 年政府工作报告 [R/OL].(2021-03-05)[2021-03-27]. http://www.gov.cn/zhuanti/2021lhzfgzbg/index.htm?_zbs_baidu_bk.

中央政府门户网站. 2008 年中国残疾人事业发展统计公报 [R/OL]. (2009-05-08)[2021-01-30].http://www.gov.cn/fuwu/cjr/2009-05/08/content_2630953.htm.

CHAPPELET J, JUNOD T. A tale of 3 Olympic cities: what can Turin learn from the Olympic legacy of other Alpine cities?[R]. Swiss Graduate School of Public Administration(IDHEAP), Lausanne, 2006.

DCMS. Before, during and after：making the most of the London 2012 Games[R/OL]. [2021-02-05]. http://www.culture.gov.uk/images/publications/2012LegacyActionPlan.pdf.

DCMS. London 2012 Olympic and Paralympic Games impacts and legacy evaluation framework: final report[R/OL].[2020-02-06]. http://www.culture.gov.uk/images/publications/DCMS_Olympic_Evaluation_ final_report.pdf.

DCMS. Methods: meta-evaluation of the impacts and legacy of the London 2012 Olympic Games and Paralympic Games[R/OL].[2019-10-31]. https://www.gov.uk/government/uploads/system/uploads/attachment_data/file/224110/DCMS_2012_Games_Meta_evaluation_Report_2.pdf.

DCMS. Our promise for 2012: how the UK will benefit from the Olympic Games and Paralympic Games [R/OL].[2021-02-05].https://assets.publishing.service.gov.uk/government/uploads/system/uploads/attachment_data/file/77719/Ourpromise2012.pdf.

DCMS. Plans for the legacy from the 2012 Olympic and Paralympic Games[R/OL].[2021-02-05]. https://assets.publishing.service.gov.uk/government/uploads/system/uploads/attachment_data/file/78105/201210_Legacy_Publication.pdf.

DCMS. Report 1:scope, research questions and data strategy: meta-evaluation of the impacts and legacy of the London 2012 Olympic Games and Paralympic Games[R/OL].[2020-02-06]. https://library.olympic.org/Default/digital-viewer/c-27991.

HARRY H H. Toward a science of Olympic outcomes: the urban legacy[C]// The legacy of the Olympic Games 1984–2000. Lausanne:International Olympic Committee, 2003.

IOC. London 2012 Olympic Summer Games injury & illness surveillance study[R/OL].(2012-08-20)[2020-03-15]. https://stillmedab.olympic.org/media/Document%20Library/OlympicOrg/Games/Summer-Games/Games-London-2012-Olympic-Games/Anti-doping-and-Medical-Rules/Injury-and-Illness-Surveillance-Study-London-2012.pdf.

IOC. Olympic charter[R]. Lausanne: International Olympic Committee, 2020.

IOC. Olympic legacy[R]. Lausanne: International Olympic Committee,2013.

IOC. Tokyo 2020 Olympic village(s) period of stay guidelines for the NOCs[R/OL].[2021-02-09].https://stillmedab.olympic.org/media/Document%20Library/OlympicOrg/News/2020/12/Tokyo-2020-Olympic-Village-Guidelines-for-NOCs-in-relation-to-period-of-stay-eng.pdf#_ga=2.150596210.574110083.1612793756-130050602.1597322625.

IOC.XXIV Olympic Winter Games 2022 working group report[R/OL].(2014-05-09)[2020-03-22]. https://stillmed.olympic.org/media/Document%20Library/OlympicOrg/Documents/Host-City-Elections/XXIV-OWG-2022/Working-Group-Report-for-the-XXIV-Olympic-Winter-Games-2022.pdf#_ga=2.124064783.42928054.1584842517-571776881.1572101354.

Legacy Trust. Evaluation report: creating a lasting cultural and sporting legacy from the London 2012 Olympic and Paralympic Games[R]. London: Legacy Trust UK, 2013.

Olympic World Library. Initial report to measure the impacts and the legacy of the RIO 2016 Games: Olympic Games impact(OGI)study[R/OL].[2020-02-06]. https://library.olympic.org/Default/digital-viewer/c-26250.

Olympic World Library. OGI study framework:Pyeongchang 2018[R/OL].[2020-02-04]. https://library.olympic.org/Default/digital-viewer/c-174764.

Olympic World Library. Olympic Games impact (OGI) study for the 2010 Olympic and Paralympic Winter Games[R/OL].[2020-02-06]. https://library.olympic.org/Default/digital-viewer/c-75043.

Olympic World Library. Olympic Games impact (OGI) study for the 2018 Pyeongchang Olympic and Paralympic Winter Games[R/OL].[2020-02-06]. https://library.olympic.org/Default/digital-viewer/c-166669.

Olympic World Library. Olympic Games impact study–London 2012[R/OL]. [2020-02-06]. https://library.olympic.org/Default/digital-viewer/c-161895.

Olympic World Library. The Olmpic Games impact:summary report[R/OL].[2020-02-06]. https://library.olympic.org/Default/digital-viewer/c-59953.

THOMSON A K, LEOPKEY B, SCHLENKER K, et al. Sport event legacies: implications for meaningful legacy outcomes[C]//Global Events Congress IV: events and festivals research: state of the art. Leeds: UK Centre for Events Management, Leeds University, 2010.

VERBIN Y I, SHAPOVALOV V I. Evaluation of the influence of Olympic legacy on tourist destination development [C]. Future Academy, 2019.

WEGMAN O. Educational Olympic legacy: the public use of sport facilities after the Games [C]. European Proceedings of Social and Behavioural Sciences, 2018.

## 四、网络文献

2010 年冬奥会运动员和观众应要求注射 H1N1 疫苗 [EB/OL].（2009-11-03）[2020-03-14]. http://sports.sina.com.cn/o/2009-11-03/00504677619.shtml.

巴西奥运会发布健康卫士，预防寨卡病毒 [EB/OL].（2016-03-30）[2020-03-14].http://mobile.163.com/ 16/0330/11/BJDCLONH001168BQ.html.

巴西发起全国性灭蚊行动 [EB/OL].（2016-02-15）[2020-03-14].http://www.xinhuanet.com//world/2016- 02/15/c_1118044182.htm.

北京奥运博物馆. 共享奥运记忆，见证奥运征程：北京奥运博物馆“2018 全球奥运藏品征集活动”圆满收官 [EB/OL].（2020-11-05）[2021-01-26].http://www.bjaybwg.com/

pages/wbdt/ 20201105wbdtA20190823.html.

北京奥运博物馆. 精彩图集 [EB/OL].（2020-02-10）[2020-03-19].http://www.bjaybwg.com/pages/qita/imgPage.html.

北京奥运博物馆. 资源共享，联动发展，合作共赢：中国体育博物馆联盟正式成立 [EB/OL].（2017-09-24）[2021-01-26].http://www.bjaybwg.com/pages/wbdt/20201105wbdtA20170924.html.

北京大学新闻中心.【“北大与奥运”系列专题之八】人文奥运、科技奥运、绿色奥运 [EB/OL].（2008-08-06）[2021-01-20].http://pkunews.pku.edu.cn/xwzh/2008-08/06/content_126459.htm.

北京冬奥组委.《北京 2022 年冬奥会和冬残奥会遗产战略计划》正式发布 [EB/OL].（2019-02-19）[2021-02-11].https://www.beijing2022.cn/a/20190219/009160.htm.

北京冬奥组委. 北京 2022 年冬奥会场馆布局特点 [EB/OL].（2016-04-25）[2021-02-15].https://www.beijing2022.cn/a/20160425/006330.htm.

北京冬奥组委. 北京 2022 年冬奥会代表团团长会开幕 [EB/OL].（2021-02-02）[2021-02-09].https://www.beijing2022.cn/a/20210202/008299.htm.

北京冬奥组委. 北京 2022 年冬奥会和冬残奥会低碳管理工作方案 [EB/OL].（2019-06-24）[2021-02-15].https://www.beijing2022.cn/a/20190624/003257.htm.

北京冬奥组委. 北京 2022 无障碍指南正式发布 要求冬奥场馆有礼遇座席服务行动不便人士 提倡“信息无障碍”和“服务无障碍”[EB/OL].（2018-09-07）[2021-02-14].https://www.beijing2022.cn/a/20180907/072343.htm.

北京冬奥组委. 北京冬奥会倒计时一周年 冬奥旗舰店亮相王府井金街 [EB/OL].（2021-02-04）[2021-02-05].https://www.beijing2022.cn/a/20210204/010003.htm.

北京冬奥组委. 北京冬奥组委正式发布可持续性计划 [EB/OL].（2020-05-15）[2021-02-15].https://www.beijing2022.cn/a/20200515/000007.htm.

北京冬奥组委. 冬奥延庆、张家口新建赛区将永久保留 [EB/OL].（2019-03-01）[2021-02-14].https://www.beijing2022.cn/a/20190301/004814.htm.

北京冬奥组委. 习近平在北京河北考察并主持召开北京 2022 年冬奥会和冬残奥会筹办工作汇报会 [EB/OL].（2021-01-20）[2021-02-05].https://www.beijing2022.cn/a/20210120/012730.htm.

北京冬奥组委. 一手抓防疫 一手抓施工：北京确保按期完成冬奥工程建设任务 [EB/OL].（2020-02-10）[2021-02-09].https://www.beijing2022.cn/a/20200210/004217.htm.

北京冬奥组委. 筑梦同行：北京冬奥会和冬残奥会志愿者工作扎实推进 [EB/OL].（2020-12-05）[2021-02-14].https://www.beijing2022.cn/a/20201205/006455.htm.

北京冬奥组委.《北京 2022 年冬奥会和冬残奥会可持续性计划》发布 [EB/OL].（2020-05-15）[2020-08-13]. http://www.olympic.cn/news/olympic/2020/0515/324977.html.

北京发布. 北京冬奥会带动区域发展效果持续显现 [EB/OL].（2020-12-09）[2021-02-15].https://weibo.com/ttarticle/p/show?id=2309354580221025124417.

北京日报客户端. 北京冬奥会报名成功志愿者超 87 万，最小的 16 岁 [EB/OL].（2020-09-22）[2021-02-09].https://baijiahao.baidu.com/s?id=1678490434483937474&wfr=spider&for=pc.

北京日报客户端. 冬奥延庆赛区建设者：疫情下“精雕细琢”冰雪赛道 [EB/OL].（2020-02-13）[2021-02-09].https://baijiahao.baidu.com/s?id=1658420960190451482&wfr=spider&for=pc.

北京市档案信息网.【已撤展】“残奥之光：从海德堡到北京”展览 6 月 13 日在市档案馆正式推出 [EB/OL].（2016-06-17）[2021-02-14].http://www.bjma.gov.cn/bjma/330228/331442/331443/319819/index.html.

北京市人民政府. 北京城市总体规划 (2016 年—2035 年 )[EB/OL].（2019-07-01）[2021-01-20].http://www.beijing.gov.cn/gongkai/guihua/wngh/cqgh/201907/t20190701_100008.html.

北京市人民政府. 北京市人民政府办公厅关于印发《北京市进一步促进无障碍环境建设 2019—2021 年行动方案》的通知 [EB/OL].（2019-11-22）[2021-01-20]. http://www.beijing.gov.cn/zhengce/zfwj/zfwj2016/bgtwj/201911/t20191122_518306.html.

北京市人民政府. 北京市无障碍设施建设管理规定 [EB/OL].（2019-05-22）[2021-01-20].http://www.beijing.gov.cn/zhengce/gfxwj/201905/t20190522_56487.tml.

北京市生态环境局. “十三五”期间北京市空气质量持续明显改善 PM2.5 年均浓度首次实现“30+”[EB/OL].（2021-01-18）[2021-01-20].http://sthjj.beijing.gov.cn/bjhrb/index/xxgk69/zfxxgk43/fdzdgknr2/xwfb/10922860/index.html.

北京市生态环境局. 绿色生活 助力申奥 [EB/OL].（2015-06-05）[2021-01-20].http://sthjj.beijing.gov.cn/bjhrb/index/xxgk69/zfxxgk43/fdzdgknr2/xwfb/607608/index.html.

迪尔玛走上街头参加灭蚊，吁全民抵抗寨卡 [EB/OL].（2016-02-15）[2020-03-14].http://www.br-cn.com/news/br_news/20160215/59355.html.

观察者 . 奥运主场馆“鸟巢”和“水立方”实现收支平衡 [EB/OL].（2012-09-18）[2020-01-18].https://www.guancha.cn/sports/2012_09_18_98385.shtml.

楼俊超 . 丰富市场供给，推动冰雪经济持续升温 [EB/OL].（2021-02-03）[2021-02-14].https://m.gmw.cn/baijia/2021-02/03/34593566.html.

国际处，宣教处. 北京空气污染治理历程 1998—2013 报告摘要 [EB/OL].（2015-11-09）[2021-01-20]. http://sthjj.beijing.gov.cn/bjhrb/resource/cms/oldfile/bjepb/resource/cms/2015/11/ 2015110910325555462.pdf.

国家会议中心. 总经理致词[EB/OL].（2009-11-01）[2021-01-20].https://www.cnccchina.com/About/Zhici.aspx.

国家体育总局. 关于下发《“全民健身与奥运同行”系列活动实施意见》的通知[EB/OL].（2006-11-29）[2021-01-20]. http://www.sport.gov.cn/n16/n41308/n41323/n41345/n41426/n42527/n42647/171200.html.

国务院办公厅. 国务院办公厅关于印发体育强国建设纲要的通知[EB/OL].(2019-09-02)[2021-01-20].http://www.gov.cn/zhengce/content/2019-09/02/content_5426485.htm.

海外网.【四评】疫情或加剧国际舆论不平衡[EB/OL].（2020-04-19）[2021-02-17].https://www.sohu.com/a/386712030_115376,

环球网. 7名美共和党议员要求国际奥委会重新考虑2022年冬奥会举办地，外交部回应[EB/OL].（2021-02-04）[2021-02-20].https://baijiahao.baidu.com/s?id=1690769691921259205&wfr=spider&for=pc.

张哲，彭延媛. 国际奥委会对北京奥运会遗产做出初步评价[EB/OL].（2009-10-08）[2021-02-06].https://china.huanqiu.com/article/9CaKrnJmv5K.

环球网. 美总统国安事务助理沙利文指责中国没提供“足够疫情原始数据”[EB/OL].（2020-02-22）[2021-02-23].https://xw.qq.com/partner/vivoscreen/20210222A01G3100.

环球网. 疫情冲击运动员心理健康[EB/OL].（2020-02-19）[2021-02-09].https://baijiahao.baidu.com/s?id=1667352455550334711&wfr=spider&for=pc.

客观日本. 东京奥运博物馆参观盛况持续 安保陷入困境[EB/OL].（2020-01-07）[2020-03-30]. https://www.keguanjp.com/kgjp_gongtong/pt20200107000024.html.

里约奥运先“打蚊”22万军人投入“灭蚊战争”[EB/OL].（2016-02-02）[2020-03-14]. http://www.chinanews.com/ty/2016/02- 02/7743834.shtml.

伦敦遗产开发公司官方网站 . 公司介绍[EB/OL].（2005-05-24）[2019-10-30].https://www.queenelizabetholympicpark.co.uk/our-story/the-legacy-corporation.

绿色和平. 呼吸不能承受之重：北京PM2.5中重金属浓度检测结果[EB/OL].（2013-04-25）[2021-01-20].https://www.greenpeace.org.cn/bj-pm25-heavy-metal-test/.

鸟巢印记[EB/OL].（2019-01-01）[2021-01-20].http://n-s.cn/shownews.jsp?type1=12.

澎湃新闻. 崔洪建：“叙事之争”？疫情期间欧洲涉华舆论的变化及其特点[EB/OL].（2020-04-17）[2021-02-17].https://www.thepaper.cn/newsDetail_forward_7881167.

平昌冬奥会开幕在即，韩国惊现高致病性禽流感[EB/OL].（2017-11-25）[2020-03-14].https://sports.qq.com/a/20171125/008596.htm?pgvref=aio2015_hao123news.

平昌冬奥诺如病毒事件：系因流动公厕水箱污染[EB/OL].（2018-03-20）[2020-03-14].https://baijiahao.baidu.com/s?id=1595422347469580831&wfr=spider&for=pc.

曹晶瑞. 北京冬奥会："冬奥山村"打造最美的奥运村 [EB/OL].（2018-07-06）[2020-02-06]. http://bj.people.com.cn/n2/2018/0706/c82840-31783478.html.

潘俊强. 2020 年举办冬奥会主题活动百余场 [EB/OL].（2021-01-07）[2021-02-14]. https://baijiahao.baidu.com/s?id=1688178390129716400&wfr=spider&for=pc.

人民网. 第二届冬奥文化前沿论坛圆满举行 [EB/OL].（2019-05-17）[2021-02-13]. http://sports.people.com.cn/n1/2019/0517/c407727-31090220.html.

人民网. 开拓思路应对困境 冰雪产业摸索中寻求"复苏"之道 [EB/OL].（2020-04-10）[2021-02-17].https://www.sohu.com/a/386788376_114731.

人民网. 偏远山区希望学校 30 名师生抵达南京 观看青奥盛会 [EB/OL].(2014-08-17)[2021-02-05].http://edu.people.com.cn/n/2014/0818/c1053-25485954.html.

人民网. 外交部：中国政府已经或正在向 127 个国家和 4 个国际组织提供物资援助 [EB/OL].（2020-04-10）[2021-02-20].http://world.people.com.cn/n1/2020/0410/c1002-31669506.html.

刘乐艺. 智慧冬奥 科技之光 [EB/OL].（2021-02-09）[2021-02-14].https://baijiahao.baidu.com/s?id=1691176259564858754&wfr=spider&for=pc.

人民资讯. 英国首相接连两天毫无根据地就新冠疫情源头抹黑中国 [EB/OL].（2021-02-16）[2021-02-23].https://baijiahao.baidu.com/s?id=1691820734851853095&wfr=spider&for=pc.

日本实施新冠肺炎应对举措特点多样 [EB/OL].（2020-02-24）[2020-03-14].https://baijiahao.baidu.com/s?id=1659398035529569837&wfr=spider&for=pc.

世卫组织就《国际卫生条例（2005）》突发事件委员会关于寨卡病毒与已观察到的神经疾患和新生儿畸形增加问题第三次会议发表的声明 [EB/OL].（2016-06-14）[2020-03-14]. https://www.who.int/zh/ news-room/detail/14-06-2016-who-statement-on-the-thirdmeeting-of-the-international-health-regulations-(2005)- (ihr (2005))-emergency-committee-on-zika-virus-and-observed-increase-inneurolo-gical-disorders-and-neonatal-malformations.

首都图书馆. 首都图书馆奥运文化系列展览"应邀"展各地 [EB/OL].（2012-08-03）[2020-03-22].https://www.clcn.net.cn/news/default/detail?id=381.

搜狐体育. 搜狐里约奥运报道专题 [EB/OL].（2016-09-12）[2019-10-10]. http://2016.sohu.com/2016aoyuninfo/.

京赛. "初心凝聚使命，双奥惠及百姓" 第十届奥运城市体育文化节开幕 [EB/OL].（2019-08-09）[2020-02-06]. http://www.sohu.com/a/332536248_114977.

姬烨，王梦. 国际奥委会：推迟奥运不违背《奥林匹克宪章》 给北京冬奥会带来机遇 [EB/OL].（2020-04-03）[2021-03-26].https://www.sohu.com/a/385183231_267106.

腾讯网. 不抵制北京冬奥会了？西方政客多次鼓噪后，美奥委会正式作出表态 [EB/

OL].（2021-03-18）[2021-03-19].https://new.qq.com/omn/20210318/20210318A09V5E00.html.

腾讯网. 冬奥小镇崇礼遭遇“冰冻期” 业者称“暂别是为更好回归”[EB/OL].（2020-02-11）[2021-02-17].https://new.qq.com/omn/20200211/20200211A0ORYZ00.html.

腾讯网. 国际奥委会宣布将采购中国新冠肺炎疫苗[EB/OL].（2021-03-12）[2021-03-27].https://new.qq.com/omn/20210312/20210312A03BTU00.html.

腾讯网. 社评：煽动“抵制冬奥会”的势力绝不会得逞[EB/OL].（2021-02-07）[2021-02-20].https://new.qq.com/omn/20210207/20210207A0BLDP00.html.

腾讯网. 西方反华不死心：施压抵制北京奥运会，就等美国带头了[EB/OL].(2020-02-19)[2020-02-20].https://new.qq.com/rain/a/20210219A08GBW00.

外交部. 外交部和北京冬奥组委邀请驻华使节和高级外交官考察北京2022年冬奥会延庆赛区和北京赛区[EB/OL].（2021-03-19）[2021-03-27].http://new.fmprc.gov.cn/web/wjdt_674879/sjxw_ 674887/t1862585.shtml.

网易奥运. 奥运资料库[EB/OL].（2016-09-12）[2019-10-10]. http://info.2012.163.com/match/olympic/.

温哥华冬奥会甲流成头号公敌[EB/OL].（2009-12-01）[2020-03-14]. http://sports.sina.com.cn/s/2009-12-01/04391618153s.shtml.

吴东. 一图读懂《北京2022年冬奥会和冬残奥会遗产战略计划》[EB/OL].（2019-02-20）[2020-02-10].http://ie.bjd.com.cn/5b165687a010550e5ddc0e6a/contentApp/5b16573ae4b02a9fe2d558f9/AP5c6c835ae4b04c0f0a51536d.html?isshare=1.

新华社. 奥运延期或让“金牌至上”走向“金牌之上”[EB/OL].(2020-03-31)[2021-02-17].https://m.sohu.com/a/384436473_267106.

新华社. 巴赫：全世界应团结起来抗击疫情 应对共同挑战[EB/OL].（2021-01-29）[2021-02-09].http://sports.xinhuanet.com/c/2021-01/29/c_1127040124.htm.

新华社. 百年奥运项目全览[EB/OL].（2016-08-08）[2019-10-10].http://www.xinhuanet.com//video/sjxw/2016-08/08/c_129212585.htm.

新华社. 北京冬奥会2020年世界转播商大会召开[EB/OL].（2020-02-24）[2021-02-17].https://baijiahao. baidu.com/s?id=1659427670122827086&wfr=spider&for=pc.

新华社. 北京冬奥组委与国际奥委会举行高层视频会[EB/OL].（2020-02-18）[2021-02-09].http://www.xinhuanet.com/sports/2020-02/18/c_1125589052.htm.

新华社. 调研报告：疫情或致四成国内冰雪企业年收入下降一半以上[EB/OL].（2020-04-16）[2021-02-17].https://baijiahao.baidu.com/s?id=1664116823140864583&wfr=spider&for=pc.

新华社. 胡锦涛在北京奥运会残奥会总结表彰大会上的讲话[EB/OL].（2008-09-29）

[2021-01-20].http://www.gov.cn/ldhd/2008-09/29/content_1109754.htm.

新华社. 全球连线 | 独家专访：关于奥运这些大事，巴赫有话说！[EB/OL].（2020-02-17）[2021-02-17].https://baijiahao.baidu.com/s?id=1690273587797571538&wfr=spider&for=pc.

新华社. 首位全国滑雪冠军为北京冬奥组委滑雪战队网上授课[EB/OL].（2020-04-07）[2021-02-09].http://www.he.xinhuanet.com/zhuanti/2020-04/27/c_1125913120.htm.

新华社. 习近平对办好北京冬奥会作出重要指示[EB/OL].（2015-11-24）[2019-10-10]. http://www.xinhuanet.com//politics/2015-11/24/c_1117249109.htm.

新华社. 疫情影响下，中国体育产业探索发展新模式[EB/OL].（2021-03-10）[2021-03-26].https://baijiahao.baidu.com/s?id=1693829106526733888&wfr=spider&for=pc.

新华社. 疫情之下，北京冬奥筹办最全进展介绍来了[EB/OL].（2020-06-09）[2021-02-17].https://baijiahao.baidu.com/s?id=1669033897026688179&wfr=spider&for=pc.

新华社客户端. 抗击疫情，国际冰雪大家庭与中国在一起[EB/OL].（2020-02-12）[2021-02-19].https://baijiahao.baidu.com/s?id=1658337680621512723&wfr=spider&for=pc.

新华社体育. 2019/2020国际雪联高山滑雪世界杯延庆站比赛取消[EB/OL].（2020-01-29）[2021-02-17].https://baijiahao.baidu.com/s?id=1657053777535951104&wfr=spider&for=pc.

新华社新媒体. 定了！东京奥运会谢绝外国观众现场观赛[EB/OL].（2021-03-21）[2021-03-26].https://baijiahao.baidu.com/s?id=1694803225402563413&wfr=spider&for=pc.

新华网. 北京2008年奥运会形象与景观工程正式启动[EB/OL].（2002-07-03）[2021-01-30].http://news.sina.com.cn/e/2002-07-03/1844624420.html.

新华网. 北京冬奥筹办在疫情防控中稳步推进[EB/OL].（2020-03-15）[2021-02-09]. http://www.xinhuanet.com/2020-03/15/c_1210515672.htm.

新华网. 北京冬奥组委向国际奥委会第137次全会做陈述报告[EB/OL].（2021-03-12）[2021-03-27].http://www.bj.xinhuanet.com/2021-03/12/c_1127203243.htm.

新华网. 崇礼出台7项措施帮助雪场企业共渡难关[EB/OL].（2020-02-19）[2021-02-09].http://sports.xinhuanet.com/c/2020-02/19/c_1125595200.htm.

楼俊超. 丰富市场供给，推动冰雪经济持续升温[EB/OL].（2021-02-03）[2021-02-05].http://www.xinhuanet.com/2021-02/03/c_1127056988.htm.

新华网. 京奥十年：鸟巢年收入过亿背后的“绿色营销”[EB/OL].（2018-08-08）[2021-02-27].http://www.xinhuanet.com/energy/2018-08/08/c_1123240831.htm.

未来7年冬奥将带来哪些变化？[EB/OL].（2015-08-01）[2020-02-06]. http://www.xinhuanet.com/politics/2015-08/01/c_128082567.htm.

新华网. 习近平对办好北京冬奥会作出重要指示[EB/OL].（2015-11-24）[2020-03-22]. http://news.xinhuanet.com/politics/2015-11/24/c_1117249109.htm.

新华网. 习近平听取北京冬奥会冬残奥会筹办工作情况汇报 [EB/OL].（2016-03-18）[2020-08-13]. http://www.xinhuanet.com/politics/2016-03/18/c_1118378932.htm.

新华网客户端. 抗击疫情，国际冰雪大家庭与中国在一起 [EB/OL].（2020-02-12）[2021-02-09].https://baijiahao.baidu.com/s?id=1658337680621512723&wfr=spider&for=pc.

新华网客户端. 习近平同国际奥委会主席巴赫通电话 [EB/OL].(2021-01-25)[2021-01-26].https://baijiahao.baidu.com/s?id=1689871590854499408&wfr=spider&for=pc.

新京报. 国家体育总局：原地训练，备战好东京奥运会和北京奥运会 [EB/OL].(2020-02-01)[2021-02-09].https://www.bjnews.com.cn/detail/158056605414590.html.

华澳星空. 夏季 2012 奥运收藏展在伦敦大英图书馆免费开放 [EB/OL].（2012-07-25）[2020-03-30]. http://2012.sina.com.cn/hx/other/2012-07-25/161618809.shtml.

新浪财经. 62 家金主贡献 31 亿美元，东京奥运会国内赞助收入创历史 [EB/OL].（2019-06-27）[2021-02-17].http://finance.sina.com.cn/roll/2019-06-27/doc-ihytcitk8000098.shtml.

新浪网. 2020 东京奥运会确定推迟一年，2022 北京冬奥会如何应对？ [EB/OL].（2020-03-26）[2021-02-17].http://k.sina.com.cn/article_7034158928_1a344bf5000100o9za.html.

央广网. 向赛时体制转变 北京冬奥会筹办工作进入冲刺阶段 [EB/OL].（2021-02-05）[2021-02-09].https://baijiahao.baidu.com/s?id=1690829626117824712&wfr=spider&for=pc.

央视财经. 球赛也线上开战了！马德里网球公开赛变身电竞 [EB/OL].（2020-05-01）[2021-03-26].https://baijiahao.baidu.com/s?id=1665499671396320657&wfr=spider&for=pc.

应对新型肺炎，日本都做了啥 ?[EB/OL].(2020-02-03)[2020-03-14]. https://www.sohu.com/a/370203139_750705.

寨卡病毒与蚊子：差点毁掉里约奥运会的“杀手”[EB/OL].（2020-03-06）[2020-03-14].https://baijiahao.baidu.com/s?id=1660378248064116295&wfr=spider&for=pc.

中国奥委会官方网站. 国内首家冰雪和冬奥主题博物馆在崇礼开工建设 [EB/OL].（2020-06-28）[2021-02-14].http://www.olympic.cn/news/olympic/2020/0628/334236.html.

中国公路网. 京津高速公路第二通道将正式通车 [EB/OL].（2008-06-23）[2021-01-20].http://www.chinahighway.com/news/2008/261356.php.

中国疾控中心建立奥运卫生保障工作机制 [EB/OL].（2008-07-18）[2020-03-15].https://health.sohu.com/20080718/n258222236.shtml.

中国贸易新闻网. 冰雪产业应对疫情开拓思路 [EB/OL].（2020-04-23）[2021-02-14].http://www.chinatradenews.com.cn/content/202004/23/c107008.html.

梁璇. 北京冬奥会筹办工作的“可持续”手账 [EB/OL].（2020-08-04）[2021-02-15].

https://baijiahao.baidu.com/s?id=1674046266528892714&wfr=spider&for=pc.

中国体育博物馆，中国奥林匹克博物馆. 中国奥运人语录 [EB/OL].（2020-03-10）[2020-03-19].http://www.olympic.cn/museum/yulu/yuluym/.

中国文明网. 看在北京：首都博物馆：中国记忆：五千年文明瑰宝展 [EB/OL].(2008-07-28)[2021-01-20].http://www.godpp.gov.cn/wmzh/2008-07/28/content_13952785.htm.

中国新闻网. 胡锦涛：北京奥运会的精神遗产更持久更宝贵 [EB/OL].（2008-08-01）[2020-03-21]. http://www.chinanews.com/olympic/news/2008/08-01/1332944.shtml.

中国新闻网. 疫情考验冬奥筹办 河北积极稳妥做好冬奥项目复工准备 [EB/OL].（2020-02-12）[2021-02-19].https://baijiahao.baidu.com/s?id=1658310876632431937&wfr=spider&for=pc.

中国政府门户网站. 北京推出《北京市学校奥林匹克教育行动计划》[EB/OL].（2005-12-06）[2021-01-20].http://www.gov.cn/jrzg/2005-12/06/content_119402.htm.

中国政府门户网站. 北京市五条地铁新线将在 2008 年奥运会前开通运营 [EB/OL].（2005-11-15）[2021-01-20].http://www.gov.cn/jrzg/2005-11/15/content_98329.htm.

中华人民共和国国家档案局. “青少年与奥运”展亮相北京市档案馆 [EB/OL].（2012-08-03）[2020-03-22].http://www.saac.gov.cn/daj/c100166/201208/c2e723e0c7284ba2b650625794910306.shtml.

中华人民共和国中央人民政府. 外交部：中方向 53 个发展中国家提供疫苗援助 [EB/OL].（2021-02-08）[2021-02-20].http://www.gov.cn/xinwen/2021-02/08/content_5586126.htm.

中华人民共和国中央人民政府. 习近平对京张高铁开通运营作出重要指示 [EB/OL].(2019-12-30)[2021-02-15].http://www.gov.cn/xinwen/2019-12/30/content_5465202.htm.

中青网. 2020 女子冰壶世界锦标赛因疫情取消 [EB/OL].（2020-03-13）[2021-02-17].http://news.youth.cn/zc/202003/t20200313_12237694.htm.

中新网. 北京冬奥会雪橇测试赛推迟 拟在 2021 年秋季举办 [EB/OL].（2020-11-28）[2021-02-17].https://www.chinanews.com/ty/2020/11-28/9349567.shtml.

中新网. 国际滑联取消多项北京冬奥测试赛 调整方案仍待讨论 [EB/OL].（2020-11-14）[2021-02-17].https://www.chinanews.com/ty/2020/11-14/9338396.shtml.

中新网. 中国驻德国大使馆就德《明镜》周刊涉新冠病毒封面图片表明立场 [EB/OL].（2020-02-02）[2021-02-17].https://www.chinanews.com/gj/2020/02-02/9075754.shtml.

中央政府门户网站，北京市通告奥运会残奥会期间空气质量保障措施[EB/OL].（2008-04-14）[2021-01-20].http://www.gov.cn/gzdt/2008-04/14/content_944028.htm.

中央政府门户网站. 北京奥运会、残奥会机动车临时交通管理措施通告 [EB/OL].（2008-06-27）[2021-01-20].http://www.gov.cn/govweb/gzdt/2008-06/27/content_1029078.htm.

中央政府门户网站. 北京市人民政府发布第十五阶段控制大气污染措施 [EB/OL].（2008-09-28）[2021-01-20].http://www.gov.cn/gzdt/2008-09/28/content_1108399.htm.

中央政府门户网站. 国务院关于印发全民健身计划（2011—2015 年）的通知 [EB/OL].（2011-02-24）[2021-01-20].http://www.gov.cn/zwgk/2011-02/24/content_1809557.htm.

中央政府门户网站. 中华人民共和国国务院令第 560 号 [EB/OL].（2009-09-06）[2021-01-20].http://www.gov.cn/zwgk/2009-09/06/content_1410533.htm.

中央政府门户网站. 中华人民共和国国务院令第 622 号 [EB/OL].（2012-07-10）[2021-1-20].http://www.gov.cn/zwgk/2012-07/10/content_2179864.htm.

The International Olympic Committee.The Richmond Olympic Oval [EB/OL].[2021-02-17]. https://www.olympic.org/news/olympic-legacy/vancouver-2010/the-richmond-olympic-oval.

IOC. A Boost for tourism [EB/OL].[2021-02-15].https://www.olympic.org/news/olympic-legacy/athens-2004/a-boost-for-tourism.

IOC. A new tourism appeal for Turin [EB/OL].[2021-02-17].https://www.olympic.org/news/olympic-legacy/torino-2006/a-new-tourism-appeal-for-turin.

IOC. Aboriginal culture inclusion [EB/OL].[2021-02-15].https://www.olympic.org/news/olympic-legacy/sydney-2000/aboriginal-culture-inclusion.

IOC. Advances in Olympic Games management [EB/OL].[2021-02-15].https://www.olympic.org/news/olympic-legacy/sydney-2000/advances-in-olympic-games-management.

IOC. Agency for social change[EB/OL].[2021-02-17].https://www.olympic.org/news/olympic-legacy/vancouver-2010/agency-for-social-change.

IOC. Beijing 2008 legacy dovetails with 2022 Winter Games to boost sports participation in China[EB/OL].[2020-01-06].https://www.olympic.org/news/beijing-2008-legacy-dovetails-with-2022-winter-games-to-boost-sports-participation-in-china.

IOC. Beijing 2022[EB/OL].[2020-02-06].https://www.olympic.org/beijing-2022#legacy.

IOC. Business club Australia [EB/OL].[2021-02-15].https://www.olympic.org/news/olympic-legacy/sydney-2000/business-club-australia.

IOC. Economic impact [EB/OL].[2021-02-15].https://www.olympic.org/news/olympic-legacy/salt-lake-city-2002/economic-impact.

IOC. Education programme [EB/OL].[2021-02-15].https://www.olympic.org/news/olympic-legacy/athens-2004/education-programme.

IOC. Encouraging the volunteer movement [EB/OL]. [2021-02-17]. https://www.olympic.org/news/olympic-legacy/sochi-2014/encouraging-the-volunteer-movement.

IOC. Environment and development of SKI resorts [EB/OL]. [2021-02-17].https://www.

olympic.org/news/olympic-legacy/sochi-2014/environment-and-development-of-ski-resorts.

IOC. Environmental pioneers [EB/OL]. [2021-02-17]. https://www.olympic.org/news/olympic-legacy/torino-2006/environmental-pioneers.

IOC. First playbook published outlining measures to deliver safe and successful Olympic and Paralympic Games Tokyo 2020[EB/OL]. [2021-02-09]. https://www.olympic.org/news/first-playbook-published-outlining-measures-to-deliver-safe-and-successful-olympic-and-paralympic-games-tokyo-2020.

IOC. IOC and IPC respect and accept Japanese decision on overseas spectators[EB/OL]. [2021-03-26]. https://www.olympic.org/news/ioc-and-ipc-respect-and-accept-japanese-decision-on-overseas-spectators.

IOC. IOC discusses preparations for Tokyo 2020 and Beijing 2022 with National Olympic Committees[EB/OL]. [2020-02-09]. https://www.olympic.org/news/ioc-discusses-preparations-for-tokyo-2020-and-beijing-2022-with-national-olympic-committees-1.

IOC. IOC executive board statement on the coronavirus (COVID-19)and the Olympic Games Tokyo 2020[EB/OL]. (2020-03-13)[2020-03-14]. https://www.olympic.org/news/ioc-executive-board- statement-onthe-coronavirus-covid-19-and-the-olympic-games-tokyo-2020.

IOC. Legacy of Pyeongchang 2018 continues to grow [EB/OL].[2021-02-17]. https://www.olympic.org/news/legacy-of-pyeongchang-2018-continues-to-grow.

IOC. New technologies in broadcasting the Games [EB/OL]. [2021-02-17].https: //www.olympic.org/news/olympic-legacy/torino-2006/new-technologies-in-broadcasting-the-games.

IOC. Olympic Games RIO 2016-environmental legacy [EB/OL]. [2021-02-17]. https://www.olympic.org/news/olympic-games-rio-2016-environmental-legacy.

IOC. Olympic Games RIO 2016-sports venues [EB/OL].[2021-02-17]. https://www.olympic.org/news/olympic-games-rio-2016-sports-venues.

IOC. Olympic master's programme [EB/OL].[2021-02-15]. https://www.olympic.org/news/olympic-legacy/athens-2004/olympic-master-s-programme.

IOC. Olympic park [EB/OL]. [2021-02-15].https://www.olympic.org/news/olympic-legacy/sydney-2000/olympic-park.

IOC. Olympic venues overview [EB/OL].[2021-02-15]. https://www.olympic.org/news/olympic-legacy/sydney-2000/olympic-venues-overview.

IOC. RIO 2016 Athletes' Forest begins to take root [EB/OL]. [2021-02-17].https: //www.olympic.org/news/rio-2016-athletes-forest-begins-to-take-root.

IOC. Rio 2016 is ready to welcome the world[EB/OL]. [2020-03-14]. https://www.olympic.

org/news/rio-2016-is-ready-towelcome-the-world.

IOC. Soldier Hollow Nordic Centre [EB/OL].[2021-02-15].https://www.olympic.org/news/olympic-legacy/salt-lake-city-2002/soldier-hollow-nordic-centre.

IOC. Sport in schools [EB/OL].[2021-02-17]. https://www.olympic.org/news/olympic-legacy/sochi-2014/sport-in-schools.

IOC. Sydney 2000: Games of environmental responsibility and inclusion[EB/OL].[2021-02-15]. https://www.olympic.org/news/olympic-legacy/sydney-2000/sydney-2000-games-of-environmental-responsibility-and-inclusion.

IOC. The Utah Olympic Oval [EB/OL].[2021-02-15]. https: //www.olympic.org/news/olympic-legacy/salt-lake-city-2002/the-utah-olympic-oval.

IOC. Torino 2006: transforming the perception of a city [EB/OL]. [2021-02-17]. https://www.olympic.org/news/olympic-legacy/torino-2006/torino-2006-transforming-the-perception-of-a-city.

IOC. Tourism all year round[EB/OL].[2021-02-17]. https://www.olympic.org/news/olympic-legacy/sochi-2014/more-energy-to-sochi.

IOC. Utah Olympic Park [EB/OL].[2021-02-15]. https://www.olympic.org/news/olympic-legacy/salt-lake-city-2002/utah-olympic-park.

IOC. Vancouver Olympic/Paralympic Centre [EB/OL].[2021-02-17]. https://www.olympic.org/news/olympic-legacy/vancouver-2010/vancouver-olympic/paralympic-centre.

IOC. Venues overview [EB/OL].(2019-11-02)[2021-02-17]. https://www.olympic.org/news/olympic-legacy/sochi-2014/overview.

IOC. World Cities Day 2020: the power of sport to build healthier, more sustainable urban communities [EB/OL].[2021-02-17]. https://www.olympic.org/news/world-cities-day-2020-the-power-of-sport-to-build-healthier-more-sustainable-urban-communities.

IOC. Indigenous culture and inclusion[EB/OL].[2021-02-17]. https://www.olympic.org/news/olympic-legacy/vancouver-2010/aboriginal-culture-inclusion.

IOC. Pyeongchang 2018 legacy foundation opens its doors[EB/OL].[2021-02-15]. https://www.olympic.org/news/pyeongchang-2018-legacy-foundation-opens-its-doors.

IOC.Three years on, RIO 2016 venues keep the Olympic spirit alive[EB/OL].[2021-02-17]. https://www.olympic.org/news/three-years-on-rio-2016-venues-keep-the-olympic-spirit-alive.

IOC. The Olympic charter[EB/OL].[2020-02-04]. https://stillmed.olympic.org/media/Document%20Library/OlympicOrg/General/EN-Olympic-Charter.pdf#_ga=2.69881172.530949671.1544447590-359750512.1543044823.

IOC, IPC. Tokyo 2020 Organising Committee and Tokyo Metropolitan Government announce new dates for the Olympic and Paralympic Games Tokyo 2020[EB/OL].(2020-03-20)[2020-04-18]. https://www.olympic.org/news/ioc-ipc-tokyo-2020-organising-committee-and-tokyo-metropolitan-government-announce-new-dates-for-the-olympic-and-paralympic-games-tokyo-2020.

NBC Olympics selects spectra logic to provide video archive services for production of 2016 Olympic Games in RIO; Spectra logic to enable NBC Olympics to preserve and retrieve all video footage captured during its coverage of the Rio Olympics[EB/OL].[2019-10-30].https://bi.gale.com/global/article/GALE%7CA449217287?u=cnruc.

Olympic World Library. IOC legacy strategy full version[EB/OL].[2020-02-04]. https://library.olympic.org/doc/syracuse/173146.

UNSWORTH J.What is humanities computing and what is not? [EB/OL].[2019-07-04]. https://www.ideals.illinois.edu/bitstream/handle/2142/191/unsworth2.html?sequence=2&isAllowed=y.

# 后　记

北京即将于2022年举办第24届冬季奥运会，从而成为历史上第一座既举办过夏季奥运会又举办过冬季奥运会的“双奥之城”。习近平总书记强调：“办好北京冬奥会、冬残奥会是党和国家的一件大事”。作为一个国民，我有幸能亲身参与、见证北京冬奥会；作为一名学者，我理应为办好北京冬奥会做出智力贡献。

我的本行是档案学，奥运研究纯属“副业”。2004年至2007年我攻读博士研究生期间，师从冯惠玲教授。冯惠玲教授是我国著名的档案学家，那时她任中国人民大学副校长兼中国人民大学人文奥运研究中心（人文奥运研究基地）主任。读博期间及博士毕业留校后一段时间，我跟随冯惠玲教授接触了一些奥运知识，参与了一些奥运研究项目。中国人民大学人文奥运研究中心（后被北京市哲学社会科学规划办公室、北京市教育委员会授牌“人文奥运研究基地”）为国家、北京市、北京奥组委提供了许多极具价值的研究成果，被喻为北京奥运会筹备过程中“最得力的助手和最有力的参谋”。2008年，中国人民大学人文奥运研究中心成为唯一荣获中共中央、国务院授予的“北京奥运会残奥会先进集体”称号的学术研究机构。2009年，中国人民大学在人文奥运研究基地的基础上又组建成立人文北京研究基地。2014年起，人文北京研究基地挂靠中国人民大学信息资源管理学院（档案学院），又名中国人民大学人文北京（人文奥运）研究中心。为了便于学院对基地的管理，冯惠玲教授聘任我（以学院班子成员的身份）担任基地副主任，后来我又与李树旺教授共同任基地执行主任。作为执行主任，我不得不主动或被动地开展一些奥运研究项目。这样，奥运研究正式成为我的“副业”，我偶尔也混迹于体育学界。2018年我获批北京市社会科学基金研究基地重点项目“2022年北京冬奥会文献遗产的保护与传承”（批准号：18JDYTA008）。2020年新冠肺炎疫情防控期间，我撰写了多份有关北京冬奥会的咨政报告，获得上级有关领导批示。此外，还与我的团队成员合作发表了一些学术论文。于是，积累形成了这本书。

本书属于团队之功，团队成员与分工如下：

全文框架设计、统稿：徐拥军

前言：徐拥军

第1章：王露露、王馨艺、宋扬、陈怡

第 2 章：徐拥军、闫静

第 3 章：徐拥军、闫静、张丹、曾静怡

第 4 章：徐拥军、闫静、张丹

第 5 章：张丹、吴文怡、陈洁

第 6 章：吴文怡、陈洁

第 7 章：张丹、卢林涛、宋扬

第 8 章：张丹、曾静怡、陈洁

第 9 章：陈怡、张丹

第 10 章：张丹、冯泽宇

第 11 章：徐拥军、张丹

第 12 章：徐拥军、张丹、侯琨

第 13 章：张丹

拙作出版，我了结了一个心愿。其间辛苦不必细说，但对所有给予我及团队大力支持和帮助的人则须鸣谢：

感谢中国人民大学原常务副校长冯惠玲教授拨冗为本书作序。

感谢中国人民大学体育部主任李树旺教授、中国短道速滑队前领队杨占武先生、首都体育学院王子朴教授、中国人民大学首都发展与战略研究院副院长李文钊教授给予的宝贵意见与建议。

感谢北京冬奥组委、北京奥运城市发展促进会、北京市档案局、北京市档案馆等部门的领导和专家接受我们团队的访谈与调研。

感谢中国人民大学首都发展与战略研究院资助本书的出版。

感谢中国人民大学出版社编辑为本书出版付出的辛勤劳动。

是以为记。

徐拥军

2021 年 3 月 31 日

**图书在版编目（CIP）数据**

北京奥运遗产传承研究 / 徐拥军等著. --北京：中国人民大学出版社，2021.9

ISBN 978-7-300-29887-0

Ⅰ.①北… Ⅱ.①徐… Ⅲ.①奥运会－工作－研究－北京 Ⅳ.①G811.21

中国版本图书馆CIP数据核字（2021）第189426号

**北京奥运遗产传承研究**

徐拥军 等 著

Beijing Aoyun Yichan Chuancheng Yanjiu

| | | | |
|---|---|---|---|
| **出版发行** | 中国人民大学出版社 | | |
| **社　　址** | 北京中关村大街31号 | **邮政编码** | 100080 |
| **电　　话** | 010-62511242（总编室） | | 010-62511770（质管部） |
| | 010-82501766（邮购部） | | 010-62514148（门市部） |
| | 010-62515195（发行公司） | | 010-62515275（盗版举报） |
| **网　　址** | http：//www.crup.com.cn | | |
| **经　　销** | 新华书店 | | |
| **印　　刷** | 唐山玺诚印务有限公司 | | |
| **规　　格** | 185 mm×260 mm 16开本 | **版　　次** | 2021年9月第1版 |
| **印　　张** | 14.75插页1 | **印　　次** | 2021年9月第1次印刷 |
| **字　　数** | 288 000 | **定　　价** | 48.00元 |

检03
玺诚